Nicht verdrängen
nicht gewöhnen

Erich Fried

Nicht verdrängen nicht gewöhnen

Texte zum Thema Österreich

Herausgegeben von Michael Lewin

Europaverlag
Wien

Inhalt

ANHANG

Vorwort

Michael Lewin

Kein Spätheimkehrer

Wenn einer fortgeht, kommt er nicht mehr nachhaus.
(Rainer Maria Rilke)

Der vorliegende Band stellt weniger eine Auswahl dar, sondern umfaßt (von wenigen unwichtigen tagespolitischen Polemiken und Leserbriefen abgesehen) ziemlich vollständig die von Erich Fried zum Thema Österreich verfaßten Texte.

Essays und Reden sind eine wichtige Ergänzung zum lyrischen Werk. Es läßt sich an den hier vorgelegten Texten sehr gut das ambivalente Verhältnis des Dichters zu seiner Heimat ablesen. Vom Flüchtling, der 1938 seine Heimat verlassen mußte, bis zum gefeierten Staatspreisträger 1986 ist es in vieler Hinsicht ein weiter Weg. Fried ließ nie einen Zweifel daran, daß er Österreich als seine Heimat betrachtet, die seine ersten Kindheits- und Jugendjahre entscheidend geprägt hat. Aber ebenso wie er sich politisch oder künstlerisch nie vereinnehmen ließ, lehnte er es auch ab (nachdem man lang genug versucht hatte, hierzulande den in Deutschland bereits berühmten und vielgelesenen Dichter zu ignorieren), plötzlich zum *professionellen Österreicher* zu mutieren. Für ihn war es auch nie wichtig, woher ein Künstler stammte, sondern lediglich die Aussage und Qualität der künstlerischen Leistung waren und sind für ihn relevant.

Wie ein Leitmotiv zieht sich durch das ganze Buch die Auseinandersetzung mit der neueren österreichischen Geschichte und den heutigen Problemen einer zeitgemäßen und humanen Identitätsfindung.

Wien: Februar 1934

Fünfzig blutige Jahre
seit eurem Blut

Und das Blut fließt weiter
denn der Faschismus vergießt
immer noch Blut

und wird bezahlt dafür in
Lateinamerika

in Afrika
in Asien
und in Europa

Fünfzig Jahre
sind eine lange Zeit:

Die Erben der Faschisten
vergessen
ihre Verbrechen

Fünfzig Jahre
sind eine kurze Zeit:
Ich bin ihnen
noch nicht zu alt geworden
um mich zu empören

1984

Am 12. Februar 1934 haben die österreichischen Faschisten und die Armee das Feuer auf die sozialdemokratischen Arbeiter in ihren Gemeinde-Wohnhäusern eröffnet und der Demokratie der 1. österreichischen Republik ein Ende bereitet. Die Arbeiter kämpften noch tagelang. Viele wurden gehängt.

Erich Fried konnte sich aus vielen Gründen nicht entschließen, wieder in Österreich zu wohnen. Er hat sich jedoch in den letzten zehn Jahren immer intensiver mit den kulturellen und politischen Ereignissen seiner Heimat auseinandergesetzt.

Der vorliegende Band bietet daher die Möglichkeit, die Auseinandersetzung eines großen Humanisten unserer Zeit mit Österreich nachzuvollziehen, dessen Gedanken, Bedenken und Mahnungen ein wichtiger Beitrag für ein *anderes Österreich* sind.

1944, kurz vor Kriegsende, schrieb Fried (als er trotz vieler Bedenken noch eine Rückkehr nach Österreich für möglich hielt) ein Gedicht, das – von den letzten Versen abgesehen – auch in unserer Zeit inhaltlich relevant ist.

Michael Lewin

An Österreich

Nicht Liebe wär's, von deiner Schuld zu schweigen,
die tief dich beugt und dich zu brechen droht.
Und diese deine Schuld wird ganz mein Eigen
wie deine Berge und wie deine Not.
Du sollst einst nicht nur mit dem Finger zeigen:
Den argen Nachbar straft, der mir gebot!
Zu deiner Schuld mußt du dich selbst bekennen
und im Gericht den eignen Namen nennen.

Ich bin voll Angst, zu dir zurückzukehren
und mitzusühnen, der ich niemals schlug.
Der falschen Büßer will ich mich erwehren,
und du wirst oft noch glatt sein von Betrug!
Wohl hätt ich dies und jenes dich zu lehren,
zu lernen auch... Doch bin ich stark genug?
Und dennoch wird die Bahn mich heimwärts tragen.
Du bist mein Wagnis – und ich muß dich wagen.

Reden und Essays zu Politik und Kultur in Österreich

Nach Kräften gegen das Unrecht

Ihnen allen, den Stiftern dieses Preises, der Jury und dem Herrn Minister, danke ich – für diese Ehrung und für den Betrag, über den ich dadurch verfügen kann.

Im Jahre 1938, als ich mit 17 Jahren aus einem österreichischen Gymnasiasten zum rassisch Verfolgten und zum Flüchtling in England geworden war, nahm ich mir vor, Dichter zu werden – damals noch ohne die sonderbare Verklemmtheit, die einen später veranlaßt, sich lieber Schriftsteller zu nennen. Ich nahm mir vor, in meiner Muttersprache zu schreiben; und nach Kräften gegen Unrecht, Unterdrückung und Verfolgung.

Seither hat mich der Versuch, diesen Vorsatz einigermaßen zu halten, oft zu einem etwas umstrittenen Zeitgenossen gemacht. Daß ich dennoch diesen Preis bekommen habe, macht mich sehr froh: ich fühle mich dadurch noch etwas heimischer in meinem Heimatland und in meiner Heimatstadt Wien.

Über einen Preis darf man natürlich frei verfügen und muß niemand Auskunft oder Rechenschaft geben. Das ist gut, schon damit nicht am Ende noch jemand den Preisverleihern Vorwürfe machen kann, was ein Künstler oder Schriftsteller dann mit seinem Geld tut. Aber es ist auch gut, dieses Geld, wenn es einem nicht *ganz* schlecht geht, nicht nur für sich selbst zu verwenden. Mir geht es halbwegs gut; und seit ich als junger Flüchtling Dichter werden wollte, hat sich vieles geändert (sonst könnte ich heute nicht hier stehen); aber Verfolgte und Entrechtete gibt es immer noch.

Deshalb werde ich die Hälfte meines Preises Herrn Dr. Israel Shahak schicken, der an der Universität Jerusalem Chemie lehrt. Er ist ein Überlebender des Warschauer Gettos und seit Jahren Vorsitzender der Israelischen Liga für Menschenrechte und Bürgerrechte, die vor 37 Jahren von dem bedeutenden hebräischen Dichter Mordechay Avi Shaul gegründet wurde. Israel Shahak und Avi Shaul, der jetzt 74 Jahre alt ist, der literarisch totgeschwiegen wird und sich als Übersetzer Thomas Manns, Bertolt Brechts und E.T.A. Hoffmanns durchbringen mußte, treten in der Israelischen Liga für Menschenrechte und Bürgerrechte für verfolgte und benachteiligte Palästinenser ein, für Araber, die aus ihren Dörfern vertrieben oder als politische Gefangene gefoltert wurden oder werden, aber natürlich auch für Juden oder Christen, die wegen ihres Kampfes für Menschenrechte benachteiligt werden. Da diese Liga im Augenblick leider durch allerlei teils vom Establishment geförderte Machenschaften von außen her bedroht ist, die sie zerstören oder gegen die Interessen der Palästinenser umfunktionieren wollen, schicke ich das Geld an Dr. Shahak persönlich. Er und Mordechay Avi Shaul wissen, wie sie es am besten für ihre Arbeit verwenden können.

Die andere Hälfte meines Preises geht nach Hamburg, an den Rechtsanwalt Kurt Groenewold, der dort mit einigen Kollegen ein Anwaltskollektiv in Gang hält. Die Hälfte des ihm zugehenden Betrags ist für Prozeßkosten, vielleicht auch Unterstützung von Angehörigen von Palästinensern bestimmt, die dort im letzten halben Jahr auf verschiedene Weise benachteiligt und zum Teil aus der Bundesrepublik ausgewiesen wurden oder von der Ausweisung bedroht sind, obwohl sie mit der Gruppe »Schwarzer September« überhaupt nichts zu tun haben.

Die andere Hälfte des Kurt Groenewold zugehenden Betrags, also das letzte Viertel meines Preises, soll zunächst für einen Prozeß reserviert bleiben, der in Hamburg gegen mich anrollt. Ich bin nämlich wegen eines Leserbriefes, den ich am 7. Februar 1972 im »Spiegel« zur Verteidigung Heinrich Bölls veröffentlicht habe, vom derzeitigen Westberliner Polizeipräsidenten wegen Beleidigung angezeigt worden. Man könnte sehr wohl fragen, wie weit ein derartiges Vorgehen auf Bedrohung und Einschüchterung der freien Meinungsäußerung hinausläuft. In meinem Leserbrief hatte ich die Erschießung des ohne Gegenwehr festgenommenen Studenten Georg von Rauch »Vorbeugemord« genannt.

Einige Monate später wurde der Polizist, der ihn erschossen hatte, wegen Notwehr freigesprochen, wie das nach den Worten des verstorbenen Generalstaatsanwaltes Fritz Bauer aus Frankfurt in solchen Fällen so gut wie immer geschieht, und am 11. Oktober 1972 wurde dann Anklage gegen die Leserbriefredakteurin des »Spiegel« und gegen mich erhoben.

Sollte nach diesem merkwürdigen Prozeß etwas vom letzten Viertel des Preises übrigbleiben, so wird auch dieser Restbetrag verfolgten Menschen zugute kommen.

Ich danke Ihnen allen nochmals: für den Preis beziehungsweise für Ihr Zuhören.

1973

Die Freiheit, zu sehen, wo man bleibt

Kolleginnen und Kollegen, Freunde, meine Damen und Herren!

Bevor ich das sage, was ich mir vorbereitet habe, möchte ich doch zu einigem Stellung nehmen, was ich hier gehört habe – ich hätte noch mehr Zeit damit verbringen müssen, wenn nicht zum Glück Hans Weigel, Milo Dor, Barbara Frischmuth, Michael Scharang schon viel davon gesagt hätten.

Zuerst ein Wort zur Verantwortung des Schriftstellers gegenüber dem Staat, noch im Anschluß an Milo Dor: Ich glaube, eine direkte Verantwortung des Schriftstellers gegenüber dem Staat gibt es nicht, nur eine Verantwortung direkt gegenüber seinem eigenen Gewissen, das als Verinnerlichung die Beziehung zu seinen Mitmenschen enthalten muß. Diese Mitmenschen sind natürlich in unserer Zeit in Staaten organisiert, zur Erhaltung ihres Lebens und auch zur Erhaltung ihrer jeweiligen Herrschaftsverhältnisse. Diese Doppelheit ist wichtig, man kann einen Staat heute ebensowenig abschreiben wie für fraglos bejahenswert erklären. Aber die direkte Verantwortung gegenüber dem Staat lehne ich ab, und wir wissen aus politischer Erfahrung, je mehr ein Staat die direkte Verantwortung des Schriftstellers gegenüber dem Staat verlangt, desto unangenehmer ist dieser Staat.

Das zweite sind zwei Ausdrücke, die der Psychoanalyse, sagen wir, »entlehnt« wurden, nämlich das »Lustprinzip des Schreibens« und das »Realitätsprinzip« danach. Ich glaube, wenn man sich in Ausdrücken wie Lustprinzip des Schreibens die Analyse zunutze macht, dann müßte man doch als mit Literatur angeblich befaßter Mensch wissen, daß die Schriftsteller die Lust des Schreibens dazu zu verwenden haben und dazu verwenden, in immer tiefere Schichten ihres eigenen Erkenntnis- und Beobachtungsvermögens einzudringen, wo analytische Widerstände bekämpft werden müssen, so daß das, was dabei herauskommt, eine sehr schwierige und keineswegs nur als lustvoll zu bezeichnende Tätigkeit ist; und der Verdacht liegt nahe, daß man denkt: »Wenn denen das Schreiben ohnehin schon solche Lust macht, dann ist es doch eigentlich lächerlich, daß sie noch so viele Forderungen stellen.«

Es ist sehr gut, daß im selben Atemzug vom Realitätsprinzip die Rede war, denn nicht nur die Antipsychiatrie, sondern auch die meisten modernen Psychologen wissen schon sehr wohl, wie sehr der Ausdruck Realitätsprinzip, seit er von Freud geprägt wurde, zu schlechten Anpassungsforderungen mißbraucht wurde! Ich will dazu nichts mehr sagen.

Ich glaube, daß auch der Ausdruck »Arroganz gegenüber dem Publikum« ein gefährliches Wort ist. Natürlich gibt es so etwas, und natürlich muß man sich davor hüten, aber im allgemeinen sind die Leute, die davon sprechen, die selben, die als Politiker etwa sich auf die »schweigende Mehrheit« berufen. Man darf das Publikum nicht wie ein kritikloser, nur von der Marktforschung gelenkter Mann nur so nehmen, wie es ist. Damit tut man dem Publikum keine Ehre an, denn man nimmt dann auch die Schädigungen, deren Ergebnis und Opfer das heutige Publikum ist, kritiklos hin. Ich glaube also, in einer solchen Formulierung steckt, vielleicht unbewußt, doch mindestens die Gefahr einer Arroganz gegenüber dem Schriftsteller.

Ich werde nun ziemlich viel von der Vergangenheit sprechen, und ich glaube, daß manches davon für die Gegenwart fruchtbar ist. In den letzten Monaten vor diesem Kongreß hat man mir nämlich eine Reihe von Fragen gestellt: Warum ich, obwohl ich Österreich liebe und mich freue, endlich wieder meine österreichische Staatsbürgerschaft zu bekommen, nie nach Österreich zurück wollte oder konnte; welchen Eindruck ich als Auslandsösterreicher von österreichischen Literaturverhältnissen hatte und habe; ob österreichische Literatur in Österreich überhaupt eine Bedeutung hatte und hat. Was ich vom Verlagswesen halte, wurde auch gefragt, von der Förderung, vom Verhältnis zwischen Literatur und Politik. Die gründliche Beantwortung auch nur einer dieser Fragen würde mehr Zeit brauchen, als ich für mein Referat habe, und Österreich ist immer noch so, daß jede ehrliche Antwort geeignet ist, einem den oder jenen zum Feind zu machen, von dem es hierzulande heißt, er könnt' einem schaden. Ich will es trotzdem versuchen, skizzenhaft, ganz unvollständig.

In Wirklichkeit sind praktische Entscheidungen über Heimkehr gar nicht nur politisch oder kulturpolitisch bedingt, sondern sie sind sehr kompliziert, vielfach überdeterminiert – aber auch kulturelle und politische Faktoren können mitsprechen. Im Krieg, in England, hatte ich die Absicht, zurückzukommen. Aber nach und nach störten mich damals bei den Österreichern, zu denen ich dort die engste Verbindung hatte, einige Symptome der Stalin-Ära so sehr, daß ich nicht zurückkommen wollte, um *mit* ihnen zu arbeiten. Ich hatte aber auch keine Lust, zurückzukommen, um *gegen* sie zu arbeiten. Dazu hatte ich zu viel Mitgefühl mit vielen von ihnen, deren gute Absicht und deren tragische Konflikte ich aus eigener Erfahrung kannte. Es lag mir nicht, Menschen, die mir nahe waren, nun haßerfüllt als Todfeinde zu bekämpfen, auch wenn viele von ihnen, dank ihrer Organisationsstruktur, solche Hemmungen nach außen hin nicht immer zeigen konnten. Überhaupt, die bittere Bereitschaft zu gehässigster Feindschaft, wie man sie bei uns in Österreich auf allen Seiten fand und immer noch findet, scheint mir kein guter Charakterzug einer Kultur. Speziell der österreichische ebenso wie der deutsche Antikommunismus ist außerdem nicht nur von den wirklichen Verbohrtheiten, Selbstentfremdungen und Verbrechen in der Geschichte des Kommunismus gespeist, sondern oft eben auch von der sogenannten kulturellen Kontinuität aus der Hitler-Zeit oder schon auch aus der Ignaz-Seipel-Zeit. Und das mochte ich nicht leiden.

Ich konnte, als ich mir die Rückkehr zum ersten Mal überlegte, weder die gezielten, sich für links haltenden Gehässigkeiten gegen einen Hans Weigel gutheißen, weil er es gewagt hatte, im Exil und danach seine Meinung über die Wirklichkeit der Stalin-Ära zu sagen, noch auch konnte ich mich darüber freuen, daß selbst ein Hans Weigel sich durch das, was ihm angetan wurde, und durch die furchtbaren Enttäuschungen, die er erlebt hatte, dazu hinreißen ließ, soweit zu gehen – wenn ich nicht falsch informiert bin –, längere Zeit sogar gegen Brecht-Inszenierungen in Österreich zu sein; wobei doch gerade Brechts eigenes Werk viel Inspiration zur Auflehnung gegen Stalinismus und gegen geisttötende Bevormundung gegeben hat. Dieses Freund-Feind-Denken in Österreich hat der Literatur geschadet und hat mich abgeschreckt, auch wenn es bei Hans Weigel offenbar mit größter persönlicher Integrität verbunden war; und traurig gemacht hat es mich gerade bei ihm, weil dieser selbe Hans Weigel so unendlich viel und uneigennützig für junge Dichter getan hat, auch für mich, wie wenige andere. Nur fair zu sagen, daß es diese Freund-Feind-Tendenzen natürlich nicht nur in Österreich gab, sondern auch in der Bundesrepublik und in Amerika, aber damit dürfen wir uns nicht trösten. Ich hatte in London von Isaac Deutscher gelernt, daß mir keine Wahl blieb, als gegenüber einer entfremdeten, dogmatisch erstarrten und machtpolitisch hochgekommenen beziehungsweise heruntergekommenen Lehre zum Ketzer zu werden, aber daß der Ketzer, der Häretiker, sich davor hüten soll, in die vorgezeichnete Rolle des Renegaten zu verfallen, wie sie etwa der Kongreß für Freiheit und Kultur und andere Institutionen zu fördern suchten. Schwerer gemacht wurde es gerade auch Schriftstellern dadurch, daß die einen Mitmachen im Kalten Krieg forderten und immer noch fordern und daß von der anderen Seite ein Ketzer fast immer als Verräter und Renegat verleumdet wurde – ich denke da besonders an Ernst Fischer, den ich lieb gehabt habe.

Auch ganz anderes hat mich gestört. Als der Dichter Weinheber noch im Krieg Selbstmord begangen hatte, war ich durch seine letzten, verzweifelten Gedichte erschüttert und warnte mit meinem Freund, dem Lyriker Theodor Kramer, davor, diesen Mann einfach als Nazi abzutun. Wenige Jahre danach aber fand ich in Österreich eine Überschätzung Weinhebers, die sich auch des englischen Dichters W. H. Auden spleenige Weinheber-Verehrung zunutze machte; und ich finde es ganz falsch, daß sich im Palais Palffy zwar ein Weinheber-Zimmer, nicht aber ein Theodor-Kramer-Zimmer vorfand – wobei dahingestellt bleibe, ob das Palffy der beste Ort für eine Kramer-Ehrung wäre. Aber natürlich war Kramer der wichtigere von den beiden Dichtern.

Auch die elenden Lebensumstände für österreichische Nachwuchsschriftsteller, von denen Michael Scharang spricht, fand ich mehr als ungut; sie machten Österreich unwirtlich. Ich erinnere mich aus dieser Zeit noch eines Mannes, der im Rundfunk viel zu sagen hatte, er gehört zum Glück längst der Vergangenheit an. Mir begegnete er mit entsetzlicher Höflichkeit, aber wenn er sich in seinen Sendungen eines jungen österreichischen Autors überhaupt erbarmte, dann mußte dieser, um seine Manuskripte vorlesen zu dürfen, »Sprechunterricht« nehmen, wofür der Mann seine Gattin empfahl. Diese Lektion kostete immer genau die Hälfte des Honorars. Daß der Mann auch ein Nazi gewesen war, vielleicht kein ehrlich überzeugter, dafür aber ein eifriger, rundet das Bild ab.

Man darf natürlich keine Schwarz-weiß-Malerei machen. Das Ministerium versuchte auch vor vielen Jahren schon, jungen Schriftstellern zu helfen; einen Ministerialrat Dr. Brunmayr habe ich zum Beispiel noch in besonders guter Erinnerung. Aber wenn gleichzeitig weder die Schulen noch die Universitäten, noch das Fernsehen moderne Literatur und junge Autoren genug förderten, dann blieb es eben bei den Stipendien: zum Sterben zuviel und zum Leben zuwenig. Das Dunkelmännertum an der Universität war durchaus nicht nur auf alte Nazis beschränkt, und auch nicht nur auf die Germanistik. Ich erinnere mich zum Beispiel eines Professor Rohracher, der sich, glaube ich, sogar einen Sozialisten nannte, der aber nicht nur eine ebenso modische wie gottvergessene Verhaltenspsychologie lehrte, sondern seinen Studenten, die bei den Prüfungen Zitate aus seinen Werken wörtlich auswendig hersagen können mußten (!), beibrachte, Freud sei wissenschaftlich indiskutabel, nicht nur wegen seiner Einseitigkeit, sondern auch wegen seiner zahllosen Geschmacksverirrungen. Professor Rohracher galt auch in Bayern als Autorität. Ich sprach damals darüber im Ministerium, und man sagte mir: »Der Mann ist doch ungefährlich, denn wir alle hatten bei ihm mindestens im Nebenfach Prüfungen und haben uns so über ihn geärgert, daß man ihn nicht ernst nehmen kann.« Es genügt natürlich nicht, wenn der Lehrstuhl von jemandem besetzt ist, der dadurch ungefährlich wird, daß man ihn nicht ernst nehmen kann. Das alles fand ich ebenso sonderbar wie etwa den österreichischen PEN-Club.

Dennoch war es mein vorrangiges Interesse an der kulturpolitischen Entwicklung in der Bundesrepublik Deutschland und auch an der politischen Wichtigkeit der Entwicklungen dort für ganz Europa, das meine Aufmerksamkeit mehr auf die Bundesrepublik konzentriert hat; es war also nicht etwa, wie Leute behauptet haben, Ekel vor Österreich, was mich ferngehalten hat, sondern es war die größere Anziehungskraft dieser Entwicklungen. Natürlich ist nicht auszuschließen, daß eine viel großzügigere Kulturpolitik bei uns mich nach Wien gebracht und, ebenso, viele junge österreichische Autoren in Wien festgehalten haben könnte. Dennoch glaube ich, daß Michael Scharang Österreich manchmal ein klein wenig Unrecht tut, wenn er an Österreich Schattenseiten beschreibt, die es geradeso auch in Deutschland oder vielleicht in den meisten bürgerlichen Ländern, auch den demokratischeren, gibt. Aber dieses Unrecht, das gelegentlich mit einfließt, ist viel weniger wichtig als Scharangs dankenswerte Leistung, Schlechtes dort beim Namen zu nennen, wo er es vor seiner Nase findet. Und in einigem ist Österreich auch wirklich schlechter dran als etwa die Bundesrepublik, nicht nur das Theater oder die Verlagsmisere betreffend: Welcher österreichische Schriftsteller hat schon in Österreich so viel Einfluß wie in Deutschland etwa Heinrich Böll oder Günther Grass oder sogar ich? Das ist doch bedenklich. Ich habe auch den Eindruck, daß es in Österreich weit mehr Tabus gibt als zum Beispiel in der Bundesrepublik, von Holland oder Dänemark ganz zu schweigen. Gewiß, es gibt eine Art Literatur der Rebellion dagegen, die dann die Freiheit genießt, alle erdenklichen österreichischen Ausdrücke für alle Variationen des Geschlechtsverkehrs oder für Ausscheidungsvorgänge zu verwerten. Damit mag man sich natürlich Luft machen, das mag sogar im engeren Sinn des Wortes abendfüllend sein, es ist auch ein echter Protest gegen Heuchelei; aber einen Ersatz für große Literatur, große Gesellschaftskritik, große Perspektiven kann das nur schwer bieten. Ich tadle nicht die Schriftsteller, die auf diese Weise aufmucken und reagieren, sondern die Zustände, die sie auf einen solchen elenden Freiraum verfallen ließen oder beschränken. Das alles gehört durchaus nicht nur einer fernen Vergangenheit an.

Auch ein ganz besonderes Gemisch von bissiger Aggressivität und unzulänglicher Informiertheit ist in der Kritik, der Schriftsteller und Künstler oft ausgesetzt sind, nicht nur durch Kritiker, sondern auch durch Mediengewaltige, oft zu spüren und hält zuweilen durchaus den Wettbewerb mit bayerisch-ländlichen Zuständen aus.

Und wie gesagt, es gibt zu viele Tabus auch anderer Art. Ich erwähne Einzelfälle, weil sie gelegentlich etwas deutlicher machen können als allgemeine Erörterungen in einem kurzen Referat. Als ich eines der letzten Male in Wien war, gab es gerade ein Gerichtsurteil: Ein Arzt, Prof. Dr. Gross, bei Gericht bestens als Gutachter bekannt, der mit Euthanasiefällen und anderem aus dem Krieg, vor allem mit dem langsamen Tod einer Anzahl von Kindern durch ein Brechmittel, euphemistisch »das Speiberle« genannt, in Verbindung gebracht wurde, war ob dieser Vergangenheit von einem mißliebigen, jüngeren Wiener Arzt, Dr. Werner Vogt, angegriffen worden. Dr. Vogt wurde dafür zu 84.000 Schilling Strafe verurteilt. Es ist ganz gleichgültig, ob ich mit Dr. Vogts eigenen politischen Ansichten in allen Punkten übereinstimme oder nicht – ich tue es nicht ganz –, aber ein solches Urteil macht (von allem anderen, wovon wir in Wirklichkeit *nicht* absehen dürfen, diesmal ganz abgesehen) auch die literarische Behandlung eines solchen Falles sehr riskant. Und ein solcher Fall, so brechreizend er sein mag, darf nicht tabu sein. Denn Tabus solcher Art sind der Todfeind jeder Literatur, nicht nur in östlichen Ländern; auch wenn Literatur sich natürlich nicht nur mit Gutachten über derlei lebende Gerichtsgutachter und tote Kinder zu befassen hat, und auch nicht nur mit allgemeinen und allgemeinverständlichen Themen.

Meine Zeit ist fast um, obwohl ich noch längst nicht alles gesagt habe. Ich müßte darüber sprechen, daß wir noch nichts so Gutes haben wie den Schriftstellerverband in Deutschland, und über viele andere Dinge. Aber ich will im Augenblick nur noch ein Wort zur Bedeutung der Literatur sagen. Zur Bedeutung: Ich glaube, die Dichter sind nicht nur bei uns, aber bei uns vielleicht in höherem Maß als in der Bundesrepublik, ein klein wenig wie Vitamine, die einer in dieser Hinsicht etwas rückständigen Menschheit zurufen wollten: Ihr braucht uns. Und diese Menschheit ißt zwar sehr gerne und sehr viel, aber daß sie auch Vitamine braucht, weiß sie noch nicht ganz genau, obwohl es stimmt. Sie hält es bestenfalls für Luxus. In unserer Zivilisation, in der mehr und mehr Menschen seelisch erkranken, weil der Betrieb unserer Zivilisation abstumpft oder krank macht, oder beides, hat man in einzelnen Heilanstalten sogar schon Kunsttherapie für Menschen, die zusammengebrochen sind, anzuwenden begonnen. Viel wichtiger wäre aber auch hier die vorbeugende Medizin, die Verhütung. Kunst kann die Alternative Abstumpfen oder Zusammenbruch verhindern helfen; natürlich nicht, weil sich der Künstler als Therapeut versteht, da hat Barbara Frischmuth völlig recht, sondern weil er selbst diese Therapie für sich braucht und sie darin sucht, daß er eben schreibt. Nur dadurch ist das Phänomen des Menschen, von dem sie gesprochen hat, der nicht anders leben kann, als indem er schreibt, erklärbar. Und darin, in der Grundproblematik, ist der Schriftsteller natürlich von Nicht-Schriftstellern nicht grundverschieden. Darin liegt die Möglichkeit.

Ich glaube, es ist auch so, daß die Hauptaufgabe der Literatur ja wirklich keine direkte tagespolitische oder parteipolitische ist, sondern gerade die Bekämpfung der Entfremdung, der Abstumpfung. Es ist wichtig, daß man die Fühllosigkeit nicht nur beim jeweiligen politischen oder weltanschaulichen Gegner aufzeigt, sondern daß man ihr auch näher bei sich selbst und in den eigenen Kreisen nachspürt. Dadurch entsteht allerdings als Nebenprodukt auch politische Kritikfähigkeit, besserer politischer Instinkt. Und das kann sogar dazu beitragen, auf lange Sicht, zu entscheiden, ob sich ein kleines Land mit in den Strudel des atomaren Selbstmordes reißen lassen wird, der jetzt die Welt und nicht nur die Großmächte bedroht. Michael Scharang hat davon gesprochen, daß die Zweite Republik nun konsolidiert ist, aber damit ist Österreichs Leben leider nicht so ganz gesichert. An sich schon, aber wie stehts mit den Nachbarn? Welche Verwicklungen, welche geheimen Verschwörungen drohen im sogenannten Ernstfall? In welche Abmachungen und Aufmarschpläne sind wir einbezogen worden? Würde die atomare Verwüstung nicht bis zu den Hochalpen reichen, oder weiter? Und müssen wir nicht klar davor warnen und gerade auch als Schriftsteller sagen, was wir von den großmächtigen Großmacht-Establishments denken, wie das Heinrich Böll und andere zu tun begonnen haben? Michael Scharang hat auch von der Völkerunterdrückung in der Monarchie gesprochen und gemeint, wo andere unterdrückt werden, da hat auch das eigene Volk nichts zu lachen, namentlich die Arbeiter nicht. Gewiß, es hat nichts zu lachen, aber anfänglich lachen viele doch, nämlich als Junior-Partner der Unterdrückung. Siehe das Titelbild zu Karl Kraus' *Die letzten Tage der Menschheit,* die gemütliche Hinrichtung. Und siehe den Klartext, wenn man unserer ganz berühmten Gemütlichkeit aufs Maul schaut. Erst dadurch, daß viele doch mitlachen, daß sie sich korrumpieren lassen, daß sie sich zur falschen Identifizierung verführen lassen, erzeugen sie die Grundlage dafür, daß sie wirklich nichts zu lachen haben werden.

Aufgabe der Literatur kann aber auch sein, auch *das* aufzuzeigen und verhindern zu helfen; natürlich nicht in kopfschwerer, programmatischer Literatur, sondern nur, wenn es einem wirklich durch Erleben in Herz und Hirn übergegangen ist und einem davon der Mund überfließt. Vielleicht kann man als Schriftsteller sehr viel Nützlicheres und Wichtigeres und Unersetzlicheres tun, als Behörden mindestens bis vor kurzer Zeit gewußt haben. Aufgabe aber der behördlichen Stellen ist nicht, dies alles zu reglementieren, sondern zu erkennen, daß auch durch Literatur geholfen werden kann, auch ihnen geholfen werden kann, denn Behörden sind ja nicht bewußt darauf aus, das Schlechte tun zu wollen; und daß vielleicht sogar nicht nur manche Krankheit unserer Zivilisation, sondern auch der gemeinsame Untergang aller noch zu verhindern ist. Aufgabe der Behörden ist demgemäß, der Literatur nicht Almosen zu geben, sondern der Notwendigkeit der Literatur endlich Rechnung zu tragen, nicht nur durch die Freiheit, zu sehen, wo man bleibt, nicht durch Förderung mit dem kleinen Finger, sondern indem man den Stellenwert der Literatur nicht nur mit Worten entsprechend anerkennt.

1981

Zur österreichischen Literatur seit 1945

Es gibt einen alten, recht langweiligen Streit, ob die deutsche und österreichische Literatur zusammengehören oder getrennt zu betrachten sind. Am Ende des Zweiten Weltkriegs meinten einige Österreicher sogar, es gäbe eine besondere österreichische Sprache. Die meisten österreichischen Schriftsteller, von Walther von der Vogelweide über Grillparzer bis zu Trakl, Karl Kraus und Musil wären darüber mehr als erstaunt gewesen. Nach Ende des Zweiten Weltkriegs aber finden wir tatsächlich beträchtliche Unterschiede zwischen der deutschen und der österreichischen Literatur, sowohl was Voraussetzungen und Bewußtseinslage als auch was Arbeitsbedingungen der Schriftsteller betrifft.

Nach 1945 war in Deutschland und in Österreich falsches Bewußtsein der eigenen Lage weitverbreitet, aber in beiden Ländern grundverschiedenes falsches Bewußtsein. In Deutschland proklamierte man das Jahr Null, tabula rasa, den völlig neuen Anfang, was natürlich oberflächlich, ja unsinnig war, weil man seine Sprache, ja mit ihr das ganze Herangehen an die Artikulation seiner Gedanken und Gefühle nicht von einem Tag auf den anderen vergessen oder auswechseln kann (obwohl man sich natürlich damit auseinandersetzen kann, was aber nicht die Jahr-Null-Methode war). Dieser Jahr-Null-Mythos der Mitte des 20. Jahrhunderts führte unter anderem zur Kahlschlaglyrik und – unter Berufung auf Wittgenstein und anglo-amerikanische Nachfolgephilosophien – zu sprachlichen und gedanklichen Zurücknahmen, die die Verlogenheiten einer Sprache und eines Geisteslebens unterlaufen und so vermeiden wollten, wobei aber der Bereich des Denkbaren und Sagbaren so eingeengt wurde, daß die Dichtung ihren Aufgaben nur mehr zum kleinen Teil genügen konnte.

Das in Österreich vorherrschende falsche Bewußtsein aber behauptete etwa: »Die bösen Deutschen sind wir jetzt los und können uns auf unsere eigenen gesunden alten Werte besinnen.« Daß nicht alle alten Werte so besonders gut waren, daß sie zum Teil auch schon bei der Erziehung des jungen Adolf Hitler Pate gestanden hatten, wurde vergessen. Österreich war »befreit«, während Deutschland nur »geschlagen« und »besetzt« war. Dieser Gegensatz war mindestens eine grobe Versimpelung. Wichtiger war, daß die Stadtkerne und Bibliotheksgebäude in Deutschland zum großen Teil zerstört, in Österreich erhalten geblieben waren und daß das ganze Kulturleben in den beiden Ländern verschieden wieder in Gang kam, in der Bundesrepublik mehr vom Westen, besonders von Nordamerika beeinflußt, während man in Österreich mit weit weniger Hemmungen auf alte Konventionen und Traditionen zurückgriff – auch ein so integrer Mann wie Rudolf Felmayer, der sich als Sozialist verstand. Andererseits waren in Österreich schon in den ersten Jahren nach dem Krieg kulturelle Anregungen aus den Nachfolgestaaten der ehemaligen Monarchie deutlich merkbar, zum Beispiel in Otto Basils *Plan*.

Waren die vorherrschenden Kulturtendenzen in beiden Ländern verschieden, so entsprach dem auch die Verschiedenheit der Ansätze zur Gegenkultur. In der Bundesrepublik knüpfte diese in der Literatur stärker an Brecht an, in Österreich finden sich mehr expressionistische, ja sogar surrealistische und – vereinzelt – dadaistische Elemente, die man neu zu beleben suchte. (Von der DDR, deren literarischer Einfluß in beiden Ländern ein interessantes Thema ist, will ich hier absehen, weil die andersartige Gesellschaftsordnung mit anderen Methoden der Tabu-Erzwingung Vergleiche zwar nicht unmöglich macht, das Thema Unterschiede zwischen deutscher und österreichischer Nachkriegsliteratur dadurch aber gesprengt oder allzu kompliziert wird.) Das Gebäude der traditionell-konventionellen Literatur schien jedenfalls in der Bundesrepublik Deutschland zunächst demoliert zu sein, obwohl Grundmauern und Keller nur allzu gut erhalten geblieben waren. In Österreich aber schien dieses Gebäude erhalten, ja von neuem wohnlich gemacht zu sein, obwohl seine Risse so deutlich sichtbar geworden waren, daß die Gegenkultur gerade in ihnen Wurzeln schlagen konnte.

Das ist natürlich nur eine Darstellung in ganz groben Umrissen. Zum Beispiel Bayern nahm schon nach wenigen Jahren eine Art Mittellage zwischen österreichischem und deutschem falschen Bewußtsein ein. Dennoch ist leicht nachzuweisen, warum etwa Gedichte wie Ingeborg Bachmanns *Große Landschaft vor Wien* und viele andere aus *Gestundete Zeit* oder *Anrufung des Großen Bären* im damaligen Deutschland nicht geschrieben werden konnten, daß sie aber, ebenso wie die ersten Gedichte des aus der Bukowina, einer Enklave alt-österreichischer Kultur, stammenden Paul Celan, eine ungemein wichtige Ergänzung der deutschen Dichtung, ein Gegengewicht zur Kahlschlaglyrik darstellten. Andererseits war es kein Zufall, daß Peter Otto Chotjewitz Ingeborg Bachmanns lyrische Sprachkontinuität von großer Spannweite als »kitschig« mißverstehen konnte oder daß Beda Allemann Celan zu sehr als

Mystiker, der zum Teil dunkel bleiben müsse, sieht (was allerdings seither Marlies Janz in ihrem ausgezeichneten Buch *Vom Engagement absoluter Poesie. Zur Lyrik und Ästhetik Paul Celans* überzeugend berichtigt hat). Auch die ganz unzulängliche Würdigung von Ilse Aichingers erstem und bedeutendstem Werk, dem Roman *Die größere Hoffnung,* in der Bundesrepublik – obwohl in einem großen deutschen Verlag erschienen – dürfte auf die Verschiedenphasigkeit der österreichischen und deutschen Literatur jener Jahre zurückzuführen sein.

Später nimmt natürlich wechselseitige Beeinflussung zu, aber österreichische und deutsche Dichtung sind immer noch »ungleichzeitig«. Die Dichtung hat in beiden Ländern auch auf andere Wirklichkeiten zu reagieren. Westdeutschland setzt sich immerfort mit der DDR auseinander, wird zum wichtigsten Land der EG, gerät in den Sog von Aussichten, Gefahren und Sachzwängen einer neuen wirtschaftlichen und politischen Großmacht. Österreichs Lage ist ganz anders. Die Literaturen beider Länder haben daher eigentlich teils verschiedene Funktionen. Die Entfremdung sieht in beiden Ländern verschieden aus. Natürlich hat Österreich auch keine der deutschen nur entfernt vergleichbare Studentenbewegung; was im Zusammenhang mit dieser entstand, hat in Österreich keine oder nur nachempfundene Entsprechungen. Dafür bleiben den Österreichern Tendenzen erspart wie die deutsche von 1968, daß ein Linker eigentlich nicht mehr seine Zeit mit Dichtern vertun könne.

Da die vorherrschenden österreichischen Kulturtendenzen lange Zeit konservativer waren als in Deutschland oder dies doch offener zeigen konnten, hat sich in Österreich auch ein spezifisch österreichischer Protest gegen falsche konventionelle Kulturwerte entwickelt, der von Wedekind-Anklängen bis zu einer besonderen Art Nihilismus reicht (Artmann, Rühm, Konrad Bayer, Oswald Wiener usw.).

Oder um ein ganz anderes Beispiel zu zitieren: Ernst Jandls Texte unterscheiden sich radikal von der konkreten Poesie Gomringers, aber auch Heißenbüttels. Ironie, beißender Sprachwitz, der auf Karl Kraus, ja selbst auf Nestroy zurückgeht, Kritik an Schablonenbegriffen (häufiger noch als bei Heißenbüttel) lassen bei ihm die Sprache keineswegs einziges Thema der Dichtung bleiben. Andererseits hätte Jandl in Deutschland nie (oder doch erst in den letzten Jahren, etwa in Bayern) soviel Widerstand gegen seine Dichtung gefunden wie in einigen Teilen Österreichs selbst an höheren Schulen.

Auch der offizielle Literaturbetrieb war in beiden Ländern verschieden. In Österreich gab es nie eine »Gruppe 47« mit all ihren Vor- und Nachteilen. Dafür gibt es in Deutschland kein Gegenstück zum »Steirischen Herbst«; auch der Hamburger »Literatrubel« ist das nicht. Eine blamable Don Quichotterie wie Alexander Lernet-Holenias Austritt aus dem PEN als Protest gegen Heinrich Bölls Nobelpreis wäre in Deutschland kaum möglich gewesen. Wichtig ist, daß viele Jahre nach 1945 die Existenzbedingungen für Dichter in Österreich viel schlechter waren als in Deutschland. Rundfunkhonorare zum Beispiel waren nur ein Bruchteil der deutschen. Dies und auch die reich subventionierte Stipendienpolitik Westberlins zog zahlreiche österreichische Schriftsteller nach Deutschland. Wer konnte, veröffentlichte in deutschen Verlagen. Mittlerweile ist die Literaturförderung in Österreich um vieles besser geworden, Rundfunk und Fernsehen bieten höhere Honorare, ja sogar einzelne Verlage haben sich einigermaßen entwickelt. In der Rezeption bestehen noch immer Risse zwischen den beiden Ländern. Ein großer Schriftsteller wie Arno Schmidt, von dem sich viel lernen ließe, wird in Österreich völlig unterschätzt. Ein vielseitiger und origineller Dichter und Schriftsteller wie Andreas Okopenko ist in Deutschland nach all den Jahren noch fast unbekannt. Was sich als avant-gardistische oder linke Literatur versteht, ist in Österreich manchmal funktionslose Nachahmung deutscher Versuche ohne deren politischen oder Kulturkampf-Hintergrund und bleibt daher Manier. Dafür findet es ein österreichischer origineller Dichter wie Ingram Hartinger schwerer, bekannt zu werden, als er es in Deutschland gefunden hätte. Am besten wird es wohl sein, möglichst intensiven Kontakt zwischen österreichischen und deutschen Schriftstellern, Kritikern und Medien zu suchen. Das falsche Bewußtsein in den beiden Ländern ist zwar nur teilweise überwunden, in Deutschland droht sogar ein Rückschlag, aber die Unterschiede des falschen Bewußtseins und der Entfremdungen in den beiden Ländern sind geeignet, jeweils die eingefleischten Fehler der anderen Kultur sichtbarer zu machen und zu unterminieren. Verbesserte österreichische Kulturförderung macht es österreichischen Schriftstellern leichter als früher, Eigenheiten zu bewahren; Verbindung mit der deutschen Literatur kann ihnen gleichzeitig helfen, nicht in allzu selbstgefälligen Partikularismus zu verfallen. Funk- und Fernsehaustausch müssen noch sehr verbessert werden. Ebenso bedarf der Vertrieb kleinerer österreichischer Verlage in Deutschland und der kleinerer deutscher in Österreich gezielter Hilfe. Dramatisches Talent fehlt in Österreich nicht, aber die Theater, von der »Burg« angefangen, haben noch allzuviel Eigenleben alten Schlages bewahrt. Mehr Kontakt mit den besten deutschen Bühnen könnte nichts schaden.

Was allgemein nottut, ist nicht einfach Anlehnung an deutsche Literatur, sondern überhaupt intensiverer Anschluß an geistige und ästhetische Entwicklungen in den verschiedensten – vor allem westlichen – Ländern.

Ohne einen solchen Anschluß würde sich auch die österreichische Dichtung früher oder später in allzu engem Zirkeltanz zu drehen beginnen.

1982

Was soll und kann Literatur verändern?

Ich kann der Verführung nicht widerstehen, nach dem, was ich von Sonka gehört habe und was mich sehr erschüttert hat – ich habe seine Gedichte schon als Junge gekannt und später in der Emigration wiedergefunden –, daran anzuschließen, daß Sonkas Schreiben sich zwar unter dem Eindruck seiner Erfahrung verändert hat, daß er sich aber treu geblieben ist. Literatur kann nicht nur andere Dinge verändern, sie kann sich auch selbst verändern, und nicht immer so, daß sie sich treu bleibt.

In meiner Kindheit haben wir die österreichische Bundeshymne gesungen oder singen müssen. Von Ottokar Kernstock war der Text: *»Sei gesegnet ohne Ende,/ Heimaterde wunderhold./ Freundlich schmücken Dein Gelände/ Tannengrün und Ährengold./ Deutsche Arbeit, ernst und ehrlich,/ Deutsche Liebe, zart und weich,/ Vaterland, wie bist Du herrlich,/ Gott mit Dir, mein Österreich!«*

Später hat sich diese Literatur ein bißchen verändert: Als Hitler an die Macht gekommen war, wurde in Massenauflagen eine Karte mit dem Hakenkreuz in weißem Feld auf rotem Grund gedruckt, und darunter stand ein Gedicht von Ottokar Kernstock, das ich nie vergessen werde: *»Das Hakenkreuz im weißen Feld/ Auf feuerrotem Grunde/ Hat uns mit stolzem Mut beseelt/ Es schlägt in unsrer Runde/ Kein Herz, das feig die Treue bricht/ Wir fürchten Tod und Teufel nicht/ Mit uns ist Gott im Bunde.«*

Der Drucker aber hatte dieses Produkt der Dichtung nicht in seiner ganzen Feinheit verstanden. Er hatte nicht verstanden, daß nach dem ersten Vierzeiler *(»Runde«)* die Konstruktion weitergeht zu *»Kein Herz, das feig die Treue bricht«,* sondern hatte nach Runde einen Punkt gemacht. Das sogenannte Enjambement hatte er nicht verstanden, sodaß das Hakenkreuz in unserer Runde geschlagen hat. Als ich das zufällig im Schaufenster einer Buchhandlung sah, mußte ich schallend lachen, denn es deckte sich ja mit meinen Erfahrungen. Das Hakenkreuz hat wirklich in unserer Runde geschlagen, sehr fühlbar geschlagen! Neben mir aber stand ein dicker, großer SA-Mann. Der hat mich mißgünstig angeblickt, als ich gelacht habe, sodaß ich ziemlich schnell weggegangen bin.

Aber um ernstlich zum Thema zu sprechen: das Thema ist zu groß, um fürs erste anders als ein wenig trocken angepackt zu werden. Was soll und kann Literatur verändern?

Ich glaube, zuerst einmal den Schreibenden selbst und zweitens den Leser oder den Hörer. Den Schreibenden selbst dadurch, daß er sich durch seine Formulierungen klar wird über verschiedene Dinge, daß also das Schreiben auch ein Erkenntnisvorgang ist, und Erkenntnisse haben im allgemeinen keinen Rückweg, außer wenn sie sich weiterentwickeln, wie bei Ottokar Kernstock, der übrigens, wenn mich mein Gedächtnis nicht täuscht, auch ein geistlicher Herr gewesen ist.

Ibsen hat gesagt, *»Leben heißt, dunkler Gewalten Spuk bekämpfen in sich,/ Dichten, Gerichtstag halten über sein eigenes Ich.«* Er hat natürlich nicht ein ungerechtes Gericht gemeint und keine Klassenjustiz und wohl auch kein erbarmungsloses Gericht, denn man darf sich selbst ja auch so lieben wie seinen Nächsten, aber doch Gerichtstag halten über sich selbst und, also wegen der dunklen Gewalten, denen man sich gestellt hat, ein Vorgang der Wahrheitsfindung und Beurteilung seiner eigenen Gedanken und Gefühle und seines eigenen Wesens. Dichten ist nach Ibsen also nicht wertfrei.

Goethe hat gesagt: *»Und wenn der Mensch in seiner Qual verstummt,/ Gab mir ein Gott, zu sagen, was ich leide.«* Also auch das Leiden, auch der Protest, wird da schon als legitimer Ausdruck der Dichtung apostrophiert.

Natürlich zeigt die Bekämpfung der dunklen Gewalten und das Sagen dessen, was man leidet, das Dichten als Überlebensversuch. Tatsächlich waren und sind die besten Dichter im allgemeinen die, die nicht dichten *konnten,* sondern die dichten *mußten,* um überhaupt dieses Leben zu ertragen oder es wenigstens möglichst lange zu ertragen. Auch die, die schließlich zerbrochen sind, haben in ihrem Dichten versucht, es zu ertragen: Lenz, Hölderlin oder Paul Celan in unserer Zeit. Hierher gehören auch die Gedichte von Ingeborg Bachmann, ich denke an ein Gedicht wie *»Böhmen liegt am Meer«,* eines ihrer letzten und eines ihrer schönsten Gedichte, über das ich gerade ein Büchlein geschrieben habe. Es ist wichtig zu sehen, daß auch Dichter, die unter uns sind, die erfolgreich sind und die das Leben scheinbar meistern, sich durch ihr Dichten ihr Überleben – und ich meine nicht das finanzielle Überleben – ermöglichen.

Wenn Christa Wolf ein Buch veröffentlicht hat wie *Kein Ort. Nirgends,* die fiktive Begegnung zwischen Kleist und der Günderode, oder wenn sie jetzt ein Buch veröffentlicht hat, *Kassandra,* und in ihren Frankfurter Poetik-Vorlesungen die Erklärungen über das Zustandekommen dieses Buches *Kassandra* gegeben hat, sieht man das ganz deutlich, und man sieht auch ganz deutlich die Bezüge zu unserer Zeit. *Kassandra* ist ein Buch, das gegen den Krieg, der in unserer Zivilisation ausgebrütet wird, protestiert. Kassandra spricht in ihren letzten Lebensstunden über ihr Leben. Sie ist in Mykene, vor dem Löwentor, dessen Trümmer noch heute erhalten sind, und weiß, daß sie sterben wird. Sie denkt an Troja zurück und sagt: »*Wann Krieg beginnt, das kann man wissen. Aber wann beginnt der Vorkrieg? Falls es da Regeln gäbe, müßte man sie weitersagen, in Ton, in Stein eingraben, überliefern. Was stünde da? Da stünde unter anderen Sätzen: Laßt euch nicht von den Eignen täuschen!*«

Oder Christa Wolf fragt: »*Aber wo leben wir denn? Ich muß mich scharf erinnern. Sprach in Troja irgendein Mensch vom Krieg? Nein, er wäre bestraft worden. In aller Unschuld und besten Gewissens bereiteten wir ihn vor. Sein erstes Zeichen: Wir richteten uns nach dem Feind. Wozu brauchten wir den?*« In ihrem Bericht über die Entstehung des Buches schreibt sie über die Lage eines Schriftstellers in unserer Zeit, teilweise indem sie aus ihrem Tagebuch zitiert.

Zum Beispiel am 2. Februar 1981: »*Die meisten Kräfte werden verbraucht zur Abwehr der Irrsinnsnachrichten, besonders aus den USA. Zum Beispiel den Ausbruch kollektiven Wahnsinns bei der Rückkehr der Geiseln aus dem Iran. Bei uns* (sie meint die DDR, wo sie wohnt; E. F.) *wächst die Liste derer, die weggehen. Täglich Kampf um Arbeitsfähigkeit. Von Lust nicht zu reden. Jetzt muß man nicht mehr ›Kassandra‹ sein, die meisten beginnen zu spüren, was kommen wird. Aber ein Fluchtweg ist nicht in Sicht. Man fühlt sich gestellt, Australien ist kein Ausweg.*« Oder drei Wochen später, am 22. Februar 1981: »*Die Nachrichten beider Seiten bombardieren uns mit der Notwendigkeit von Kriegsvorbereitungen, die auf beiden Seiten Verteidigungsvorbereitungen heißen. Sich den wirklichen Zustand der Welt vor Augen zu halten, ist psychisch unerträglich.*« Trotzdem hält sich Christa Wolf als Schriftstellerin gerade diesen wirklichen Zustand der Welt vor Augen.

»*Leben heißt, dunkler Gewalten Spuk bekämpfen in sich, / Dichten, Gerichtstag halten über sein eigenes Ich.*«

Die Aktualität des Schriftstellers ist nicht einfach bloß dann gegeben, wenn der Schriftsteller ein Propaganda- oder Agitationsschriftsteller ist. Wir kennen das Beispiel Heinrich Bölls, der sich jahrelang gegen den Begriff »engagierte Literatur« ausgesprochen hat, weil ihm die Agitationslyrik und -prosa abscheulich war, bei der der gute Wille, die richtige politische Zielsetzung, jede Oberflächlichkeit, jedes Klischee entschuldigen sollte. Und doch hat Böll, je länger er geschrieben hat, gerade das, was er als Begriff abgelehnt hatte, gegen den er allergisch war, nämlich engagierte Literatur, schließlich selbst geschrieben, immer mehr engagiert. Wofür aber engagiert? Nicht für eine Partei, obwohl er im allgemeinen der Sozialdemokratie folgte und jetzt für die Grünen eingetreten ist, sondern engagiert gegen die Entfremdung, gegen das Nicht-mehr-Sehen, Nicht-mehr-Fühlen, Nicht-mehr-merken-Wollen, was mit uns geschieht und was wir einander tun. Und das glaube ich – gegen das Stumpfwerden, gegen das Gedankenloswerden zu schreiben –, ist eigentlich das, was Literatur soll und auch kann.

Wie sie dadurch die Welt verändert? Auf sehr bescheidene Art zunächst einmal. Indem der Schriftsteller selbst versucht, die Dinge, die in seinem Kopf sind, die ihm am Herzen liegen, ordentlich zu formulieren, dadurch, daß er sie ordentlich für sich formuliert. So vermeidet er vielleicht bis zu einem hohen Grad das Manipulieren von Menschen, das Spiel mit verdeckten Karten, um eines guten Zweckes willen. Es ist immer um eines guten Zweckes willen, und es ist doch ein Manipulieren. Die von der Gegenseite erkennen, daß es nicht ein guter Zweck ist, so wie wir von der Gegenseite leicht erkennen, daß es nicht ein guter Zweck ist. Das Manipulieren aber ist in beiden Fällen schädlich. Der Schriftsteller, der für andere schreibt, tut es am besten, indem er zuerst einmal für sich schreibt. Das ist natürlich kein ganz abgeschlossener Vorgang, niemand kann die Kommunikation mit anderen Menschen ganz aus seinen Gedanken verbannen. In gewissen Arten von Literatur, Liebesgedichten zum Beispiel, ist das von vorneherein nicht drin, und wenn man ans Korrigieren geht, versucht man natürlich, die anderen Menschen zu erreichen, indem man mögliche Mißverständnisse durch die Korrektur entfernt. Je besser man für sich formuliert, desto mehr kann man hoffen, andere Menschen zu erreichen, weil man ja nicht grundverschieden von ihnen ist, sonst könnte man sie ohnehin nicht erreichen, auch wenn man sich noch so sehr um Verständnis bemühte. Ich habe einmal ein Gedicht über das Schicksal des Schriftstellers geschrieben, der schreibt, weil er schreiben muß.

Es heißt:
Ein Dichter ist einer,
der Worte zusammenfügt.

Aber das stimmt nicht.
Ein Dichter ist einer,
den Worte
noch manchmal
halbwegs zusammenfügen,
wenn er Glück hat.
Wenn er Unglück hat,
reißen die Worte ihn auseinander.

Ich glaube, für beides, für das noch halbwegs Zusammengefügtwerden und für das Auseinandergerissenwerden von den eigenen Worten, gibt es in der Biographie gerade der besten Dichter sehr eindrucksvolle Beispiele.

Das Wichtigste, was ein Schriftsteller versuchen kann, ist, selbst nicht stumpf zu werden und dadurch andere zu mahnen, nicht stumpf zu werden. Nicht indem der Dichter mit erhobenem Zeigefinger sagt: Du! oder ihr!, sondern indem er sagt: Ich! erreicht er dies, denn er selbst ist sein einziges Instrument, die Welt zu erleben und zu erkennen. Ich habe ein Gedicht geschrieben, das heißt *Entwöhnung*.

Ich soll nicht morden
ich soll nicht verraten
Das weiß ich
Ich muß noch ein Drittes lernen:
Ich soll mich nicht gewöhnen

Denn wenn ich mich gewöhne
verrate ich
die die sich nicht gewöhnen
denn wenn ich mich gewöhne
morde ich
die die sich nicht gewöhnen
an das Verraten
und an das Morden
und an das Sich-gewöhnen

Wenn ich mich auch nur an den Anfang gewöhne
fange ich an mich an das Ende zu gewöhnen.

Was zur Literatur, die etwas verändern will, noch dazugehört, ist die *Unzufriedenheit*. Ein Dichter soll mit der Welt, mit sich selbst und auch mit dem, was er zu formulieren versucht, nie ganz zufrieden sein. Wenn man die Welt sieht, so ist ja der Gedanke, mit ihr zufrieden zu sein, auch einigermaßen schwierig, aber das gilt auch für den eigenen Versuch, mit dieser Welt fertig zu werden, mit der man nicht fertig werden kann. Jura Soyfer, ein österreichischer Dichter, der sehr jung im Konzentrationslager gestorben ist, hat in seinem Stück *Vineta* davon geschrieben, daß der Matrose, der als Einziger unter den erstarrten Menschen der versunkenen Stadt Vineta zu leben und gegen die Erstarrung anzukämpfen versucht, ein unzufriedenes Herz hat und deshalb unbedingt weiterleben will. Ich glaube, diese Unzufriedenheit ist sehr wichtig. Wir finden sie auch beim scheinbar so olympischen Goethe. Faust sagt zu Mephisto: *»Werd ich zum Augenblicke sagen; / Verweile doch, Du bist so schön, / dann magst Du mich in Fesseln schlagen, / dann will ich gerne mit Dir gehn.«*

Dem Mephisto gelingt es nur, Faust zu dieser Zufriedenheit zu bringen, indem er ihn betrügt, indem er ihn erst blind werden läßt. Während Faust glaubt, einem Heer von Arbeitern zu gebieten, gebietet er nur einem Heer seiner eigenen Totengräber.

Marx hat im *Kommunistischen Manifest* diese Stelle, Fausts Tod, verwendet, als er dem Bürgertum sein Ende voraussagt. Daß das Bürgertum heute nicht nur sein eigenes Ende findet, sondern, wie es Marx ebenfalls für möglich gehalten hat, daß Klassenkämpfe entweder mit dem Sieg der neuen Klasse enden oder mit dem gemeinsamen Untergang der kämpfenden Klassen, diese zweite Möglichkeit besteht sehr deutlich in unserer Zeit und ist kennzeichnend für jedes literarische Bemühen in unserer Zeit, das der Möglichkeit des Weltunterganges oder zumindest seines ersten Teils ins Auge zu sehen hat. Natürlich können wir das nicht nur durch Aufrufe gegen den Weltuntergang, gegen den Atomkrieg erreichen, sondern der Vorgang, die Dinge genau zu nehmen, in sich und bei den Menschen, die man beobachtet, bedeutet für den Schreibenden auch, daß mit dem *Wort* etwas geschieht. Eine Dichtung, die nur *inhaltlich* Interessantes bringt, wo mit der Sprache selbst überhaupt nichts geschieht, ist selten sehr gute Dichtung. Obwohl auch das, wie viele andere Betätigungen der Menschen, arbeitsteilig ist und nicht durch Kommando und nicht durch Vorschriften gegängelt werden soll und kann. Aber ein Mensch, der sich selbst, seine eigenen Gedanken und Gefühle, in dieser Welt genau nimmt, wird sich niemals sprachlich genau so ausdrücken wie einer, der es weniger genau nimmt. Er wird auf Klischees aufmerksam werden, er wird diese Klischees entweder vermeiden, oder er wird sie nur als Zitate in das, was er schreibt, montieren. Man könnte sich so etwas denken wie eine Stilpsychologie, daß man also aus dem Stil von Menschen sehen kann, wie sie sich mit einer Fülle von Problemen oder mit sich selbst als Problem auseinandersetzen. Die bombastische Sprache eines Gabriele D'Annunzio zum Beispiel unterscheidet sich lebhaft von der Kahlschlaglyrik eines Günter Eich oder von der einfachen Sprache der Vagabundenlieder eines Theodor Kramer. Ich glaube, es ist sehr wichtig zu sehen, daß man zwischen Form und Inhalt nicht so einfach unterscheiden kann, wie es, auch in der Linken, in vergangenen Jahrzehnten versucht worden ist. Und noch eines: Obwohl natürlich jeder Dichter gewisse Vorstellungen hat, was Dichtung ändern kann und soll, finden wir, daß diese Vorstellungen in unserer Gesellschaft nicht bei allen Dichtern, die es ehrlich meinen, dieselben oder auch nur annähernd dieselben sind. Das Arbeitsteilige manifestiert sich oft unabhängig vom Bewußtsein des einzelnen Individuums. Ein Teil der sogenannten Konkreten Poesie ging davon aus, daß das Wort das einzige Thema der Dichtung sein kann. Die Sprache selbst sollte das einzige Thema sein, und nicht irgendwelche menschlichen Beziehungen, Politik oder sonst irgendetwas. Das etwa war die Essenz einer quantitativ vielleicht dadurch spärlich gebliebenen Lyrik eines Eugen Gomringer. Es ist nicht die Essenz der Konkreten Poesie eines Ernst Jandl, der das Sprachspiel benutzt, um sich mit einer Fülle von Gedanken und Erfahrungen auseinanderzusetzen. Konkrete Poesie kann bei verschiedenen Konkreten Poeten etwas jeweils ganz anderes heißen.

Oder zu glauben, weil wir diese Welt zum Frieden und zu größerer Menschlichkeit verändern wollen, sei dies ein Thema, das für Dichter verpflichtend sein soll. Das hieße, den Dichtern Vorschriften machen, die der Dichtung nur schaden können. Denn Dichtung kann nur von dem ausgehen, was dem Dichter wirklich durch den Kopf geht, was ihm am Herzen liegt, und nicht von dem, was ihm gefälligst einfallen oder am Herzen liegen *soll*. Als Leser werden wir natürlich oft jene Dichter bevorzugen, die uns das sagen, worum es auch uns zu tun ist. Aber Vorschriften machen, zum Beispiel positive, aufbauende Literatur zu schreiben, Literatur, die einen deutlichen Ausweg zeigt, das ist allemal ein Fehler.

Kästner hat einmal in einem berühmten Gedicht auf die Frage *Herr Kästner, wo bleibt denn das Positive?* geschrieben: *Ja, wo zum Teufel bleibt es denn bloß*. Und er hat es geschrieben, weil die Zeit, in der er es schrieb, wirklich das Positive einigermaßen vermissen ließ. Es war der Vorabend der Machtergreifung Hitlers.

Wir wissen, daß in der DDR jahrelang der Versuch gemacht worden ist und zum Teil noch immer gemacht wird, positive Helden, Stücke mit einem Ausweg im Sinne der offiziellen Politik zu finden, und selbst die Schriftsteller in der DDR haben im Zusammenhang mit dem dort propagierten *Bitterfelder Weg* den Spottvers geprägt: *»Es seufzt der positive Held, daß ihm der Weg so bitter fällt.«*

Auch lange vor der Entstehung der DDR und durchaus nicht nur beschränkt auf kommunistische Schriftsteller, gab es einen Versuch, der auch in der DDR in großem Maßstab unternommen wurde, zum Beispiel Märchen mit positivem Inhalt zu schreiben und die bestehenden Volksmärchen vom Greulichen, Grausamen, Nachtseitigen zu reinigen. Das Ergebnis war unweigerlich, daß Kinder, die mit solchen chemisch gereinigten Märchen gefüttert wurden, die Märchen, die noch irgendein reaktionärer Teil der Familie erzählen konnte, eine Großmutter, ein Onkel zum Beispiel, mit grausamem Ausgang bei weitem vorgezogen haben. Und mit Recht, denn Kinder haben ebenso wie andere Menschen auch Albträume und Phantasien nachtseitiger Art, die durch ihre eigenen Erfahrungen mit dieser Umwelt hervorgerufen sind. In ungesiebten alten Märchen finden sie auch diese Dinge bestätigt. Das Gute siegt ja ohnehin auch meistens in den alten Märchen – ich wünschte, daß es in der Welt ebenso oft siegen würde. Das Wichtige ist, daß sich Kinder in den Erfahrungen, in denen sie sonst allein gelassen werden, bestätigt finden, verstanden und unterstützt. Wenn alle Märchen gereinigt wären, wären wir wie Menschen, die zwar Träume haben, aber von keinem anderen wissen, daß er träumt. Das ist eines der Beispiele, warum man weder bei der Volksliteratur noch bei der neuen Literatur sehr schnell damit bei der Hand sein soll, Regeln aufzustellen. Ich selbst schreibe viele politische Gedichte und versuche auch, damit einen Unterschied hervorzurufen in der Zivilisation, in der ich schreibe. Aber einige meiner liebsten Dichter sind auch Dichter, die, wie man so sagt, unpolitisch sind, etwa Dylan Thomas oder Sylvia Plath. Obwohl natürlich in Wirklichkeit die Grenze zwischen politischen und unpolitischen Gedichten gar nicht so fest ist. In Sylvia Plaths Gedichten findet sich zum Beispiel ihr verzweifelter Versuch, irgendwie emanzipatorische Inhalte in ihr Leben zu bringen und dadurch zu überleben. Bekanntlich ist es ihr nicht gelungen, sie hat mit 30 Jahren Selbstmord begangen. Diese Intensität des Überlebens, der Auseinandersetzung mit dem Sterben und gleichzeitig des Lebenwollens, das sich in der Intensität der Bilder zeigt, die sie in ihren Gedichten hat – das ist genau so wichtig für die Veränderung unseres Lebens, nämlich unserer Einsicht, unseres Lebensgefühls, wie irgendwelche politisch oder weltanschaulich positiven Inhalte. Viele von Ihnen werden schon erfahren haben, daß einem in wirklich deprimierter Stimmung aufbauende oder gar lustige Texte viel weniger helfen als gerade jene besonders ernsten oder trüben Texte, von denen es im Volksmund heißt: »Aber da kann man ja trübsinnig werden!«

Ich habe bei den späteren Gedichten Hölderlins und ich habe bei Kafka mehr Trost gefunden als bei irgendwelchen Humoresken, die ich einmal als Junge in einer deprimierten Stimmung zu lesen versucht habe, um nicht zusammenzuklappen, als die Nazis meinen Vater umgebracht hatten, und das Lesen dieser Humoresken hat dann erst recht zu einem wirklichen Verzeiflungsausbruch geführt. Wenn ich sage »trübe Geschichten«, muß ich eine grimmige Tatsache berichten. In der CSSR sagen Intellektuelle jetzt über Franz Kafka: »Dieser Kafka, das war noch ein Optimist.«

Paul Celan hat mir gesagt, er betrachte die Aufgabe des Schriftstellers, also seine eigene Aufgabe, hauptsächlich als die des Aufzeichnens der Konturen dessen, was geschehen ist, vor allem dessen, was erlitten wurde. Und die Formulierung des Erlittenen hat er wahrscheinlich großartiger als irgend jemand anderer in der deutschsprachigen Nachkriegslyrik zuwege gebracht. Ich hatte schon vor vielen Jahren mit ihm immer diese Diskussion, daß ich dachte, bloß das Leiden festzuhalten und das Erlittene zu formulieren, gibt einem vielleicht nicht genug Kraft, das Leben weiterhin zu ertragen. Es ist schon viele Jahre, daß Celan ins Wasser gegangen ist.

Wir tun beim Schreiben immer mehr als wir wissen. Ein Schriftsteller, ein Maler, ein Bildhauer, der beim Schaffen seiner Werke nicht mehr tut als er weiß, wäre ein sehr schlechter Künstler! Wenn wir nur täten, was wir wissen, dann könnte man prinzipiell auch einen Computer so programmieren, daß er Kunstwerke schaffen kann, aber diesbezügliche Versuche haben zu einer merkwürdig elenden Kunst geführt. Diese Tatsache, daß wir beim Schreiben mehr tun als wir wissen, ist an sich schon genug, um Reglementierversuche auch in bester Absicht zu widerlegen.

Aber kann die Literatur etwas verändern?

Ich weiß es nicht. Mich haben politisch engagierte Freunde immer gefragt: Warum schreibst du immer noch Gedichte? Ich habe einmal ein Gedicht geschrieben, das lautet:

Warum schreibt Du noch immer Gedichte,
obwohl Du mit dieser Methode
immer nur Minderheiten erreichst?
fragen mich Freunde,
ungeduldig darüber,
daß sie mit ihren Methoden
immer nur
Minderheiten erreichen.
Und ich weiß keine Antwort
für sie.

Ich nannte dies Gedicht *Sprachlos.*

Tatsächlich ist das eine dumme Frage. Erstens schreibt man das, was einem kommt; man muß seine Einfälle respektieren. Ein Schriftsteller ist kein spekulierender Geschäftsmann oder sollte es zumindest nicht sein. Zum großen Schaden unseres Literaturbetriebes verlangen allerdings Verleger, daß ein Schriftsteller, der etwa einen Roman veröffentlicht hat, alle zwei, drei Jahre nun wieder einen Roman vorlegen soll, um sein Publikum nicht vergessen zu lassen, daß er ein guter Markenartikel ist. Auf diese Weise entsteht natürlich bestenfalls Gekonntes, und das Gemußte in diesem Gekonnten ist sehr verdünnt, oder es ist nur ein wirtschaftlich Gemußtes. Das, glaube ich, ist eine große Gefahr unseres Literaturbetriebes. Es gibt Möglichkeiten, ihr zu entgehen. Viele Schriftsteller machen es ähnlich wie ich, indem sie, wenn sie kein Privatvermögen haben, das sie unabhängig macht, lieber auch Texte übersetzen und dadurch den Zwängen des Marktes, immer etwas zu schreiben, auch wenn sie es gar nicht so wollen, entgehen. Oder man lebt von anderen Berufen, oder man betreibt nebenher Journalistik und macht Funkarbeiten, die sich nicht genau mit dem decken, was man als Schriftsteller, wenn man Einfälle hat, eigentlich schreiben will.

Max Frisch hat einmal – er erhielt damals in Stuttgart den großen Schillerpreis, und Walser und ich kriegten die kleinen Schillerpreise – gesagt, daß Brecht mit all seinen Lehrstücken und mit all seinen Dramen keinen einzigen Menschen politisiert habe. Walser und ich waren davon nicht sonderlich erbaut und sagten uns, wenn er wenigstens gesagt hätte: sicherlich nicht so viele Menschen, wie er politisieren wollte, dann hätten wir ihm geglaubt. Da er aber gesagt hat, »nicht einen einzigen«, und da wir selbst Menschen kannten, die durch diese Brechtstücke sehr beeinflußt worden sind, waren wir der Meinung, dies war damals ein Versuch von Frisch, von den dramaturgischen Ideen Brechts loszukommen, also ein Overstatement.

Literatur kann Menschen verändern und kann die Welt verändern, nicht direkt, sondern dadurch, daß sie das Denken und Fühlen einzelner Menschen wach erhält. Sie hat auch therapeutische Wirkungen, dadurch, daß sie Menschen daran hindern kann, an Problemen, die unbewußt bleiben, zusammenzubrechen. Auch das ist ein wichtiger Einfluß zur Veränderung der Wirklichkeit.

Schließlich finden wir unter den Feinden der Literatur die besten Anhänger der Theorie, daß Literatur die Welt verändern kann. Sonst würden sie nämlich Literatur, die ihnen nicht genehm ist, nicht unterdrücken. Die Bücherverbrenner vor fünfzig Jahren sind nur ein kleines Beispiel. Wenn in Bayern Wolf Biermanns Gedichte und meine Gedichte auf Geheiß des Unterrichts- und Kulturministeriums aus Schulbüchern rausgeworfen wurden, so ist das eine richtige Fortsetzung der Verbrennertätigkeit, denn Schulbuchwerke, die die alten Gedichte noch enthielten, wurden natürlich ebenfalls verbrannt oder zu Makulatur gemacht. Die alten Bücherverbrenner würden sich heute hell freuen, wenn sie wüßten, daß zum Beispiel bei einem Kriegsdiensttotalverweigerer, der in Hildesheim eingesperrt war, dem 22jährigen Juri Armin Hertel, seine Mutter, die ihm Bücher von Heine, Heinrich Mann und Alfred Döblin zum Lesen brachte, vom Gericht belehrt wurde, er dürfe diese Bücher nicht empfangen, denn das sei Terroristenliteratur! Ich bin froh zu sagen, daß sich dieser Junge inzwischen durch Flucht seiner Haft entzogen hat.

Ich möchte an Hand einiger meiner Gedichte ein Beispiel geben, wie ich, vielleicht nicht bewußt im Moment, wo mir diese Gedichte eingefallen sind, aber dann doch de facto versucht habe, etwas zu verändern. Hier ist ein Liebesgedicht, das mir, als ich es schrieb, noch als Prototyp eines unpolitischen Gedichtes erschien. Es heißt *Was es ist.*

Es ist Unsinn,
sagt die Vernunft.
Es ist, was es ist,
sagt die Liebe.

Es ist Unglück,
sagt die Berechnung.
Es ist nichts als Schmerz,
sagt die Angst.

Es ist aussichtslos,
sagt die Einsicht.
Es ist, was es ist,
sagt die Liebe.

Es ist lächerlich,
sagt der Stolz.
Es ist leichtsinnig,
sagt die Vorsicht.
Es ist unmöglich,
sagt die Erfahrung.
Es ist, was es ist,
sagt die Liebe.

Ich habe dann später darüber nachgedacht und bin zum Ergebnis gekommen, daß dieses Gedicht doch eine sehr wichtige rebellische Funktion für mich hatte, nämlich einfach die Rebellion gegen jene Kräfte des Realitätsprinzips, die uns manchmal ein bißchen zu sehr einengen wollen.

In diesem Zusammenhang ein zweites Gedicht, das ich in meiner Mappe »Unpolitische Gedichte« habe, es ist noch nicht veröffentlicht und heißt *Realitätsprinzip*.

Die Menschen lieben,
das heißt: Die Wirklichkeit hassen.
Wer lieben kann, der kann alles lieben,
nur sie nicht.

Die Wahrheit lieben,
vielleicht.
Erkennen kann lieben sein,
aber nicht die Wirklichkeit.
Die Wirklichkeit ist nicht die Wahrheit.

Was wäre das für eine Welt,
wenn die Wirklichkeit,
diese Wirklichkeit rund um uns,
auch die Wahrheit wäre?

Die Welt vor dieser Wirklichkeit retten wollen,
die Welt, wie sie sein könnte, lieben,
die Wirklichkeit aberkennen.

Das heißt natürlich nicht, daß ich glaube, man kann sich der Wirklichkeit entziehen, aber ich glaube, man darf durch diese Wirklichkeit nicht zum wertfreien Pragmatiker werden, der alles, was geschieht, anerkennt und dann auch mitmacht, wie es in vorbildlicher Weise dieser Ottokar Kernstock mitgemacht hat, bloß weil es geschieht. Die Rebellion dagegen ist den meisten Dichtern eigen.

Man könnte natürlich viele Beispiel für Gedichte und Prosatexte geben, die versuchen, die Welt zu verändern, indem sie auf irgendetwas hinweisen; das politische Anklagegedicht zum Beispiel. Ich habe einmal ein Gedicht darüber geschrieben, daß der sogenannte gezielte polizeiliche Todesschuß in der BRD einen neuen Namen gekriegt hat. Das Gedicht heißt *Sprachliche Endlösung*.

Der Schuß der Polizei,
den die Frankfurter Rundschau,
als sie das noch wagte, genannt hat,
›Hinrichtung auf der Straße‹, hieß offiziell
›gezielter polizeilicher Todesschuß‹.

Im neuen Gesetzentwurf
ist er umgetauft worden.
Er heißt seither
›finaler Rettungsschuß‹.
O, nimmermüder Genius
unserer deutschen Sprache,
der du überall alles verschönst
und verklärst
und begütigst.

»*Gezielter polizeilicher Todesschuß*« war eine korrekte Art, das, was geschah, zu beschreiben. »*Finaler Rettungsschuß*« leitet sich davon ab, daß ein geglückter Todesschuß ja wirklich sehr final ist, daher nannte ich es »*Endlösung*«. Und »*Rettungsschuß*« heißt es, weil die Mitglieder der Rechtsgemeinschaft durch diesen Schuß vor einem gewalttätigen Verbrecher gerettet werden. Ein solcher gewalttätiger Verbrecher war zum Beispiel ein junger Heimzögling, Erich Dobhard, der von der Polizei erschossen wurde, und das Oberste Gericht hat den Schuß für berechtigt erklärt, »*weil dieser Täter im Überlebensfall wahrscheinlich viele Verbrechen begangen hätte, auch vor Gewalt nicht zurückgescheut wäre.*« Als nämlich die Polizei diesen Jungen, der mit einem Transistorradio aus dem Waisenhaus geflohen war, das erste Mal aufgegriffen hatte, hatte er sich freigestrampelt, also »unter Gewaltanwendung« mit Händen und Füßen um sich geschlagen, und war davongerannt. Diese Gewaltanwendung gegenüber der Polizei war der Beweis, daß dieser Mann im Überlebensfall wahrscheinlich auch Gewaltverbrechen begangen hätte. So wurde der Polizist freigesprochen.

Unter Umständen kann auch die Aufhellung solcher Dinge Aufgabe der Literatur sein; nur unter Umständen, nicht im allgemeinen. Oft kann ein Artikel so etwas besser als ein engagiertes Gedicht. Als im Ruhrgebiet ein Mann von der Polizei totgeschlagen worden war, wollte ich in der »Frankfurter Rundschau« einen Artikel darüber schreiben, aber sie wollten keinen Artikel darüber. Da rief ich die Literaturabteilung an und fragte, ob ich ein Gedicht darüber bringen könnte; das war möglich. Ich fragte, ob ich dazu auch eine Einleitung schreiben könne, damit die Leute wissen, worum es sich dabei handelt. Auch das sei möglich, sagten sie. So ist durch mein Gedicht dieser Fall, der ein besonders arger Fall war, überhaupt erst in die große Presse gekommen und wurde dann in der Öffentlichkeit auch diskutiert. Das Gedicht heißt *»Märchenstunde«* und wurde 1974 in der »Frankfurter Rundschau« veröffentlicht, zusammen mit meiner Einleitungserklärung:

»Zum Andenken an Günther Routhier, gestorben in der Universitätsklinik Essen am 18. Juni 1974 an Verletzungen, Gehirnblutung, die ihm von Beamten der politischen Polizei in Duisburg am 5. Juni zugefügt wurden, die bei einer Arbeitsgerichtsverhandlung gegen die Zuschauer unter Gewaltanwendung vorgingen. Vergeblich warnte Routhiers Sohn den Polizisten, sein Vater sei Bluter und könne an Knüppelhieben sterben. Beim Begräbnis am 24. Juni wurden Teilnehmer des Trauerzuges, auch Kranzträger, von Polizisten mit Knüppeln geschlagen und Kränze wurden zertreten.«

Also eine lange erklärende Einleitung, eigentlich schon ein kleiner Artikel, wodurch die Zurückweisung der Zeitung, einen Artikel zu veröffentlichen, umgangen wurde. Und nun das Gedicht *Märchenstunde:*

Da hat einer versucht,
einige Polizisten
von einem, der schon am Boden lag,
abzuhalten.

Er hat gerufen:
›Nicht schlagen, mein Vater stirbt sonst!‹
Darauf ein Polizist:
›Märchenstunde ist morgen!‹

Sind die wahren Märchenerzähler
die, die die Märchen für wahr ausgeben
und die Wahrheit für blutige Märchen?
Ist das Märchen das Märchen
von der Korrektheit
der Polizei
und die Wahrheit
die blutige Wahrheit?

Wenn Märchenstunde
erst morgen ist,
soll vielleicht heute
Stimmung gemacht werden
für das kommende Märchen?

Wird es wieder
ein deutsches Volksmärchen sein?
Wer wird es wem erzählen?
Und wie wird es enden?

Das ist ein Beispiel dafür, wie ein Einfall – und den Einfall verdankte ich natürlich dem Polizisten, der gesagt hat: »Märchenstunde ist morgen« und weitergeprügelt hat – eine Sache ermöglichen kann, die ohne diesen Einfall nicht möglich gewesen wäre. Es ist nicht gerade die wichtigste Funktion der Literatur, aber es ist eine mögliche Funktion, die gelegentlich wirksam wird, wenn wir uns als schreibende Menschen mit dieser Welt, mit dem, was die Menschen einander tun, nicht abfinden, uns zwar damit befassen, aber uns nicht damit abfinden. Auch nicht mit den Vorbereitungen eines Atomkrieges, auch dann nicht, wenn Gruppen von Menschen, die wir, wenn sie nicht so mächtig wären, als schäbige Verbrecher bezeichnen würden – und damit übrigens die Verbrecher beleidigen würden, weil die viel ungefährlicher sind, als solche Menschen –, keinen Sinn für das haben, was wir fühlen und was wir denken. Wir müssen die Klischees der Zivilisation, die zum Schutz der Unmenschlichkeit dienen, durchbrechen, wo immer wir können.

1983

Einige Worte zu Österreichs kultureller Eigenart

In den Jahrzehnten seit dem Zweiten Weltkrieg ist über die spezifische Eigenart Österreichs soviel Sinniges und Unsinniges gesagt worden, daß ich von Anfang an weder versuchen will, mich mit diesen Äußerungen auseinanderzusetzen, noch das Thema zu erschöpfen, was auch nicht ginge, wenn ich zehnmal mehr Zeit und Raum zur Verfügung hätte. Nein, ich will mich mit einigen Erinnerungen und Hinweisen begnügen und höchstens zu etlichen Gedanken anzuregen versuchen.

Lang vor dem Krieg, als ich kaum in die Schule zu gehen begonnen hatte, versuchte man in Wien, Österreichs Eigenheit mit dem besonderen Stil der österreichischen Fußballmannschaft und der aufregenden Radioberichterstattung Willi Schmiegers über ihre Kämpfe zu belegen. Möglich, daß Österreicher beim Fußball wirklich ein anderes Verhältnis von Aggressivität zu Humor hatten als etwa Deutsche. Ich maße mir da kein Urteil an. Daß aber nach 1918 Österreicher, soweit sie nicht Nazis waren, sich in Machtfragen als Bürger eines sehr kleinen Landes ganz anders fühlten als etwa Deutsche oder Franzosen, und daß so etwas mit der Zeit das Lebensgefühl verändert, ist ernstzunehmen. Ebenso die Tatsache, daß der Hitlerfaschismus in Österreich nur sieben Jahre lang an der Macht war, in Deutschland zwölf Jahre, also dort die Schulzeit und Jugendjahre einer ganzen Generation monopolisieren konnte, bei uns nicht. Ja, wenn man bedenkt, daß in den letzten zwei Jahren der Hitlerzeit viele im Grunde schon die Niederlage vor Augen sahen und also für die Propaganda dieser Unglücksideologie schon deshalb weniger ansprechbar waren, auch wenn sie sich ihrem Terror noch beugen mußten, dann ist die Zeit voller propagandistischer Beeinflußbarkeit für Deutschland zehn Jahre, für Österreich nur fünf, also nur die Hälfte gewesen. Der Unterschied wird dadurch noch verstärkt, daß in Deutschland die meisten Stadtzentren, samt Bibliotheken, vielfach auch Universitäten, zerstört waren, in Österreich im wesentlichen nicht. Ergebnis: große Verschiedenheit des Lebensgefühls, des Bewußtseins. Zudem galt Deutschland eindeutig als besiegtes, erobertes Land, Österreich mehr oder minder als »befreites«, obwohl es da, auch in der Ehrlichkeit oder Unehrlichkeit der Bürger sich selbst gegenüber, in beiden Ländern allerlei recht komplizierte Schattierungen gab.

In den Nachkriegsjahren wurde Deutschland geteilt und den Blöcken des Ostens und Westens eingegliedert. Österreich wurde ein unabhängiger, neutraler Staat und nimmt am Rüstungswettlauf nicht teil. Kein Wunder, daß deutsche und österreichische Eigenarten sich voneinander unterscheiden.

Die Unterschiede sind älter, aber die Grenzen sind oft unscharf. Die alte österreichisch-ungarische Monarchie war ein Vielvölkerstaat, und obwohl die deutschsprachigen Staatsbürger sich über die anderen oft nur allzu erhaben dünkten, gab es doch viel mehr Berührungspunkte und kulturellen Austausch, als ihn etwa die Deutschen kannten. Das zeigte schon die Wiener Küche bis auf den heutigen Tag. Andererseits war dieser Nationalitätenstaat natürlich für die Staatsbürger deutscher Muttersprache Anlaß, sich – oft recht chauvinistisch – als Deutsche zu fühlen. Unterstützt durch Hitlers außenpolitischen Druck führte das in den dreißiger Jahren, schon zwei Jahre vor der Besetzung durch Hitlers Truppen, im sogenannten Ständestaat Schuschniggs zur katastrophalen Formulierung: »Wir sind der zweite deutsche Staat: Getrennt marschieren, vereint schlagen!« Durch diese offizielle Schandlosung war die damalige österreichische Regierung zu ihrer Totengräberin geworden. Wer mochte noch in die Unabhängigkeit einer Regierung Vertrauen setzen, die selbst schon programmierte: »Vereint schlagen«? Und im Hitlerkrieg wurde dann auch vereint geschlagen, bzw. man wurde vereint geschlagen.

Andererseits hatte diese dem Land zum Teil aufgezwungene Politik, so sehr sie auch einen Teil der Bevölkerung, leider auch besonders der Jugend, verwirrte und ihr die Nazilosung *Ein Volk, ein Reich, ein Führer* nahelegte, nie soviel Anklang gefunden, daß die Nazis die für die zweite Märzwoche 1938 anberaumte Volksabstimmung gewonnen hätten. Sonst hätte Hitler nämlich diese Volksabstimmung abgewartet, statt sie durch den Einmarsch zu verhindern.

Daß die Nazis trotz der gescheiterten Dollfuß-Schuschnigg-Politik nicht genug Anhänger hatten, um einen freiwilligen Entscheid Österreichs für Großdeutschland zu ermöglichen, hatte wieder andere Ursachen, vor allem die Eigenheiten der österreichischen Sozialdemokratie, die – man denke nur an Otto Bauer – politisch schärfer profiliert war als ihre deutsche Bruderpartei und die schließlich, zum Unterschied von der SPD, auch nicht kampflos, sondern in einem heldenhaften Kampf dem Faschismus unterlag. Ja, heldenhaft, auch wenn solche Worte in unserer Zeit oft mißbraucht worden sind. Das erzeugte in der österreichischen Arbeiterschaft, weit über die organisierte Arbeiterbewegung hinaus, ein ganz anderes Verständnis dafür, was Faschismus und Reaktion bedeutet. Das ist nicht ohne gute Nachwirkungen geblieben. Armeegelöbnisse wie bei der Vereidigung im Karl-Marx-Hof, 50 Jahre nach dem blutigen Februar 1934, bei denen darauf hingewiesen wurde, daß österreichische Soldaten nie wieder gegen österreichische Arbeiter eingesetzt werden dürfen, wären in der Bundesrepublik Deutschland heute leider nicht möglich, ebensowenig eine entsprechende Vereidigung im alten KZ Mauthausen. Auch das österreichische Zivildienstgesetz unterscheidet sich durch viel größere Liberalität vorteilhaft von dem der Bundesrepublik, von der Schweiz gar nicht zu reden. Auch das sind Eigenheiten der heutigen österreichischen Kultur, und nicht die schlechtesten!

Nach dem Krieg haben manche gesagt, und keineswegs aus reinem oder unreinem Opportunismus, sondern oft einfach auch aus Entsetzen über die Untaten der Hitlerzeit: »Wir sind von der deutschen Kultur überhaupt ganz oder gar verschieden. Die österreichische Sprache ist eigentlich eigenständig und die österreichische Literatur hat mit der deutschen wenig zu tun.«

Das war natürlich, ob ehrlich oder unehrlich gemeint, ein Unsinn. Grillparzer, aber auch Jakob Wassermann oder Theodor Kramer, hätten so etwas nie gesagt. Die Querverbindungen sind viel zu zahlreich, aber Eigenart heißt ja keineswegs Autarkie und sollte auch nicht so kleinlich verstanden werden.

Besonders interessant fand ich immer, daß sich kurz nach Kriegsende in Deutschland und in Österreich ein falsches Bewußtsein der eigenen Lage entwickelt hat, dessen Entstehen in beiden Ländern leicht zu verstehen ist, das aber in beiden Ländern fast genau entgegengesetzte Inhalte hatte! In Deutschland sagte man sich nach dem Krieg: »1945 ist das Jahr Null, Tabula rasa: Wir müssen ganz und gar neu beginnen.«

Auch das war natürlich Unsinn und undurchführbar. Kein Mensch kann seine Kindheitsjahre ungeschehen machen oder die Sprache, die er als Kind gelernt hat, einfach abschütteln. »Tabula rasa« war eine undurchführbare Lösung. Nur kritisch durcharbeiten kann man die Einflüsse und Reaktionen der eigenen Kindheitsjahre und die Sprache, die man gelernt hat, ebenso wie vieles andere, was man gelernt und gelesen hat. Daran fehlte es dann oft wieder.

In Österreich neigten viele zum entgegengesetzten Fehler. Da konnte man oft hören: »So, die Deutschen sind wir jetzt los. Jetzt müssen wir uns nur auf unsere eigenen alten gesunden Werte besinnen.« Als ob es wirklich nur die bösen Deutschen gewesen wären, und als ob unsere »gesunden alten Werte« nicht schon vor Jahren bei der autoritären Erziehung des österreichischen Kindes Adolf Hitler mit des Vaters Hundepeitsche und gebieterischem Pfiff Gevatter gestanden hätten!

Diese einander diametral gegenüberstehenden verhängnisvollen Überspitzungen hatten in Deutschland und in Österreich deutlich sichtbare und voneinander scharf unterscheidbare Folgen.

Ich frage mich etwa, ob ein Buch wie Heimito von Doderers *Strudlhofstiege* nicht ganz anders ausgesehen hätte, wenn die Strudlhofstiege und die Strudlhofgasse heute nicht mehr wirklich vorhanden wären, sondern im Krieg durch die Bomben zerstört worden wären. Es ist ein großer Unterschied, ob man eine zerstörte Erinnerungslandschaft beschreibt, inmitten von Ruinen oder einer neu aufgebauten Stadt, die ganz anders ist als die der eigenen Kindheit, oder ob man immer noch ein Milieu bewohnt, dessen äußere Kontinuität auch andere Formen der Kontinuität über uns verhängt oder vortäuscht. Das Festhalten an einer sogenannten kulturellen Kontinuität, aber ohne zureichende menschliche und historische Kritik, ist einem so ungemein begabten Schriftsteller wie Doderer etwa in seinem Riesenroman *Die Dämonen* zwar, was den äußeren Erfolg betraf, gut bekommen, aber menschlich und künstlerisch zum Verhängnis geworden. In Deutschland zum Beispiel wäre es so bald nach dem Zweiten Weltkrieg weder in der DDR noch in der Bundesrepublik für einen Schriftsteller möglich gewesen, das Festhalten am Vergangenen als Bewährung zu verherrlichen, den Versuch, Änderungen zu schaffen, als Mißachtung der Zeitkontinuität und schlechte Dämonie zu verteufeln, wie Doderer das getan hat. Seine »Ideologie der Ideologielosigkeit«, die er predigte, war erzreaktionär, und wenn er in seinem Roman *Die Dämonen* den Blutigen Freitag, den Brand des Justizpalastes am 15. Juli 1927 beschreibt, erhebt er die rechtsradikalen Mörder von Schattendorf zu »Revolutionären« und verunglimpft alle Menschen, die sich dagegen gewehrt haben, nicht nur die 86, die damals von der Polizei erschossen wurden.

Hier muß ich unterbrechen und einem Kritiker, Herrn Kurt Kahl (im KURIER vom 25. Oktober) dafür danken, daß er diesen letzten Satz »verhatscht« nennt. Er fragt mit Recht: »*Wer wehrt sich gegen wen?*« – Nun, ich glaube, man erkennt aus dem Zusammenhang, daß die Arbeiter in Wien gemeint sind, die sich gegen den Freispruch der Mörder von Schattendorf gewehrt haben.

Herrn Kahls weitere Frage, ob sie sich etwa dagegen gewehrt haben, daß Doderer – viele Jahrzehnte später – die Mörder zu Revolutionären erhebt, kann er ja nicht ernst gemeint haben. Sie ist Unsinn, wie fast sein ganzer Artikel mit dem mehr als unfairen Schlußsatz über Erich Fried. Ich zitiere:

»Seit über einem Jahr im Besitz eines österreichischen Reisepasses, empfiehlt er, den toten Dichterkollegen nicht zu lesen. / Der Skandal dabei: Er tut es gewissermaßen auf Staatskosten.«

Nein, der Skandal bei diesem österreichischen Sturm im Wasserglas ist natürlich, daß Herrn Kahls Behauptung, ich hätte je empfohlen, Heimito von Doderer nicht zu lesen, völlig unwahr ist! Im Gegenteil: Meine Kritik knüpft an Doderer gerade deshalb an, weil er ganz besonders begabt und interessant war, wodurch sich Kritik überhaupt erst lohnt. An Minderwertigem ließen sich ja nationale Eigenheiten gar nicht untersuchen.

Und die Bemerkung über meinen österreichischen Reisepaß seit einem Jahr ist ein wenig schäbig. Ich bin gebürtiger Wiener und Österreicher und hätte ohne Hitler natürlich nie einen anderen Paß gebabt.

Ansonsten: Wenn Kurt Kahl wirklich glaubt, die Vergangenheitskritik in Doderers Roman *Die Dämonen* sei ganz auf der Höhe seines Talents, dann kann er mir leid tun. Doch zurück zu meinem ursprünglichen Vortragstext, der lautet:

Daß in Deutschland ein Schriftsteller mit einer derartigen Botschaft 1958 einen Großen Staatspreis erhalten haben könnte, wäre unmöglich! Andererseits hat diese Kontinuität Doderer die Möglichkeit gegeben, seine Figuren viel sinnlicher darzustellen, als jene Nachkriegsautoren in Deutschland, die glaubten, man könne und müsse völlig von neuem beginnen (statt das Gewordene kritisch durchzuarbeiten) und die daher mitunter eine recht unsinnliche und zurückgenommene Dichtung entwickelten, z.B. die sogenannte Kahlschlaglyrik, obwohl diese sehr viel ehrlicher war als Doderers statische Ironie, dort wo es ihr an humaner Kritik fehlt.

Daß man aus der kritischen Auseinandersetzung mit der österreichischen Kontinuität aber auch kulturelle Leistungen gewinnen kann, die nicht in Doderers Fehler verfallen, andererseits aber an Sinnlichkeit und Spannweite der deutschen Kahlschlaglyrik weit überlegen sind, beweisen zum Beispiel schon die frühen Gedichte Ingeborg Bachmanns, wie etwa *Große Landschaft bei Wien*, ein grandioses Gedicht, das in der damaligen deutschen Dichtung kein

Gegenstück hätte haben können. Überhaupt ließe sich an Ingeborg Bachmann österreichische kulturelle Eigenart sehr deutlich machen, und ihre Lyrik, ebenso wie die Paul Celans, half schließlich auch der Lyrik Deutschlands wieder aus allzu enggesteckten Schranken herauszufinden. Es ist allerdings auch kein Zufall, daß ein ehrlicher deutscher Nachkriegsdichter wie Peter O. Chotjewitz ohne jede persönliche Gehässigkeit Ingeborg Bachmann doch als »Kitschdichterin« mißverstehen konnte.

Auch die österreichische Ironie mußte nicht statisch oder nihilistisch bleiben, wie bei dem trotz seiner Begabung überschätzten Doderer. Es gibt auch eine durchaus befreiende, nichts verwässernde Ironie, wie etwa bei Andreas Okopenko, einem der bedeutendsten österreichischen Nachkriegsdichter, der aber noch längst nicht genügend gewürdigt wird, oder bei Ernst Jandl. Gerade am Beispiel der Lyrik Ernst Jandls werden österreichische Eigenheiten desto schöner deutlich, weil da nicht der geringste Verdacht einer kleinlichen kulturellen Autarkie oder eines konservativen Chauvinismus aufkommen kann. Seine Verbindung und Wechselwirkung über alle Grenzen hinaus mit anderen Anhängern der Konkreten Poesie, etwa Heissenbüttel in Deutschland und Gomringer in der Schweiz, liegt auf der Hand. Und doch, wie sehr unterscheidet sich Jandls »Konkrete Poesie« von der Trockenheit eines Gomringer und von der systematischen Gründlichkeit eines Heissenbüttel! Ebenso wie Heissenbüttel ist Jandls Konkrete Poesie oft gesellschaftskritisch, aber viel sinnlicher, mit einer ganz anders gelagerten – und ich möchte behaupten, mit einer spezifischen österreichischen – Ironie. Ich glaube, daß Nestroy sich in vielen Gedichten Jandls trotz dessen großer Originalität von ferne wiedererkannt und jedenfalls seine helle Freude an ihnen gehabt hätte und auch die Trauer, die ja auch in der Nestroyschen Lustigkeit sitzt.

Ich kann übrigens Ingeborg Bachmanns Namen nicht erwähnen, ohne anzumerken, daß ich auch ihre große Prosa, obwohl nicht ganz unbeeinflußt von Doderer, doch unendlich höher schätze als die seine, und daß sie, ebenfalls aus intimer Beobachtung österreichischer Milieus, dort, wo Doderer steckengeblieben ist oder geirrt hat, einen Weg findet, wenn auch um den Preis tiefer Depression. Und nur nebenbei: Ich finde es unmöglich, daß die Würdigung dieser Dichterin durch den Bachmann-Preis in einer Weise stattfindet, die dem Wesen Ingeborg Bachmanns Hohn spricht. Ingeborg Bachmann, die ich gut gekannt habe, wäre empört darüber, daß in ihrem Namen Schriftsteller in ein Konkur-

falamaleikum

falamaleikum
falamaleitum
falnamaleutum
fallnamalsooovielleutum
wennabereinmalderkrieglanggenugausist
sindallewiederda.
oderfehlteiner?

Ernst Jandl

Die Todesfuge

Schwarze Milch der Frühe wir trinken sie abends
wir trinken sie mittags und morgens wir trinken sie nachts
wir trinken und trinken
wir schaufeln ein Grab in den Lüften da liegt man nicht eng
Ein Mann wohnt im Haus der spielt mit den Schlangen
der schreibt
der schreibt wenn es dunkelt nach Deutschland dein
goldenes Haar Margarete
er schreibt es und tritt vor das Haus und es blitzen die
Sterne er pfeift seine Rüden herbei
er pfeift seine Juden hervor läßt schaufeln ein Grab in
der Erde
er befiehlt uns spielt auf nun zum Tanz

Schwarze Milch der Frühe wir trinken dich nachts
wir trinken dich morgens und mittags trinken dich abends
wir trinken und trinken
Ein Mann wohnt im Haus der spielt mit den Schlangen
der schreibt

der schreibt wenn es dunkelt nach Deutschland dein goldenes Haar Margarete
Dein aschenes Haar Sulamith wir schaufeln ein Grab in den Lüften da liegt man nicht eng

Er ruft stecht tiefer ins Erdreich ihr einen ihr andern singet und spielt
er greift nach dem Eisen im Gurt er schwingt's seine Augen sind blau
stecht tiefer die Spaten ihr einen ihr andern spielt weiter zum Tanz auf
Schwarze Milch der Frühe wir trinken dich nachts
wir trinken dich mittags und morgens wir trinken dich abends
wir trinken und trinken
ein Mann wohnt im Haus dein goldenes Haar Margarete
dein aschenes Haar Sulamith er spielt mit den Schlangen
Er ruft spielt süßer den Tod der Tod ist ein Meister in Deutschland
er ruft streicht dunkler die Geigen dann steigt ihr als Rauch in die Luft
dann habt ihr ein Grab in den Wolken da liegt man nicht eng

Schwarze Milch der Frühe wir trinken dich nachts
wir trinken dich mittags der Tod ist ein Meister aus Deutschland
wir trinken dich abends und morgens wir trinken und trinken
der Tod ist ein Meister aus Deutschland sein Auge ist blau
er trifft dich mit bleierner Kugel er trifft dich genau
ein Mann wohnt im Haus dein goldenes Haar Margarete
er hetzt seine Rüden auf uns er schenkt uns ein Grab in der Luft
er spielt mit den Schlangen und träumet der Tod ist ein Meister aus Deutschland

dein goldenes Haar Margarete
dein aschenes Haar Sulamith

Paul Celan

Große Landschaft bei Wien

Geister der Ebene, Geister des wachsenden Stroms,
zu unserem Ende gerufen, haltet nicht vor der Stadt!
Nehmt auch mit euch, was vom Wein überhing
auf brüchigen Rändern, und führt an ein Rinnsal
wen nach Ausweg verlangt, und öffnet die Steppen!

Drüben verkümmert das nackte Gelenk eines Baums,
ein Schwungrad springt ein, aus dem Feld schlagen
die Bohrtürme den Frühling, Statuenwäldern weicht
der verworfene Torso des Grüns, und es wacht
die Iris des Öls über den Brunnen im Land.

Was liegt daran? Wir spielen die Tänze nicht mehr,
Nach langer Pause: Dissonanzen gelichtet, wenig cantabile.
(Und ihren Atem spür ich nicht mehr auf den Wangen!)
Still stehn die Räder. Durch Staub und Wolkenspreu
schleift den Mantel, der unsre Liebe deckte, das Riesenrad.

Nirgends gewährt man, wie hier, vor den ersten Küssen
die letzten. Es gilt, mit dem Nachklang im Mund
weiterzugehn und zu schweigen. Wo der Kranich
im Schilf der flachen Gewässer seinen Bogen vollendet,
tönender als die Welle, schläft ihm die Stunde im Rohr.

Asiens Atem ist jenseits.

Rhythmischer Aufgang von Saaten, reifer Kulturen
Ernten vorm Untergang, sind sie verbrieft, so weiß ichs
dem Wind noch zu sagen. Hinter der Böschung
trübt weicheres Wasser das Aug, und es will
mich noch anfallen trunkenes Limesgefühl;
unter den Pappeln am Römerstein grab ich
nach dem Schauplatz vielvölkriger Trauer,
nach dem Lächeln Ja und dem Lächeln Nein.

Alles Leben ist abgewandert in Baukästen,
neue Not mildert man sanitär, in den Alleen
blüht die Kastanie duftlos, Kerzenrauch
kostet die Luft nicht wieder, über der Brüstung
im Park weht so einsam das Haar, im Wasser
sinken die Bälle, vorbei an der Kinderhand,

bis auf den Grund, und es begegnet
das tote Auge dem blauen, das es einst war.

Wunder des Unglaubens sind ohne Zahl.
Besteht ein Herz darauf, ein Herz zu sein?
Träum, daß du rein bist, heb die Hand zum Schwur
träum dein Geschlecht, das dich besiegt, träum
und wehr dennoch mystischer Abkehr im Protest.
Mit einer andern Hand gelingen Zahlen
und Analysen, die dich entzaubern.
Was dich trennt, bist du. Verström,
komm wissend wieder, in neuer Abschiedsgestalt.

Dem Orkan voraus fliegt die Sonne nach Westen,
zweitausend Jahre sind um, und uns wird nichts bleiben.
Es hebt der Wind Barockgirlanden auf,
es fällt von den Stiegen das Puttengesicht,
es stürzen Basteien in dämmernde Höfe,
von den Kommoden die Masken und Kränze...

Nur auf dem Platz im Mittagslicht, mit der Kette
am Säulenfuß und dem vergänglichsten Augenblick
geneigt und der Schönheit verfallen, sag ich mich los
von der Zeit, ein Geist unter Geistern, die kommen.

Maria am Gestade –
das Schiff ist leer, der Stein ist blind,
gerettet ist keiner, getroffen sind viele,
das Öl will nicht brennen, wir haben
alle davon getrunken – wo bleibt
dein ewiges Licht?

So sind auch die Fische tot und treiben
den schwarzen Meeren zu, die uns erwarten.
Wir aber mündeten längst, vom Sog
anderer Ströme ergriffen, wo die Welt
ausblieb und wenig Heiterkeit war.
Die Türme der Ebene rühmen uns nach,
daß wir willenlos kamen und auf den Stufen
der Schwermut fielen und tiefer fielen,
mit dem scharfen Gehör für den Fall.

Ingeborg Bachmann

renzverhältnis gegeneinander getrieben werden. Sie hätte sich einem solchen Antreten zum Wettbewerb nie gestellt. Es ist höchste Zeit, die Regeln zu ändern, wenn Österreich ihr Andenken nicht durch solchen Konkurrenzbetrieb verhöhnen will.

Ich bin ein wenig vom Thema abgekommen: Österreichische Eigenart. Ja, es gibt sie. Nein, sie bedeutet nicht, daß man sich von seinen Nachbarn abgrenzt. Sie besteht zum großen Teil darin, daß das Mischungsverhältnis der gegenseitigen Kultureinflüsse und der Beeinflussung durch Nachbarländer und eigene Geschichten in jedem Land, Österreich, Bundesrepublik Deutschland, DDR, Schweiz, deutschsprachige Dichtung auf böhmischem Boden und in der Bukowina, die es ja früher gab, jeweils ein anderes ist oder war. Kultureinflüsse entstehen nicht nur aus positiven, sondern auch aus traumatischen Erfahrungen, nicht nur aus Tugenden, sondern auch aus Verirrungen. An all dem ist auch Österreich reich, in der Literatur, in der Malerei und Musik, in der Bildhauerkunst, in der Österreich nicht nur auf einen Wotruba hinweisen kann, sondern auf ein so unverkennbar österreichisches Genie wie Hrdlicka, der auch ein großer Maler und Grafiker ist, im Theaterwesen in Gestalt eines Qualtinger, in der Politik im vielschichtigen Phänomen eines Bruno Kreisky, des ersten österreichischen Bundeskanzlers von Weltgeltung, in den Wegen und Rückwegen eines großen Österreichers wie Ernst Fischer, oder in einem ebenso begabten wie noch völlig verkannten oder unbekannten und – vielleicht zum Glück! – so unbequemen Nachwuchsautor wie dem Dichter Christian Ide Hintze.

Das Thema »Österreichische kulturelle Eigenart« ist unerschöpflich, der mir dafür zur Verfügung stehende Raum leider oder gottseidank nicht.

Hier will ich noch kurz einiges erwähnen, was, fürchte ich, ebenfalls zu österreichischen Eigenarten oder Eigentümlichkeiten gerechnet werden könnte, die ich nicht gut finde. Zum Beispiel, wenn ein Justizminister meint, eine gesunde Tachtel habe noch keinem Kind geschadet. Das gehört natürlich zu jener »Selbstbesinnung auf unsere gesunden alten Werte«, die gar nicht so gesund sind; und das führt unter Umständen geradewegs zu jener *Schwarzen Pädagogik,* vor der unter anderem die berühmte Schweizer Psychologin Alice Miller eindringlich warnt. – Oder wenn derselbe Justizminister nichts dagegen tut, daß nicht nur Achternbuschs Film *Gespenster* beschlagnahmt wird, sondern daß, weil der zwar verlästerte, aber unbekannte Film zu Informationszwecken gezeigt wurde, der Vertreter der Interessengemeinschaft Autoren Ruiss vor Gericht gestellt wird, notabene in Verhandlungsräumen unter de facto Ausschluß der Öffentlichkeit, nur zehn Zuschauer durften rein. – Oder daß Herr Franz Endler in der PRESSE gegen den Film und die Studenten hetzt und gleich auch gegen unabhängige Jurys loszieht, statt gegen eine Landesregierung, die sich gegen ihre eigene Jury unmöglich benimmt.

Solche Beschlagnahmen und Verfahren finde ich überhaupt kleinkariert und ungut und schädlich für den Ruf Österreichs, übrigens auch im Fall des Buches *Holzfällen,* obwohl es meines Erachtens zum Teil tief unter dem Niveau seines Autors Thomas Bernhard liegt.

Aber derlei – auch die Entgleisungen eines Herrn Kahl und Franz Endler, abgesehen davon, daß beide Herren sicher auch schon Besseres geschrieben haben! – sind trotz allem O-du-mein-Österreich-Lokalkolorit vielleicht doch nichts ausschließlich Österreichisches. Das gibts auch in östlichen Ländern und auch zum Beispiel in Bayern.

Lassen Sie mich bitte mit einigen Worten darüber schließen, daß ich mich diesem Österreich zugehörig fühle und mich immer mit ihm verbunden gefühlt habe. Die Zugehörigkeit ist bei einem, der in der Ferne lebt, ein freiwilliger Entschluß, und deshalb freue ich mich, und es ist mir nicht nur eine schöne Formsache, daß ich meine österreichische Staatsbürgerschaft wiederhabe. Die Verbundenheit ist etwas anderes. Man kann sie erkennen oder verleugnen, aber sie ist einfach da.

Die Eigenart eines Landes und seiner Menschen, bestehend aus einem Gemisch unzähliger Faktoren, gehört ja nicht in erster Linie zum Bereich Vaterland, mit dem so viel Schindluder getrieben wurde, sondern zum Bereich Heimatland. Was einen da, besonders auch in früherer Kindheit, geprägt hat, ob gut oder schlecht oder so gar nicht bewertbar, das ist Teil der eigenen Eigenart, das gibt einem etwas oder damit muß man sich ernstlich auseinandersetzen, – ja, es gibt vieles bei uns, womit wir uns auseinandersetzen müssen oder müßten, auch wenn ich in der Ferne manchmal in Gefahr bin, alles etwas verklärt zu sehen, aber jedenfalls ist diese aus vielen Faktoren historisch bunt gemischte Eigenart da, so oder so, und diese Mischung, die ein Teil von uns selbst ist, ist für jedes Land, für jedes Volk charakteristisch. Ohne diese Verbundenheit, wie immer kritisch, zu erkennen, kann man sich selbst nicht erkennen.

1984

Eine Dichter-Beschimpfung
in einer Broschüre des Unterrichtsministeriums

Erich Fried gegen Doderer

Erich Fried leidet an einem für einen Autor bemerkenswerten Gebrechen: Er kann nicht lesen. Anders ist es nicht zu erklären, daß er in seiner Rede »Einige Worte zu Österreichs kultureller Eigenart«, mit der er derzeit auf Tournee ist, einen anderen österreichischen Autor, nämlich Heimito von Doderer, heruntermacht.

Fried wird seine Doderer-Beschimpfung am Nationalfeiertag auch im Volkstheater vortragen. »Wenn er in seinem Roman ›Die Dämonen‹ den Blutigen Freitag, den Brand des Justizpalastes am 15. Juli 1927 beschreibt, erhebt er die rechtsradikalen Mörder von Schattendorf zu ›Revolutionären‹ und verunglimpft alle Menschen, die sich dagegen gewehrt haben«, heißt es bei Fried. Abgesehen davon, daß das ein verhatschter Satz ist (Wer wehrt sich wogegen? Daß Doderer die Mörder zu ›Revolutionären‹ erhebt?), stimmt es in keiner Weise.

Die Arbeiterschaft protestierte am 15. Juli 1927 dagegen, daß die Mörder von einem Geschworenengericht freigesprochen wurden. Die Mörder sind auch bei Doderer Mörder, er hält fest, daß die Opfer von Schattendorf, ein Invalide und ein Kind, von hinten erschossen wurden. Er zeigt auch Verständnis dafür, daß der Freispruch der Täter Erregung auslöste – gegen das Urteil eines Geschworenengerichts zu demonstrieren, dazu wollte nicht einmal die sozialdemokratische Parteiführung aufrufen.

Doderer, den Erich Fried »erzreaktionär« schimpft, empfindet den Tag des Justizpalastbrandes als »Cannae der österreichischen Freiheit«, er schildert den Republikanischen Schutzbund, der sich um Disziplin bemühte, als den »großen Dulder des Tages«, er lobt dessen aufopfernden Einsatz. Er schildert allerdings auch, daß der Mob (»Der Ruass war los«) die Gelegenheit benützte, sein Mütchen an der Polizei zu kühlen, Barrikaden zu bauen und zu zündeln.

Erich Fried kühlt sein Mütchen an »dem trotz seiner Begabung überschätzten Doderer«. Seit einem Jahr im Besitz eines österreichischen Reisepasses, empfiehlt er, den toten Dichterkollegen nicht zu lesen.

Der Skandal dabei: Er tut es gewissermaßen auf Staatskosten. Frieds Rede wurde, eingeleitet vom Unterrichtsminister, anläßlich des Nationalfeiertags an den Schulen verteilt.

Kurt Kahl

Kurier, 25. Oktober 1984

Ferkel unter sich

Von Franz Endler

Herbert Achternbuschs Film »Das Gespenst« steht längst nicht mehr zur Debatte, vor allem freilich nicht mehr, seit er entgegen allen Regeln in Form eines eklatanten und eingeplanten Rechtsvergehens an der Wiener Universität vorgeführt worden ist – seither weiß man nämlich auch, wie unwichtig er in Wahrheit ist und wie frivol oder dumm alle diejenigen argumentieren, die ihn mit zu des Kaisers Zeiten der Zensur zum Opfer gefallener Weltliteratur in einem Atem nennen.

Zur Debatte steht seit Montag aber, und das Wort scheint doch falsch gewählt, denn eigentlich dürfte es darüber keine Debatte geben, bekämpft also muß seit Montag werden, daß um der Sensation und des Skandals willen die Interessengemeinschaft österreichischer Autoren in Komplizenschaft mit der Österreichischen Hochschülerschaft erst eine bedrohliche Diskussion abhalten und dann mehrfachen Rechtsbruch begehen konnte und insgesamt ein Feuer schürte, an dem allen einmal mehr als warm werden könnte.

Bekämpft muß werden, daß bei einer Diskussion auf Hochschulboden kein Vertreter der Veranstalter mehr imstande scheint, im besten Fall blödsinnige, in der Realität jedoch viel eher vollsinnig destruktive Schreier zur Ordnung zu rufen oder aus dem Saal zu weisen. Aber die Vertreter der Veranstalter waren gar nicht willens, das zu tun, standen offensichtlich nicht über den Meinungen oder auf dem Boden des Gesetzes, sondern in gieriger Hoffnungshaltung: Ihnen waren diejenigen, die »Scheiß auf die Verfassung« schrien, willkommene Diskutanten, die man mindestens so zu behandeln hat wie einen liberalen Richter, der niederzuschreien war.

Wirklich, der bayerische Filmblödler ist kein Thema mehr. Als Ersatz bieten sich mehrere andere an. Daß offenbar tatsächlich die große Regierungspartei unter Broda ein Mediengesetz beschlossen hat, das teilweise kaum judizierbar ist und wahrscheinlich im Widerspruch steht zu anderen Gesetzesstellen, die gleichfalls auf Betreiben der SPÖ das Parlament passierten. Daß unleugbar die Interessengemeinschaft österreichischer Autoren sich als solche deklassiert hat, indem sie der Öffentlichkeit weit mehr bot als eine Diskussion über die Freiheit der Kunst – wie argumentiert ein Dachverband seriös für Gleichsetzung und Besserstellung seiner Mitglieder vor dem Gesetz, wenn er zur gleichen Zeit genüßlich zeigt, daß er vom Gesetz nichts hält?

Die Österreichische Hochschülerschaft hat diese nicht mehr ungustiöse, sondern ungenießbare Suppe mitgekocht und wird sie nun auch mit auszulöffeln haben. Die Verantwortlichen sollten nicht ungeschoren davonkommen, nicht darauf hoffen, daß man ihnen in einigen Jahren verklärt nachrühmen wird, ihnen sei es erstmals gelungen, stadtbekannte Strotter als Diskussionsredner im Auditorium maximum zugelassen zu haben. Ihre Lust an der Provokation kann man jugendlich nennen, ihre ungezügelte Freude daran, öffentlich Verbotenes zu tun und wohlwollende Warner niederplärren zu lassen, muß Folgen haben.

Symptomatisch ist, wie die Politiker diesmal agierten und reagierten. Die Cleveren entschuldigten sich schon vor dem Unfest. Die Vifen verließen den Hochschulboden, als es einerseits langweilig und andererseits heiß zu werden drohte. Sie hatten scheinbar populäre Phrasen, nein, Statements abgegeben und hüllten sich in Schweigen, als man zur Tat überging.

Mit aller gebotenen Deutlichkeit die Erfahrungen aus den Ereignissen: Herbert Achternbusch scheint ein Ferkel zu sein. Sein Erzeugnis hätte ohne Intervention keinen Hahn

zum Krähen gebracht. Statt über das »Gespenst« diskutierte man gestern abend in Club 2 über Umweltverschmutzung – welch beziehungsvolle Programmänderung! Den von von der IG Autoren und der Hochschülerschaft unterstützten Schreiern aber ist der Mund zu stopfen. Die einschlägigen Gesetze dafür gibt es ohne Zweifel, und keines von ihnen verstößt gegen die Freiheit der Kunst.
Die Presse, 18. Jänner 1984

(Ein Ungelegenheitsgedicht kommt manchen ungelegen und kann seinem Autor Ungelegenheiten bringen)
Erich Fried

Ungelegenheitsgedicht

Ein Journalist wie Herr Franz Endler
ist nicht nur ein Achternbusch-Verschändler
sondern ist auch ein völliger Unverständler
für Studenten- und Jury-Unabhängigkeit.

Aber auch einen Minister Ofner
finde ich von weit weg Dahergelofner
noch nicht von einem Achtel Geist begnadet,
wenn er sagt: »Eine Tachtel hat noch keinem Kind geschadet«
und wenn seine Justizorgane sich noch immer versteifen
auf Beschlagnahmung und Bestrafung des Zeigens von Achternbusch-Streifen

Beide Herrn gibts bei uns immer noch
Sie pfeifen noch keineswegs aus dem letzten Loch.
Ich wünschte, man sähe bei uns so etwas endlich
als ofensichtlich unmöglich schändlich,
denn so sieht so etwas die übrige Welt,
auch wenn es bei uns sich immer noch hält.

Sehen Sie: Das war ein Gelegenheitsgedicht,
aber so etwas schreibt man natürlich nicht.

Spontangedicht Erich Frieds, das am 22. 10. 1984 im Audi Max der Wiener Universität von ihm zum ersten Mal gelesen wurde.

Zur Tagung: Emigration und Exil heute

»Ich wünsche der Veranstaltung *Emigration und Exil heute* fruchtbare Tagungen und guten Erfolg. Leider kann ich nicht bei Ihnen sein.«

Von solchen Grußbotschaften hat man wenig, und ich weiß auch nicht, ob sie ganz ehrlich sind. »Leider kann ich nicht bei Ihnen sein«. Gewiß, einerseits stimmt das, ich hätte einige der angekündigten Beiträge sehr gerne gehört, vielleicht auch meine eigenen Exilerfahrungen benützt, um vor dem einen oder anderen Irrtum zu warnen. Aber andererseits habe ich auch Widerstände gegen ein Zusammensein, bei dem das Wort Exil großgeschrieben oder gar das Thema »aufgearbeitet« werden soll. Zu vielschichtig ist, was hinter dem Wort stand oder, was nicht dasselbe ist, heute noch – oder wieder – steht. Und Exilliteratur und ihr inneres Treiben, ihr armseliger Betrieb war nur selten großartig und oft erbärmlich, jämmerlich, in beider Bedeutung der Worte, daß es einen erbarmen oder jammern müßte; aber auch, daß es ekelhaft sein konnte. – Die großen Intrigen des deutschsprachigen Literaturbetriebes vor Hitlers Machteinsetzung 1933 waren im Exil auf kleine und kleinliche zusammengeschrumpft, durch die Kleinheit des Kreises, durch die Verarmung und relative Hilflosigkeit der meisten dramatis personae, – vielleicht noch kleiner und kleinlicher als Literaturintrigen und Wadlbeißereien im heutigen Österreich, falls das überhaupt noch möglich ist. Und außerdem steht soviel Leid und Not und Tod hinter dem Wort Exil, daß es mir gar nicht leicht gefallen wäre, das eine ganze Tagung hindurch wieder spüren zu müssen. Es tut mir schon jetzt, beim Schreiben dieser Botschaft, bitter weh, an was ich dabei denken muß.

Zwei Aussprüche fallen mir ein. Der eine, auf einer Exilliteratur-Tagung in England vor einigen Jahren, von einem angeblichen Experten für Exilliteratur aus Frankfurt am Main, der das dort unterrichtete: »Exilliteratur hört natürlich 1945 auf, denn dann konnte man wieder im deutschen Sprachgebiet veröffentlichen.« Der Lyriker Michael Hamburger und ich fanden, diese Feststellung verdiene einen Dummheitspreis.

Den anderen Ausspruch hat Oskar Maria Graf in Amerika nach Kriegsende getan: »Jetzt fängt das Exil eigentlich erst an.« Damit meinte er natürlich nicht wirklich, daß die Zeit des Wartens auf das Ende des Hitlerfaschismus kein Exil war. Was er alles wirklich meinte, damit wird sich auch Ihre Tagung beschäftigt haben, hoffe ich. Mir gehen die Worte nicht aus dem Kopf.

Ich bin, was mich selbst betrifft, mindestens teilweise durch das Exil geprägt, wenn ich auch die entscheidende Kinder- und Jugendzeit bis zu meinem 18. Jahr vor meiner Flucht vor den Nazis in meiner Heimat verleben konnte. Mein Exil hat von 1938 bis mindestens 1953 gedauert, als ich zum ersten Mal wieder in meinem eigenen Sprachgebiet – zuerst nicht in Österreich, sondern in Berlin – lebte und schrieb und diskutierte. Seit damals, obwohl meine Verbindung mit den Ländern meiner Muttersprache eigentlich nur aus anfangs kurzen, später häufigeren und längeren Besuchen bestand (veröffentlicht hatte ich schon vorher, aber nur von England aus) –, fühlte ich mich eigentlich nicht mehr so recht als Exilschriftsteller. Ich hatte mehr und mehr Erfolg und tat mir nicht leid. Das Selbstmitleid des Exils hatte gute Gründe, war aber dennoch eine Krankheit, fand ich. Aber stimmte meine Selbsteinschätzung? War ich wirklich kein Exilautor mehr? Sie stimmte nicht ganz.

Nach Österreich kam ich erst Anfang der sechziger Jahre zum ersten Mal zurück, als ich von der Gesellschaft für Literatur eingeladen wurde. Ich mache mich nicht gerne rar, und ich war ein wenig verwundert und amüsiert über mich selbst, festzustellen, daß die alte Vertreibung aus meiner eigentlichen Heimat doch genug von einem Stachel in mir hinterlassen hatte, daß ich nach Wien erst kommen wollte, wenn man mich ordentlich einlud. Das zeigt, daß ich von den Ressentiments des Vertriebenen, von seinem Mißtrauen, nicht ganz so frei war wie ich gedacht hatte.

Noch eins: Vor kurzem hat mich in Österreich ein Journalist angegriffen, weil ich Heimito von Doderers Vergangenheitskritik bemängelt hatte. Der Angreifer schrieb: *»Seit über einem Jahr im Besitz eines österreichischen Reisepasses, empfiehlt er, den toten Dichterkollegen nicht zu lesen. Der Skandal dabei: Er tut es gewissermaßen auf Staatskosten.«* Nun, ich habe natürlich mit keinem einzigen Wort empfohlen, Doderer nicht mehr zu lesen! – derlei Angriffe passen zum Niveau der meisten österreichischen Zeitungen –, aber die Sache mit meinem Reisepaß machte mich nachdenklich. Für diesen Menschen bin ich offenbar doch weniger als ein, sagen wir *echter Österreicher,* doch noch ein Exilmensch, der irgendwie gnadenhalber seinen Paß wieder hat und froh sein und das Maul nicht so weit aufreißen sollte. Und das finde ich doch interessant. Es kommt nämlich keineswegs nur auf meine Selbsteinschätzung an. Wenn mich die andern immer noch für einen Außenseiter, bestenfalls für einen *Zuagrasten* halten, dann ist die literarische *Heimkehr* trotz aller Erfolge doch nicht wirklich geglückt. Gibt es so eine Heimkehr überhaupt wirklich? Hatte Oskar Maria Graf nicht recht? Reagiert man nach all den Jahren einer ganz andersartigen Mischung von Einflüssen nicht ganz anders als ein im Lande Gebliebener? Zum Glück wahrscheinlich, aber dennoch: ganz anders?

Und wenn man im Lande lebte, hätte man dann nicht genug Freunde, genug Umkreis, daß ein solcher Angreifer es vielleicht gar nicht gewagt hätte, einen so sackgrob und ohne Tatsachenprüfung anzugreifen? Auf einmal ist das Mißtrauen, ja sogar ein Rest vom Unsicherheitsgefühl des Vertriebenen wieder da wie vor vielen Jahren. Schade.

Andererseits, würde man, wenn man im Land lebte, nicht manches gar nicht bemerken? Wäre man nicht abgestumpft gegen manches, was einem auffällt, was man streng beurteilt. Würde man über das Buch *Holzfällen* nicht vielleicht weniger enttäuscht den Kopf schütteln? Wäre man vielleicht weniger empört über das widerliche Kesseltreiben gegen den österreichischen Journalisten Hans Haider? Über die Verfolgung Achternbuschs, über hinterwäldlerische Äußerungen irgendeines Ministers oder irgendeiner Landesregierung, über die man, wenn man im Lande lebte, vielleicht nur resigniert die Achseln gezuckt hätte? Ich weiß es nicht.

Ich weiß, daß meine Ferne von Österreich darin besteht, daß ich immer noch die unbegreiflich niedren Werke furchtbar wie am ersten Tag finde; und daß meine Nähe zu Österreich, meine Verbundenheit mit meiner Heimat zum Teil darin besteht, daß ich mich dafür, daß es solche »Werke« oder solche Kesseltreiben bei uns gibt, schäme.

Vielleicht bin ich zu streng. Vielleicht heißt österreichisch sein, daß die Konturen aller Dinge gemütlich verwaschen sein sollen. Diese Art Gemütlichkeit will ich nicht teilen.

Ich komme zum Schluß. Das meiste von dem, was ich sagen wollte, habe ich nicht gesagt. Es gibt ernstere Aufgaben für die, die sich mit österreichischer Exilliteratur befassen wollen. – Mit Theodor Kramer hat man sich endlich beschäftigt. Aber wie ist es mit dem jungen Lyriker Hans Schmeier, der in London Selbstmord beging? Wie mit meinem literarischen Lehrmeister Josef Kalmer? Wie mit den Schriften Venetias, der ersten Frau Elias Canettis, oder mit den bisher nur in englischer Sprache erschienenen, Canetti gewidmeten Romanen, der Österreicherin Anna Sebastian, alias Friedl Benedikt, die Anfang der fünfziger Jahre gestorben ist? – Wie mit Fritz Gross, dem ersten Mann von Babette Gross, die dann Willi Münzbergs Frau war? Die unbewältigte Arbeit ist zu groß. Ich wünsche Ihnen viel Erfolg. Ich bin ein wenig traurig.

1985

Veröffentlichkeiten und Verheimlichungen

Zwei Mottos

Warum telefonieren die Staatsmänner nicht viel häufiger miteinander?

Es ginge uns allen viel besser, wenn die Staaten ihre wahre Rolle erkennen wollten. Noch aber leben sie, während einer Epoche, die die Gesättigten gern Frieden zu nennen belieben, in einem latenten Kriegszustand. Welches Theater, wenn einer den anderen besucht!
Darunter liegen dann Streichholz- und Petroleumgeschäfte, sowie die allen gemeinsame Angst, der Arbeiter könnte sich eines Tages mit Gewalt seinen Lohn nehmen, den sie ihm heute vorenthalten. Große Oper spielen die Staaten, mit Helden, denen die Strumpfbänder rutschen. Leider eine Oper mit tragischem Ausgang.

Kurt Tucholski 1932

Ballade von der Judenhure Marie Sanders

Großer Gott, wenn sie ein Ohr hätten,
Wüßten sie, was man mit ihnen macht?

Bertolt Brecht

Das Thema »Literatur und Öffentlichkeit« ist an sich unerschöpflich, zum Teil sehr spannend, zum Teil auch ebenso notwendig und zugleich abgedroschen wie das Thema »Die Rolle des Schriftstellers in der Gesellschaft«. Ich beschränke mich auf einen kleinen Ausschnitt und habe dafür den Titel »Veröffentlichkeiten und Verheimlichungen« gewählt. Das Wort Veröffentlichkeiten ist natürlich eine Verzerrung und soll andeuten, wie Veröffentlichungen (und auch die Öffentlichkeit) verzerrt werden können, eben durch die verschiedenen Formen der Verheimlichung und des Totschweigens.

Dichter, Schriftsteller, Journalisten haben meist wenig oder nichts gegen Öffentlichkeit, versuchen sie sogar herzustellen. Fast immer brauchen sie ja mehr oder minder Öffentlichkeit. Aber wie Medien – im staatlichen Auftrag oder aus eigener Unzulänglichkeit oder Schäbigkeit, zum Beispiel aus Liebedienerei gegen die

Macht oder gegen Machthaber (es müssen nicht einmal immer die eigenen sein!) – mit dem, was Menschen sind und schreiben, verfahren, das bewirkt die Verzerrungen, von denen ich sprach.

Kurt Tucholsky hat vor 50 Jahren, am 15. Dezember 1935, weniger als eine Woche bevor er sich das Leben nahm, einen Abschiedsbrief an Arnold Zweig geschrieben, der wenig später in der berühmten Zeitschrift »Weltbühne«, die zu jener Zeit im Exil weitergeführt wurde, erschienen ist. Nur hatte die »Weltbühne« einiges, was ihr unter ihrem damaligen Leiter, Budzislawski, politisch nicht in den Kram paßte, weggelassen. Der als Rowohlt-Monographie 1959 erschienene Band *Kurt Tucholsky in Selbstzeugnissen* hat andere politische Ansichten als Budzislawski und zitiert daher Tucholskys bitteren Satz gegen Stalin, den damals die Weltbühne unterschlagen hat: *»Nicht auf diesen lächerlichen Stalin hören, der seine Leute verrät.«* Ja, das hatte Tucholsky wirklich geschrieben. Aber auch der Rowohlt-Band hat nicht den ganzen Satz zitiert, sondern nach dem Wort *verrät* einige Pünktchen gesetzt. Bei Tucholsky heißt nämlich der Satz: *»Nicht auf diesen lächerlichen Stalin hören, der seine Leute verrät, wie das sonst nur der Papst tut.«* – Der Rowohlt-Band wollte also zwar nicht mehr Stalin schonen, wohl aber den Papst. Die Verzerrung ging wieder auf Kosten des toten Tucholsky.

Überhaupt haben Tote die angenehme Eigenschaft, daß sie sich gegen Mißbrauch ihrer Person nicht mehr selbst wehren können, und daß auch die Nachwelt für kleinere Einzelheiten oft kein gutes Gedächtnis hat.

Eine solche kleinere Einzelheit findet sich z.B. in einem Brief von Richard Strauss an Stefan Zweig vom 17. Juni 1935. Strauss war als Dirigent eines Konzerts eingesprungen, als die Nazis Bruno Walter das Dirigieren verboten hatten. In der Rowohlt-Monographie *Richard Strauss in Selbstzeugnissen* wird Richard Strauss zitiert: *»Wer hat Ihnen denn gesagt, daß ich politisch so weit vorgetreten bin?«* Dann folgen ein paar Punkte, und der Rest des Satzes fehlt. In Walter Panowskys Buch *Richard Strauss, Partitur eines Lebens,* Piper, 1965, und Deutsche Buchgemeinschaft 1967, heißt es nach den Worten *politisch so weit vorgetreten bin,* weiter: *»Weil ich für Bruno Walter ein Concert dirigiert habe? Das habe ich dem Orchester zuliebe – das habe ich Bayreuth zuliebe getan. Das hat mit Politik nichts zu tun.«* – Aber in diesem Buch stehen wieder vor dem Namen Bruno Walter ein paar Pünktchen. Der volle Satz war nämlich bei Richard Strauss die provokatorische Frage, warum Zweig denn glaube, daß er politisch vorgetreten sei:

»Weil ich für den schmierigen Lauselumpen Bruno Walter ein Concert dirigiert habe?« Der sorgfältig zusammengestrichene Brief wurde nach dem Krieg oft zitiert als Beweis, der Komponist sei zu Hitlers Zeit eigentlich kein Antisemit gewesen. Der ungekürzte Wortlaut beweist das Gegenteil, nicht nur an dieser einen Stelle.

Vor etwa drei Wochen hat hier in Wien das Wochenblatt »profil« und jetzt vor drei Tagen, am 15. November, auch der »Kurier« eine ganzseitige Anzeige des aufstrebenden Wiener Konferenzzentrums »Austria Center« gebracht. Unter der Aufschrift *»Vienna – The Heart of Europe (Wien – das Herz Europas)«* erschien ein ganzseitiges Bild Dr. Sigmund Freuds, als Beispiel, welch große Männer Wien aufzuweisen hat. Unglücklicherweise hatte das »Austria Center« oder die von ihm beschäftigte Werbefirma das Bild von Sigmund Freud gewählt, wie er nach seiner Flucht aus Wien – auf der Durchreise nach England – in Paris ankam und aus dem Zugfenster sah. Ob es zu diesem kleinen Fehler wohl auch gekommen wäre, wenn Freud noch gelebt hätte?

Das war ein Beispiel von Medieneifer (oder Übereifer). Aber Medien sind keineswegs immer veröffentlichungseifrig. Auch nicht in Ländern, in denen es angeblich keine Zensur gibt. Einem Freund von mir, einem bekannten englischen Schriftsteller, der sonst nie Schwierigkeiten hat, etwas zu veröffentlichen, geschah es knapp vor dem Papstbesuch in Irland, daß er zwei Arbeitern zuhörte, die auf einer Grasfläche, wo der Papst auftreten sollte, einen großen roten Teppich befestigt und dann ein riesiges, 15 Meter hohes Holzkreuz errichtet hatten. Als es fertig war, sah der eine Arbeiter prüfend an dem Holzkreuz hinan und sagte: *»Schön, aber wie kriegen wir ihn dann, wenn er kommt, dort hinauf?«* Diese Episode und eine andere, noch viel interessantere, über einen richtigen Eulenspiegel- oder Robin Hood-Streich der Irischen Republikanischen Armee wollte niemand in England veröffentlichen.

Oder es kann geschehen, daß zwar etwas veröffentlicht wird, aber daß es in den Medien kommentarlos bleibt, obwohl es nach einem Kommentar schreit. – Der französische Erzbischof Lefèbvre hat vor etwa einem Monat hier in Wien erklärt, er habe drei Weltkriege überlebt, den ersten, den zweiten und – das zweite Vatikanische Konzil. Und dieses Konzil sei für sein Gefühl ärger und schmerzhafter gewesen als beide Weltkriege. Tagelang habe ich darauf gewartet, daß irgendwer gegen diese Worte Lefèbvres etwas veröffentlicht, die eine Spitzenleistung an Gleichgültigkeit für Leiden und Vernichtung von Mitmenschen in den beiden Kriegen darstellen. Umsonst. Als ich es schließlich in einer Fernsehsendung, Club 2, zur Sprache brachte, meinte ein anderer Diskussionsteilnehmer, man solle doch bitte gegen Lefèbvre nichts sagen, denn es seien ja Bestrebungen zu einer Versöhnung zwischen dem Papst und Lefèbvre im Gange. Zum Glück sagten andere Diskussionsteilnehmer, sie wollten sich keinen Maulkorb anlegen und nicht das Wort verbieten lassen.

Doch obwohl Sigmund Freud ein blendender Stilist war und Lefèbvre für mein Gefühl schon zuviel veröffentlicht hat, waren das nicht eigentlich literarische Beispiele, zum Unterschied etwa von Tucholsky. Lassen Sie mich ein eigenes literarisches Erlebnis berichten. In der Bundesrepublik wurde 1977 der Generalbundesanwalt Siegfried Buback auf der Straße von Angehörigen der sogenannten Roten Armee Fraktion ermordet und lag, von vielen Schüssen zerfetzt, in einer Blutlache unter einer Decke auf dem Pflaster. Buback war ein sehr schlechter Generalbundesanwalt gewesen, daher auch der mörderische Racheakt, aber so erbärmlich man in England, wo ich wohnte, seine Tätigkeit im Stammheimprozeß fand, so wenig billigte ich doch seine brutale Ermordung. Ich veröffentlichte damals ein langes Gedicht:

Auf den Tod des Generalbundesanwalts Siegfried Buback

1.
Was soll ich sagen
von einem toten Menschen
der auf der Straße lag
zerfetzt von Schüssen

den ich nicht kannte
und nur wenig zu kennen glaubte
aus einigen seiner Taten
und einigen seiner Worte?

2.
Dieses Stück Fleisch
war einmal ein Kind
und spielte

Dieses Stück Fleisch
war einmal ein Vater
voll Liebe

Dieses Stück Fleisch
glaubte Recht zu tun
und tat Unrecht

Dieses Stück Fleisch
war ein Mensch
und wäre wahrscheinlich

ein besserer Mensch
gewesen
in einer besseren Welt

3.
Aber genügt das?
Könnte man nicht dasselbe
von anderen Menschen sagen
die eingingen in die Geschichte
befleckt und verurteilt
vom Nachruhm
ihrer Unmenschlichkeit?

Die deutschen Zeitungen schrieben darüber viel, zitierten aber nur – ganz aus dem Zusammenhang gerissen – die Worte *Dieses Stück Fleisch* und behaupteten, dadurch habe ich Buback noch im Tode verspotten wollen. Gerade diese Worte waren natürlich ein Teil der Klage um einen Tod, durch den ein lebender Mensch in ein zerfetztes, blutendes Stück Fleisch verwandelt wird. Außerdem hatte in Shakespeares *Julius Caesar,* den ich übersetzt hatte, Marc Anton zur Leiche des von ihm verehrten Caesar gesagt *»thou bleeding piece of earth – Du blutendes Stück Erde«,* was mich zu meiner Wortwahl angeregt hatte.

Auf solche Art wird dauernd zitiert, und auch wenn dann die Presse, wie in meinem Fall, die eine oder andere Berichtigung veröffentlicht, liest das nur ein Bruchteil derer, die die großgedruckten, verleumderischen Anschuldigungen lesen. Ganz ähnlich falsch zitiert wurde damals ein Göttinger Student, der sich »Mescalero« nannte. Sein Essay *gegen* den Mord an Buback wurde von der Presse in einen Aufruf *für* politischen Mord umgelogen, und

Prof. Peter Brückner, der durch Nachdruck des Essays den wahren Sachverhalt der Öffentlichkeit zugänglich machte, wurde von der niedersächsischen Landesregierung suspendiert. Er gewann zwar schließlich alle Prozesse gegen die Landesregierung und mußte wieder eingestellt werden, da die Gerichte eindeutig feststellten, Mescaleros Essay sei gegen den Mord gewesen, aber Peter Brückner, der mein Freund war, hat in diesen Prozessen seine letzte Lebenskraft aufgezehrt und starb drei Wochen nach dem letzten, gewonnenen Prozeß. Ich könnte dergleichen Beispiele noch lange fortführen, auch, wie völlig richtige und harmlose Dichtungen als obszön oder als lügenhaft bekämpft wurden. – Ich will aber hier lieber einen Text vorlesen, den ich mir zu diesem Thema schon vor einem Jahr aufgeschrieben habe. Er heißt:

Ohnmacht gegen Macht

Und verleihe uns, bitte, die Macht, von unserer Ohnmacht wenigstens noch zu sprechen! Doch nein, verliehen wird nichts. Auch diese geringste Macht muß man sich noch selbst nehmen, sich noch selbst geben. Und ist sie die geringste Macht? Ist sie nicht sogar größer als die Macht über Leben und Tod, die dir die Machthaber verleihen können, wenn du auf jede eigene Macht und auf jede Eigenmächtigkeit ihnen gegenüber verzichtest? Ist sie nicht vielleicht größer, als du geahnt hast, als ich geahnt habe?

Ein Versuch, sie anzuwenden? Schwer, nicht wahr? Und wo anfangen? Vorsicht! Wurden diese Fragen nicht von der Angst selbst gestellt, weil ja alles mit allem zusammenhängt? Ohne dieses Ineinandergreifen hätten wir auch gar nicht das Gefühl, daß sich alles als Netz um uns zusammenzieht, schon lange, aber mit der Zeit schneller und schneller, enger und enger. Also ist es einerlei, w o ich anfange? – Gut.

Nein, lieber doch erst eine Autorität zitieren. So mutig bin ich noch nicht, daß ich ganz allein auch nur die erste Anschuldigung... Aber schon dieses Zitat zu gebrauchen, wird Mut erfordern. Es ist, wie wenn ein kleiner Dynamo in Gang kommen muß, um den großen in Betrieb zu setzen.

Genug erklärt: Kurt Tucholsky! Meine Autorität ist Kurt Tucholsky. Er hat, kurz bevor er sich das Leben nahm, gesagt, es gibt etwa eine Million Menschen auf der Welt, die andere Menschen mißhandeln oder umbringen dürfen, ohne daß ihnen dafür etwas geschieht. Die Polizei hat er gemeint. Gute alte Zeit! Gab es damals wirklich auf der Welt nur eine einzige Million Polizisten? Auch wenn man die Geheimpolizisten, die Geheimen Staatspolizisten, die Zivilpolizisten und Spitzel, die Verhörer und die Folterspezialisten mitzählte? Wie hat er sie gezählt? Ließen sie sich denn freiwillig zählen? Weißt du, wieviel Sternlein stehn? Tucholsky rief, und alle, alle kamen. Nein, es werden auch damals schon mehr gewesen sein. In einer Welt, in der es wirklich nur eine einzige Million Polizisten gegeben hätte, hätte Tucholsky sich doch nicht das Leben nehmen müssen? Er war doch nicht ein großer Superstaatsmann von heute, dem eine Million vielleicht noch zu wenig für seine Sicherheit oder für seine Erkundungsdienste in aller Welt gewesen wäre.

Danke, Tucholsky! Er hat mich anfangen lassen. Nun, heute sind es sicher mehr als eine Million auf unserer engen runden Erde. Oder nicht? Und gilt das heute etwa nicht mehr, daß Polizisten einen zusammenschlagen oder erschlagen dürfen, oder unflätig beschimpfen und demütigen, ohne daß ihnen dafür etwas geschieht? Oder doch ohne daß nur mehr als jedem Hundertsten oder Fünfhundertsten von denen, die das tun, etwas geschieht. Und das Grauen beginnt gar nicht beim Zusammengeschlagenwerden oder beim Getötetwerden und auch nicht bei den unflätigen Beschimpfungen, die von den Polizisten natürlich nie zugegeben werden. Das Grauen beginnt schon beim Nachdenken darüber, wie wenige Zeitungen oder Schriftsteller es noch wagen, zu sagen, was sie von ihren Polizisten und ihren gut eingübten instruktionsgemäßen verlogenen scheinheiligen Zeugenaussagen wirklich denken? Wer wagt das noch? Wage ich selbst das? Ich weiß nicht? Ich weiß es wirklich nicht.

So, allgemein, ist das ja ganz leicht zu sagen, aber präzise Anschuldigungen gegen die zu richten, die man schuldig weiß oder glaubt, ist viel schwerer. Da kommt die Angst und legt sich quer.

Es ist zwölf, dreizehn Jahre her, daß ich die Polizei einmal konkret beschuldigt habe. Vorbeugemord, habe ich gesagt, Vorbeugemord an einem Studenten in Berlin. Und ich wurde vom Polizeipräsidenten verklagt, aber ich habe den Prozeß, der mich sehr angestrengt hat, gewonnen, dank den Beweisen und Argumenten, die mein Rechtsanwalt Kurt Groenewald und ich zusammengetragen hatten, und wahrscheinlich auch, weil Heinrich Böll, damals schon Nobelpreisträger, willens war, mein Zeuge zu sein, und meinen Wortgebrauch vor Gericht verteidigt hat. Ich glaube, das war das letzte Mal, daß in der Bundesrepublik ein Prozeß dieser Art gegen die Polizei rechtskräftig gewonnen wurde.

Und doch habe ich nach diesem Pyrrhussieg beschlossen, wenn ich fand, daß die Polizei wieder einen Menschen auf dem Gewissen hatte (und das war gar nicht so selten), nicht selbst zu sagen: »Dieser Polizist oder dieser Polizeipräsident ist ein Mörder«, sondern nur die Tatsachen so offen und unverblümt zu berichten, daß sich diese Erkenntnis beim Leser oder Hörer von selbst einstellen könne. Oder ich habe zum Beispiel, als nach der Erschießung Elisabeth van Dycks ein – sagen wir, altfränkischer – Polizeigewaltiger in einem Interview in einem der beiden großen deutschen Wochenblätter gleich dreimal hintereinander rechtfertigend den funkelnagelneugeprägten Ausdruck »finaler Rettungsschuß« für den Todesschuß seiner Beamten gebrauchte, den berühmten englischen Juristen Lord Gifford zitiert, der in London dazu gesagt hat: *»Das kommt davon, wenn man einen Mörder weiterhin Polizeipräsident sein läßt.«* Nie mehr hätte ich damals gewagt, das Wort Mörder auf eigene Faust und nicht ohne dieses Zitat zu gebrauchen. Nein, es ist wirklich kompliziert mit der Macht der Ohnmacht!

Dabei wissen wir doch, was von diesen auffälligen Verletzungen der Festgenommenen zu halten ist, oder davon, daß sich wieder einmal ein Schuß gelöst hat, und was sonst noch derlei Sprachregelungen sein müssen. Wenn es in anderen Ländern geschieht, darf man das ja noch halbwegs verständlich andeuten. Aber wenn es ganz in der Nähe geschieht, dann fehlt sozusagen die Brille, die dem Weitsichtigen auch das genaue Sehen in allernächster Nähe ermöglicht.

Die Ohnmacht hat es nicht leicht, wenn sie die Macht anklagen will, wenigstens nicht im der angeklagten Macht eigenen Land, und wenn die Anklage mehr sein soll als ein bloßes Flüstern, also mindestens so laut sein soll, wie etwa jetzt und hier. Für Schwierigkeiten, die die Anklage behindern oder verhindern, müßten mir nun eigentlich mehrere Beispiele aus meinem eigenen Leben einfallen, Fälle, in denen ich es entweder nicht wagte, gegen allzu übermächtiges Unrecht zu protestieren, oder in denen es mir an Kraft fehlte, meine Beschwerde weiterzutreiben, so daß mein Protest kläglich scheitern mußte. Aber ähnlich wie in der Regel bei ganz privaten Lebenserinnerungen die weniger rühmlichen Begebenheiten gegenüber den für den Erzähler schmeichelhaften zurücktreten, fällt mir jetzt auch für meine Anklageversuche nur wieder ein Beispiel ein, wie ich dank einer Art Kriegslist gegen mächtigere Gegner doch noch aufkommen konnte, wenn auch nur mit Mühe und Not. Das war übrigens einigermaßen komisch.

Ich erinnere mich noch lebhaft an die Empörung eines hohen Polizeibeamten, dem ich nur ganz ruhig gesagt hatte, daß die Straflosigkeit von Polizisten und Soldaten beim Auf-der-Flucht-Erschießen die gleiche sei, wie wenn das Lagerpersonal von Auschwitz einen Häftling erschossen hatte. Mein Gesprächspartner fuhr auf – es war eine Rundfunksendung: Dagegen müsse er schärfstens protestieren, und er habe sieben Jahre Diensterfahrung! Allerdings sprach er dann gleich wieder viel ruhiger und bescheidener, aber nur, weil ich ihm nachwies, meine Worte seien ein genaues Zitat einer Veröffentlichung des Generalstaatsanwalts Fritz Bauer gewesen, der zu dieser seiner Ansicht nach mehr als nur sieben Dienstjahren gekommen war.

Aber warum immer nur von den armen Polizisten und Soldaten sprechen? Ihre Macht über Leben und Tod von Mitmenschen ist doch nur eine jämmerliche kleine, die ihnen nur von denen geborgt wird, deren Befehlen sie gehorchen müssen und denen sie unliebsame und gefährliche Verrichtungen, die unfein Dreckarbeit heißen, abzunehmen haben. Wie erst verhält es sich mit den eigentlichen Machthabern dieser Welt, den mächtigen Staatsmännern?

In vielen Ländern wäre schon diese Frage mehr, als das Leben des Fragers wert ist, und in fast allen Ländern unseres Planeten ist eine ehrliche Antwort darauf eine heikle Sache. Wenn diese Staatsmänner wenigstens noch richtige Renaissancegestalten wären! Auch dann wäre es noch schlimm genug! Aber wie oft sind es nur ganz platte, spießige, von anderen Spießern nur durch die höhere Ebene ihrer Skrupellosigkeit unterscheidbare Niemande, deren Reden dem Hörer oder Leser im Ohr oder im Auge ein Gestank wären, wenn diese unsere Sinnesorgane die Fähigkeit hätten, ihre Eindrücke auch mit denen anderer Organe aufnehmen zu können.

Gewiß dürfen auch unsere tapferen Massenmedien über diese teils verbrecherischen Machthaber die Wahrheit verbreiten und über sie herfallen. Aber in erster Linie doch wohl nur über die auf der jeweils anderen Seite der großen Grenze, die quer durch unsere Welt gezogen wurde. Wir alle wissen, was in Afghanistan geschieht, aber dürfte deswegen etwa ein Journalist oder Schriftsteller in einem Land, das ein sogenannter Satellit der Sowjetunion ist, den Parteichef Gorbatschow einen Mörder nennen? Nein, ganz sicher nicht. – Nun, gut, oder besser gesagt, nun, schlecht; Wir wissen, daß am 5. November 1984 der Deutsch-Nicaraguaner Enrique Schmidt Cuadra erschossen wurde, als er eine Aktion gegen die Contras leitete, die in mehreren Dörfern Kinder ermordet hatten. Ich habe Einzelheiten darüber vom Studentenpfarrer in

Köln und von Mitgliedern der Evangelischen Studentengemeinde dort gehört, in der Enrique Schmidt jahrelang ein aktives Mitglied war. Er wurde offenbar von einem von der CIA ausgebildeten Scharfschützen der Contras getötet. Wir wissen auch, daß die Contras Frauen unter Todesdrohungen davon abhalten, ihre Kaffee-Ernte einzubringen, von der Nicaragua lebt. Wir wissen, daß sie Dutzende Pflanzungen niedergebrannt und Hälse abgeschnitten und Männer, Frauen und Kinder erschossen und erstochen haben. Ja, das wissen wir. Wir wissen auch, daß die Contras von der CIA unterstützt und ausgebildet werden. Wir wissen, nebenbei bemerkt, ähnliches aus Guatemala und anderen Ländern. Wir wissen, daß die CIA mit Wissen und Billigung des Präsidenten der Vereinigten Staaten, Reagan, ihre Tätigkeit in Lateinamerika ausübt, schon lange, auch schon gegen Allende in Chile vor Jahren. Nun, angenommen ein Journalist in einer westlichen Demokratie nennt jetzt einen Präsidenten der Vereinigten Staaten einen Mordbrenner, Halsabschneider, Kopfjäger, Saboteur oder auch nur einen Mörder oder Massenmörder, mit oder ohne die entsprechenden Adjektiva. Das würde man ihm sehr übelnehmen, und vielleicht noch mehr, wenn er den Nachweis für seine Behauptungen erbringt. Nun ja, oder nein, in einem Satellitenstaat der Russen dürfte man Gorbatschow ja auch nicht so angreifen. Ist es da nicht irgendwie sozusagen politische Gerechtigkeit, gewissermaßen im Namen der Ausgewogenheit, darauf zu achten, daß solche Beleidigungen nicht öffentlich geäußert werden? Gleiches Recht für alle. Und das kann eben unter Umständen auch heißen gleiche Rechtlosigkeit oder doch wenigstens, weil die Demokratien doch so nachsichtig sind, annähernd gleiche Rechtlosigkeit oder Ohnmacht für alle, die nicht die entsprechende Macht haben. Oder vielleicht ist nicht nur die Macht heilig, sondern auch die Heiligkeit mächtig.

Auch da kann man leicht ein Beispiel für das heranziehen, was unpassend wäre. Einige bibelfeste Menschen erinnern sich noch an die Evangelien. Nicht nur an die berüchtigte subversive Bergpredigt, mit der sich bekanntlich kein Staat und keine Politik machen lassen soll, sondern auch an einen Ausspruch dieses selben Jesus von Nazareth, der gegenüber der anrüchigen Maria Magdalena gesagt hat, wer viel geliebt hat, dem wird auch viel vergeben. Wie, wenn nun gerade dieser Ausspruch Jesu mit den Äußerungen des derzeitigen Papstes über Liebe zwischen Eheleuten verglichen wird, denen der Papst schon einen begehrlichen Blick auf den eigenen Ehepartner als sündig vorwirft. Wohlgemerkt, so ein Journalist darf im allgemeinen auch Worte wie dumm oder irrsinnig gebrauchen. Kommt nur darauf an, gegen wen. Aber wenn er einmal recht anschaulich schildern wollte, was seiner Meinung nach der gegenwärtige Papst von einem Gesellen wie Jesus von Nazareth gehalten hätte, oder gar Jesus von Nazareth vom gegenwärtigen Papst, dann würde doch jeder, der es mit diesem Journalisten halbwegs gut meint, ihm die denkbar größte Zurückhaltung anempfehlen müssen. Ja, auch ich würde sie ihm sicher anempfehlen müssen, in seinem ureigensten Interesse. Vielleicht würde ich dabei, Herrn Peachum aus der *Dreigroschenoper* zitierend, frei natürlich, zum Beispiel statt Mensch einfach Journalist sagen: »Ein guter Journalist sein, ja, wer möcht's nicht gerne; doch die Verhältnisse, die sind nicht so.«

Oder erwähne ich hier – vielleicht zum Trost – noch andere Spielarten der Anklage? Etwa die grimmige Kritik, die der Intimhaß übt? Den findet man bei Jesuiten und in scheinbar friedlichen Klöstern und Pfarren gegen den Papst, ganz so wie man ihn bei NATO-Stabsoffizieren gegen den großen Bundesgenossen jenseits des Wassers und gegen die Behandlung antrifft, die er ihnen angedeihen läßt. Und nicht viel anders reden die im Osten über ihren großen Freund, und auf die gleiche Art zog man seinerzeit in engem innerparteilichen Kreis auch über Stalin her. Aber sind Intimhaß und geflüsterter Groll noch Anklage, die die Ohnmacht gegen die Macht erhebt, oder erhebt sich da nichts mehr, sondern schleicht nur noch niedergeschlagen dicht am Boden dahin, bereit, sich verstummend zu ducken und zu verkriechen?

Nein, die Verhältnisse sind leider wirklich nicht so, daß die meisten Menschen wirklich noch Anklage erheben können, oder gar, weil doch vorhin von den Journalisten die Rede war, daß die meisten Journalisten wirklich die Freiheit haben, gute Journalisten zu sein. Und die Verhältnisse sind aus guten beziehungsweise aus schlechten Gründen nicht so. Wenn man die Journalisten gute Journalisten sein und sie frei gewähren ließe, was von den Schicksalen, in die wir gegenwärtig doch ziemlich gefügig, um nicht zu sagen lammfromm, hineingeführt werden, würden wir uns denn dann noch gefallen lassen? Ist demgemäß die Bitte *»Und verleihe uns die Macht, von unserer Ohnmacht wenigstens noch zu sprechen!«* nicht eigentlich schon zu unbescheiden?

Nun, das waren meine Aufzeichnungen vor einiger Zeit. Selbstverständlich ist es unsere Aufgabe als Schriftsteller oder Journalisten, uns nicht gefallen zu lassen, daß wir von Medien und Schreibern, die nur einen Teil veröffentlichen, einen anderen verheimlichen, in ein grimmiges Schicksal geführt werden wie Schafe zur Schlachtbank.

Wir müssen uns wehren, wir müssen auf unserem Recht bestehen, das größer ist, als man es uns zugestehen will, und wir müssen durch unsere Bemühungen helfen, Änderung zu schaffen.

Daß das schwer ist, zum Beispiel hier in Österreich, solange Kommandostellen in unseren Massenmedien von alten Nazis besetzt sind, wie das »profil« erst vor zwei Wochen enthüllt hat, versteht sich von selbst. Natürlich kann einer in seiner frühen Jugend auf die Nazis hereingefallen sein, und das kann ihm später bitter leid getan haben. Aber für diesen Gesinnungswandel müßte er praktische Beweise geben, und daran mangelt es oft. Unlängst, als in Italien Craxi sich als wirklicher Staatsmann erwiesen und sogar den Groll der Amerikaner riskiert hat, als er ihnen im Fall Achille Lauro nicht zu Willen war, da hat »Die Presse« die Impertinenz gehabt, eine hämische Bemerkung über die Italiener zu machen, daß sie dafür bekannt seien, nie ein Kampfbündnis auf derselben Seite durchgestanden zu haben, auf der sie es begonnen hatten. Hat es vielleicht dem Kommentarschreiber in der »Presse« leidgetan, daß Italien Hitler nicht seine Bündnistreue bewahrt hat? Auch wenn er sich das Wort Katzelmacher gerade noch verkniffen hat, war die Andeutung vom Italienischen Treuebruch unmißverständlich. Dies, sowie die übrige ganz jämmerlich unzulängliche Berichterstattung über den Fall Achille Lauro ist typisch für das erbärmliche Niveau des Großteils unserer österreichischen Zeitungen, wo man sich nicht nur vor Ländern wie Frankreich oder der Bundesrepublik, sondern auch vor der kleinen Schweiz schämen muß. Auch im Fall Craxi und Achille Lauro war es das übliche üble Gemisch von Veröffentlichung und Verheimlichungen. Daß z.B. die Schiffsentführung unmöglich im Interesse Jassir Arafats und der von ihm geführten PLO-Organisation sein konnte, trotz der Behauptungen von Perez, wurde von unseren Medien nicht klargemacht.

Und daß natürlich so etwas wie der Gewerkschaftsausschluß Günther Nennings überhaupt ein Schlag gegen die Freiheit schreibender Menschen ist und bleibt, muß ich nicht extra sagen, denn ich habe schon wörtlich erklärt, daß dieser Ausschluß gewerkschaftsschädigend ist, ein Eigentor der Verantwortlichen, und eine schlichte Sauerei! Auch gegen so etwas muß man kämpfen, auch als Schreibender, und echte Öffentlichkeit herstellen.

1985

Zum Gewerkschaftsausschluß Günther Nennings

Wer Nenning ausschließt
der ist ein Gewerkschafts-Freiheitsbehindrer
und zugleich auch ein radikaler
Mitgliederzahl-Vermindrer
Verringerte doch dies ungeistige Abführmittel
die Zahl der Gewerkschaftsmitglieder
durch Austritt fast um ein Drittel

Auch spaltets die Leute:
Dem einen ists einerlei
Die anderen nennens – wie ich –
Viecherei oder Schweinerei
Doch, halt, meine Muse!
Da wirst du ganz ungerecht:
Sowas tut kein Schwein und kein Viech
nur die Schlechten im Menschengeschlecht

Mit diesen Reimen erfüll ich
meine solidarische Pflicht
Aber ihr werdet zugeben müssen:
Das ist noch lang kein Gedicht

17. Nov. 1985

Die Vertreibung des Geistigen aus Österreich

Vor wenigen Monaten konnte man in Wiener Zeitungen und Zeitschriften große Werbeanzeigen für das Austria Center, ein neues, mit großem Kostenaufwand erbautes Konferenzzentrum in Wien, sehen. »*Vienna, Capital of Europe*« verkündete der Werbetext. Darunter befand sich groß – ganzseitig – das Bild Sigmund Freuds als eines großen Wieners und ein kurzer, törichter Werbetext, der mit der Erklärung anfing, in Wien könne man auch träumen, denn Freud habe die Traumdeutung entdeckt... und so weiter. Das Bild dieses großen Wiener Wissenschaftlers, der nach seinem Tod für *Wien, Hauptstadt Europas* werben sollte, war aber ein Mißgriff der Reklamefachleute. Es zeigte Freud nämlich bei seiner Ankunft in Paris, mit seiner Tochter Anna Freud, nach der Flucht aus Wien. Die Vertreibung war in diesem Bild nicht gezeigt. So hätten die Rechtsnachfolger des Königs Herodes mit einem Bild von Jesus, Maria und Josef auf der Flucht nach Ägypten werben können: »Kommt, besucht das schöne Palästina!«

Im Falle Freud hatte die Vertreibung des Geistigen aus Österreich nicht mit dem Österreicher Adolf Hitler begonnen und hat, soweit ich weiß, bis heute noch nicht wirklich aufgehört. Der Psychoanalyse war von Anfang an, im Kaiserreich, in der ersten Republik und im Ständestaat immer wieder der Vorwurf der Artfremdheit, der Unterwühlung der österreichischen Kultur gemacht worden, und in der Zweiten Republik hatte Professor Rohracher, Inhaber des Lehrstuhls für Psychologie an der Universität Wien, erklärt, Freud könne man nicht ernsthaft wissenschaftlich diskutieren, einmal wegen seiner Einseitigkeit, zum anderen Mal wegen seiner zahlreichen Geschmacksverirrungen. Was wohl dieser große Geist Rohracher, der von seinen Studenten in der Prüfung verlangte, daß sie gewisse Absätze aus seinen Werken wortwörtlich auswendig hersagten, unter Geschmacksverirrungen verstanden hat?

Als ich damals Ministerialräte im zuständigen Ministerium befragte, wieso ein Phänomen wie Rohracher von Dauer sein könne, wurde ich beruhigt, er sei harmlos, denn niemand nehme ihn ernst. Dieser Mann hielt sich übrigens für einen Sozialisten. Ich will jedoch erwähnen, daß sich gerade die sozialistische Gemeinde Wien der ersten Republik um die Psychoanalyse verdient gemacht hat. Aber bis zu einer ordentlichen Professur an der Wiener Universität für Freud hat es bekanntlich nie gelangt. Auch das war ein Sieg des Ungeists im Kampf gegen das Geistige. Und erst vor zwei oder drei Jahren hat in Tirol ein Idiot, der dort Journalist und Redakteur seiner Zeitung ist, geschrieben, Juden wie Freud und Brecht seien eine Gefahr für den österreichischen Geist. – Seit Hermann Göring kenne ich den Begriff Ehrenarier; so hat nun dieser Tiroler Sohn unserer Heimat den Brecht offenbar zum Ehrenjuden ernannt, um ihn zum Schandjuden, wie Freud, stempeln zu können.

Wien hat sich über den Tiroler Hinterwäldler mokiert. Aber auch in Wien war Brecht geächtet gewesen und viele Jahre nicht aufgeführt worden. Auf manchen bundesdeutschen Theatern auch nicht. Dort war es Kalter Krieg. Im neutralen Österreich, dessen Staatsbürgerschaft Brecht erworben hatte, eben um Stalin nicht wehrlos ausgeliefert zu sein, war es eine Fleißaufgabe für den Kalten Krieg des »Westens«, Brecht ebenfalls abzulehnen. Die Vertreibung des Geistes besteht nicht immer nur darin, daß man die Träger des Geistes vertreibt, sondern auch oft darin, daß man die Vertriebenen mit dieser oder jener Begründung nicht wieder aufnimmt oder zwar aufnimmt, aber ignoriert, oder nicht einmal ignoriert, aber sehr klein hält.

Ich erinnere mich, wie mein Freund, der Lyriker Theodor Kramer aus Niederösterreich, und ich, als gegen Kriegsende die Nachricht vom Selbstmord Weinhebers kam, traurig waren, obwohl er ein Nazi gewesen war, und wie wir in unserem Londoner Exil dafür eintraten, daß man nach dem Krieg in Österreich Weinhebers Werke trotz seines Hereinfallens auf Hitler nicht verbieten oder totschweigen solle. Wenig wußten wir damals davon, wie bald nach dem Krieg Weinheber in Österreich wieder hochgeehrt sein würde, ja eine Kultfigur, und daß es in einer der wichtigeren Literaturheimstätten in Wien, im Palais Palffy, ein Weinheber-Zimmer geben werde, während Kramer, der ein Jahr vor seinem Tod nach Österreich heimkehrte, erst lange nach seinem Tod einigermaßen wiederentdeckt wurde und noch lange nicht so geehrt ist wie der eigentlich weniger bedeutende Weinheber.

Nicht, als ob man Kramer ganz und gar vergessen hätte. Als gegen Ende der Fünfzigerjahre der große deutsche Lyriker Johannes Babrowski in Wien auf den Spuren Kramers die Buchhandlung aufsuchte, in der Kramer vor dem Einmarsch Hitlers gearbeitet hatte, und einen alten Buchhändler fragte, wie denn Kramer gewesen sei, erhielt er den Bescheid: »Natürlich so ein unsympathischer

Jud.« Als allerdings Bobrowski seine Empörung zeigte, versuchte man ihn durch das Angebot verschiedener Erstausgaben zu Schleuderpreisen zu beschwichtigen. So blieb Kramer im Andenken eines alten Kollegen aus der Buchhandlung geehrt.

Überhaupt, was die Ehrungen betrifft, so läßt sich feststellen, daß eine der wirksamsten Methoden, wie der Geist vertrieben oder draußen gehalten werden kann, darin besteht, den Ungeist so zu pflegen und hochzuhalten, daß für den Geist nur mehr wenig oder gar kein Platz mehr bleibt.

Ich will hier nicht gegen Weinheber polemisieren, der jedenfalls ein wirklicher Dichter war. Daß man ihn nach dem Zweiten Weltkrieg in Österreich viel höher erhoben hat als Kramer, ist nicht die Schuld Weinhebers, der von Kramer sehr viel gehalten hat und dem das wahrscheinlich gar nicht recht gewesen wäre. Nein, ich meine, wenn ich vom Hochhalten des Ungeistes spreche, so einen jämmerlichen Dichterling wie den sogenannten Heimatdichter Ottokar Kernstock, nach dem leider heute noch eine Ottokar-Kernstock-Straße und ein Ottokar-Kernstock-Platz benannt sind, und in der Steiermark wahrscheinlich noch einiges mehr. Dieser Kernstock, ein geistlicher Herr im Kloster Vorau, hat schon im Ersten Weltkrieg säbelrasselnde, hurrapatriotische Kitschreime verfaßt, dann, nach dem Krieg, den Text der Hymne der Ersten Republik Österreich, der anfing:

Sei gesegnet ohne Ende,
Heimaterde wunderhold.
Freundlich schmücken dein Gelände
Tannengruen und Ährengold.

Schon die Aufeinanderfolge von Worten wie *»wunderhold«* und *»Gelände«* zeigt das Niveau dieser Dichtung, die mit den Worten schloß:

Starken Mutes, festen Blickes,
trotzend jedem Schicksalstreich,
steig empor den Pfad des Glückes!
Gott mit dir, mein Österreich!

Ich zitiere das hier nicht, um über das Niveau des Textes zu sprechen, sondern weil derselbe geistliche Herr, der diese Zeilen als Segenswunsch, ja als Gebet formuliert hatte, beim Einmarsch Hitlers schon einen ganz anderen Text fertig hatte, der lautete:

Das Hakenkreuz im weißen Feld
auf feuerrotem Grunde
Hat uns mit stolzem Mut beseelt.
Es schlägt in unsrer Runde
Kein Herz, das feig die Treue bricht.
Wir fürchten Tod und Teufel nicht.
Mit uns ist Gott im Bunde.

Und dieser Mensch wagte es noch, von feigem Treubruch zu sprechen! Und so etwas wird heute noch in Österreich geehrt, während ein Kramer noch fast vergessen ist, und ein Joseph Halmer, ein Leo Perutz, ein Sonka (Hugo Sonnenschein) ganz und gar vergessen sind. Kalmer und Sonka wurden vertrieben. Sonka ist zugrundegegangen. Kalmer, wahrscheinlich der größte Lyrikübersetzer der Ersten Republik, selbst ein guter Lyriker, vielseitiger Schriftsteller und hervorragender engagierter Journalist, nebenbei im Exil mein wesentlichster literarischer Lehrmeister, hat nach dem Krieg mehrmals versucht, in Österreich wieder Fuß zu fassen, nicht weil er es nötig gehabt hätte (er hatte sich in London eine durchaus sichere Existenz geschaffen), sondern weil er Österreich liebte. Aber in Österreich wurden Heimkehrwillige wie er trotz den Bemühungen eines Viktor Matejka alles andere als mit offenen Armen aufgenommen. Zuletzt erlitt Kalmer bei jedem Österreichbesuch einen Herzinfarkt und ist an dem dritten Infarkt dann in Wien gestorben, fast völlig vergessen bis heute.

Auch auf den längst verstorbenen Leo Perutz hatte Joseph Kalmer Österreich nach dem Zweiten Weltkrieg vergeblich wieder aufmerksam zu machen versucht, ebenso wie auf Theodor Kramer, um den sich damals in Österreich meines Wissens wenige außer Otto Basil und Michael Guttenbrunner und seine Freunde aus dem englischen Exil kümmerten.

Aber auch Schriftsteller, die heute in Österreich wieder Rang und Namen haben, wie Elias Canetti, mußten erst in der Bundesrepublik berühmt werden, ehe auch Österreich sie wieder entdeckte.

Ich erinnere mich, wie man mir in Wien im Ministerium, vor etwas mehr als zwanzig Jahren, als ich mich über Prof. Rohracher beschwerte, nahelegte, den damaligen Leiter des Österreichischen Kulturinstituts in London zu ermuntern, doch nicht nur für Musik etwas zu tun, sondern auch etwas mehr für Literatur. Ich solle ihm aber nichts von diesem Gespräch im Ministerium sagen.

Nun, ich schlug dem Leiter des Österreichischen Kulturinstituts, einem würdigen grauhaarigen Herrn, einen Abend über Canetti vor, aber den fand er damals viel zu ausgefallen. Außerdem gab es damals irgendein Trakl-Jubiläum, und so schlug ich auch einen Trakl-Abend vor. Sein Einwand war, daß Trakl aber doch so eine Art Surrealist gewesen sei, das könne man der Welt doch jetzt nicht vorstellen.

Nun, weder war er Surrealist, noch auch hatte die Welt oder auch nur England auf die Vorstellung Trakls durch das damalige Kulturinstitut gewartet, ich wollte eigentlich mit dem Vorschlag nur dem Kulturinstitut helfen. Aber immerhin ist das leider nicht ganz untypisch für das Verhalten zum geistigen Österreich, auch wenn es sich keineswegs um Emigranten handelte. Ich könnte diese Liste noch einige Zeit lang fortsetzen. Und niemand soll glauben, daß heute das alles schon nachgeholt sei, daß die Verbrannten und Vergessenen nicht mehr vergessen seien oder daß auch Dichter, die erst im Exil begonnen haben – viele von ihnen sind nun auch schon tot – mittlerweile in ihrer Heimat gebührend gewürdigt wurden. Ich nenne nur den Namen Hans Schmeier, der ganz jung in London in den Tod gegangen ist.

Das mangelnde Interesse an der Wiederheimholung gilt natürlich nicht nur von Dichtern und Schriftstellern. Ich will nur einen von vielen Namen nennen, den sozialistischen Individualpsychologen aus Wien, Dr. Emmerich Weißmann.

Aber vielleicht ist das alles wirklich nicht so verwunderlich, wenn selbst ein Buch wie die *Phantasien eines Realisten* von Popper-Lynkeus, das neben vielen anderen Schriftstellern bekanntlich auch Franz Kafka nachhaltig angeregt hat, nicht wieder aufgelegt, sondern der Vergessenheit überlassen wurde.

Nein, wenigstens zwei Namen muß ich doch noch nennen, sonst hätte ich selbst ein schlechtes Gewissen, dem Unbekanntbleiben und damit Vertriebenbleiben des Geistes durch allzu unvollständige Zusammenfassung – obwohl diese Zusammenfassung natürlich auf jeden Fall Stückwerk bleiben muß – Vorschub geleistet zu haben. Ich meine den großen österreichischen Dichter Peter Höfler und die Schriftstellerin Friedl Benedikt. Beide hatten Künstlernamen.

Peter Höfler ist als Jesse Thoor in Deutschland dank Michael Hamburger und der Darmstädter Akademie, die nachgelassene Gedichte von ihm veröffentlicht hat, keineswegs mehr ganz unbekannt, wohl aber in Österreich, wo er bei einem Heimatbesuch in Lienz gestorben ist. Ich finde es äußerst bedauerlich, daß man von diesem sehr originellen und dabei durchaus leicht verständlichen Dichter hierzulande nicht mehr Notiz genommen hat, vielleicht weil er zuerst Kommunist war und dann auch bei den Kommunisten kein Echo mehr fand, weil er ein religiöses Erlebnis hatte und tief religiös wurde.

Friedl Benedikt, eine Tochter des bekannten Zeitungsmannes Benedikt, hat in England im Krieg und in der ersten Nachkriegszeit drei sehr beachtliche Romane veröffentlicht. *Let Thy Moon Arise, The Dreams* und *The Monster*. Mindestens der erste dieser Romane wurde ursprünglich in deutscher Sprache geschrieben. Außerdem gab es das Manuskript eines vierten Romans, ehe sie schwer erkrankte und starb. Alle diese Romane tragen die Widmung: *»Dem Dichter Elias Canetti, meinem großen Meister.«* Es wäre wichtig, auch diese Werke vor der Vergessenheit zu bewahren.

Bis jetzt habe ich mit Ausnahme eines Individualpsychologen nur Dichter und Schriftsteller erwähnt. Hier nur noch drei Namen von Malern, die nicht wieder »heimgeholt« wurden beziehungsweise erst im Exil zur Entfaltung kamen. Erich Deutsch und Hugo und Meta Dachinger. Erich Deutsch und Hugo Dachinger leben meines Wissens noch.

Ich finde, es ist nun vielleicht an der Zeit, das Thema der Vertreibung des Geistigen aus Österreich etwas mehr systematisch und nicht nur in Gestalt von Aufzählungen zu behandeln.

Da geht es einerseits um die Methoden der eigentlichen Vertreibung im engeren Sinn, etwa durch Hinausekeln, durch Abgrenzung von den betreffenden geistigen Menschen, oder durch Nötigung zur Flucht, ja durch Vernichtung, die auch gleich aus dem Leben vertreibt. Dazu ist kein Vernichtungslager und kein KZ wie im Fall Jura Soyfer nötig. Es genügt auch, Menschen ins freiwillige Exil zu treiben wie Robert Musil, oder zur Verzweiflung und zum Selbstmord zu treiben. Dafür gibt es auch z. B. in der Nachkriegsgeschichte der Zweiten Republik schon allein auf dem Gebiet der Literatur mehrere Beispiele.

Dazu kommen, wie schon gesagt, das Kaltstellen, das Kleinhalten und das Gar-nicht-erst-Zulassen des Geistigen, das einem dann die Vertreibung erspart. Auch kränkende Diskriminierung, unzulängliche Förderung oder Selbstgerechtigkeit von verantwortlichen Einzelnen oder Institutionen gegenüber Menschen, die man für exzentrisch oder verstört hält, ja die es vielleicht wirklich sind oder deren Zustand sich durch negative Behandlung entsprechend verschlimmert, all das gehört ebenso hierher wie die ungute Lage dessen, der in einem sogenannten pluralistischen Kulturbetrieb zwischen die Stühle fällt, das heißt zwischen die verschiedenen anerkannten Lobbies oder Interessengruppen. Wann immer ein Proporz herrschte, war zum Beispiel der in Vorteil, der entweder bei der SPÖ oder bei der ÖVP einzustufen war. Unsichere Kantonisten, deren Zugehörigkeit zweifelhaft war, wurden hingegen oft übergangen. Oder mindestens mußten ihre Leistungen schon deutlich sichtbar weit größer sein als die derer, denen auf Grund ihrer Zugehörigkeit leichter eine Stellung zuteil werden konnte.

Kommunisten waren mit Ausnahme der allerersten Zeit nach dem Zweiten Weltkrieg ohnehin benachteiligt. Verdarb es sich aber ein Kommunist gar noch mit seiner Partei wegen ketzerischer Ansichten oder Aufbegehrens gegen irgendetwas, was ihm ungerecht oder falsch schien, ohne daß er deswegen gleich mit fliegenden Fahnen zu einer der anderen Partei überging oder ein Kalter Krieger wurde, so drohte ihm immer noch Totgeschwiegenwerden oder Vergessen. Zum Beispiel wäre der Beitrag eines Ernst Fischer zum Geistigen in Österreich ungleich anerkannter, wenn nicht gerade dies sein Schicksal gewesen wäre. Und er ist nicht der einzige derartige Fall.

Ich nenne da nur noch Franz Marek.

Es genügt aber auch, einige Tabus zu verletzen, um, ungeachtet geistiger Leistungen oder merklicher Leistungsfähigkeit und Begabung, »weg vom Fenster« zu sein. Es gibt kein Milieu in Österreich, wo man nicht durch einige unliebsame Bermerkungen untendurch wäre, die natürlich je nach Schattierung dieses Milieus verschieden sind. Schon auf der Universität ist es bei der Mehrzahl der Professoren von großem Nachteil für einen Prüfling oder Lehramtsbewerber, wenn er von den Lehrmeinungen des betreffenden Professors wesentlich abweicht. – Das wird vielfach als ganz natürlich hingenommen, ist aber zum Beispiel an englischen Universitäten durchaus nicht so. Dadurch werden nicht nur unabhängige Geister ausgeschaltet, sondern es wird auch Duckmäusertum, Opportunismus und Heuchelei im Geistigen gefördert. Daß es Intellektuelle gibt, die ob ihrer Unbotmäßigkeit Medienverbot haben, in einer Zeitung, im Rundfunk oder im Fernsehen, ist ebenfalls nicht unbekannt und wird schändlicherweise meist ebenfalls einfach hingenommen.

Natürlich gibts das nicht nur in Österreich, sondern z. B. auch in der Bundesrepublik Deutschland, ist aber nicht in allen Demokratien so.

Hier noch ein Wort zu den wirklichen Grenzfällen und Erkrankten. Disqualifiziert Krankheit? Können Geisteskranke einen Beitrag zu Geistigem leisten? Das hätten natürlich bis vor kurzem alle sogenannten vernünftigen Menschen ohne weiteres verneint. Wobei die Definition eines Geisteskranken bedenkenlos betrieben wurde. Ein eindeutig Gemütskranker oder Geisteskranker kann unter Umständen noch von einem Prinzhorn, oder bei uns von einem Navratil, entdeckt werden, und seine Werke können uns unter dem Titel *Kunst und Literatur der Geisteskranken* noch bereichern und unseren Gesichtskreis erweitern helfen. Auch hier ist es wieder der Grenzfall, für den keine der anerkannten Lobbies eintritt, der an der Selbstverwirklichung gänzlich gehindert oder ausgestoßen wird. Etwa der geniale, 1920 in der Fremde gestorbene Otto Gross, Sohn des berühmten, ich müßte eigentlich sagen berüchtigten, österreichischen Kriminologen Hans Gross, der seinen Sohn unbedingt entmündigt und in einer geschlossenen Anstalt sehen wollte, dem aber zum Glück die Flucht gelang. Otto Gross war ein Vorläufer des gleichfalls aus allen Institutionen, sowohl von den Psychoanalytikern als auch von der Kommunistischen Partei ausgestoßenen Wilhelm Reich. Daß Wilhelm Reich zuletzt wirklich Wahnvorstellungen unterlag, schmälert nicht die Bedeutung seines bis dahin angewachsenen Werkes. Man vergißt auch, daß die Mitmenschen einen in den Wahnsinn treiben können, was, wenn man die Fälle nur genau genug betrachtet, sogar *meistens* gilt. Es müssen nicht nur die Kulturinstitutionen sein, sondern auch unsere Erziehungsnormen können da schuldig werden. Ich erinnere mich an den Ausspruch eines österreichischen Ministers vor sehr kurzer Zeit, daß eine gesunde Dachtel noch nie einem Kind geschadet habe. So einen Blödsinn fassen prügelnde Eltern dann als Freibrief auf. Ich weiß aus der Kindheit eines hochbegabten österreichischen Akademikers, dessen Lehrtätigkeit durch seinen Selbstmord geendet hat, daß seine Mutter seinem Vater berichtete, als er fünf und sechs Monate alt war, das Kind gedeihe zwar prächtig, sei aber oft schlimm, so daß sie öfter den *Pracker* gebrauchen müsse. Diese Mutter war sicher keine bewußte Sadistin, sondern gehorchte nur den Erziehungsnormen ihres ländlichen Milieus. Daß solche Züchtigungen mit der späteren Gemütsverstörung und dem Tod ihres Sohnes zusammenhängen könnten, würde nicht nur sie für absurd halten, sondern eine Menge österreichischer Kulturträger wäre heute noch ihrer Meinung.

Überhaupt, am besten eignet sich seit jeher zur Vertreibung, Verhinderung oder Abwürgung des Geistes ein Geist, der anderer Meinung ist, oder ein Ungeist, der sich für Geist oder gar für den allein richtigen oder seligmachenden Geist hält. Der österreichische Katholizismus hatte da, nicht nur nur im christlichen Ständestaat, viel zu verantworten, obwohl heute auch gerade aus dem österreichischen Katholizismus Bestrebungen gegen solchen Ungeist unverkennbar im Gange sind. Übrigens war der zuvor erwähnte Kriminologe Hans Gross Protestant, mußte aber Katholik werden, um eine Professur zu erhalten. Ebenso mußten in Österreich viele Jahrzehnte lang Juden sich taufen lassen, um Professor zu werden. Auch eine Art geistiger oder ungeistiger Maulkorb.

Daß man hier in Österreich auch von unbewältigter Vergangenheit sprechen müßte, ist ohnehin klar. Ich gebrauche diesen furchtbaren Ausdruck nur ungern. Was haben wir denn überhaupt schon wirklich »bewältigt«? Aber, wie der englisch-amerikanische Dichter T.S.Eliot sagt, *»I have got to use words when I am speaking to you.«*

Und ich meine nicht nur die Vergangenheit der Hitlerzeit. Mir klingen heute noch die Worte im Ohr, die ich am 12. Februar 1934 im Radio gehört habe, »Arbeiter, eure jüdisch-marxistischen Führer sind geflohen. Legt die Waffen nieder!« Die Verunglimpfung des Marxismus genügte gar nicht, »jüdisch« mußte auch noch gesagt werden! Abgesehen davon, daß nicht alle Geflohenen Juden waren und nicht alle Juden geflohen waren. – Und noch weiter zurück, fällt mir aus dieser Ecke vom Ende der zwanziger Jahre die gereimte und illustrierte Wahlpropaganda des sogenannten Heimatblocks ein, weißgrün, wozu auch die Heimwehr gehörte. Da sah man ein Baby mit Brillen und überdeutlicher Judennnase in der Wiege liegen und Karl Marx lesen, und daneben steht: *»Wer einst ein Bonze werden soll / der kommt zur Welt in Tarnopol / und liest schon in der Wiege drin / wie schön man lebt im roten Wien.«* Solche antisemitischen Untertöne sind noch nicht ausgestorben, auch wenn in den letzten Jahren nur taktvoller angedeutet wurde, z. B. Wahlkampfpropaganda gegen Kreisky, man solle doch einen richtigen oder echten Österreicher wählen, und dergleichen zarte Anspielungen mehr.

Oder: Wieviel Unterdrückung, Verhinderung oder Vertreibung von Geist ist in Kärnten durch die Diskriminierung der slawischen Minderheit, die freundlich »Tschuschen« geschimpft werden, auch heute immer noch am Werk? Und weil ich gerade bei Kärnten bin, will ich erwähnen, daß ich dort vor wenigen Jahren noch erfuhr, daß Schullehrer Schwierigkeiten haben, weil sie Gedichte von Ernst Jandl im Unterricht verwendet hatten. Was in Wien und anderen großen Städten an heutiger Literatur oder Wissenschaft Gültigkeit erworben hat, das wird in manchen ländlichen Gebieten immer noch verteufelt.

Vergessen wir nicht ganz, daß Andreas Hofers große Erhebung im Jahre 1809, nicht direkt von den Franzosen ausgelöst wurde, sondern dadurch, daß die Bayern die Schutzpockenimpfung einführen wollten. Da hielt Pater Haspinger eine Rede, dies sei direkte Einmischung in den göttlichen Willen, und damit war's dann Zeit zum Losschlagen.

Ich möchte nicht schließen, ohne darauf hinzuweisen, daß es natürlich zu jeder Zeit Menschen gegeben hat, die der Vertreibung oder Nicht-Wiedereinladung des Geistigen nach Kräften entgegengearbeitet haben. Viktor Matejka und Ernst Fischer habe ich da ja schon genannt. Ich würde da noch zwei Namen nennen, die zweifellos für viele andere stehen: Otto Basil und vor allem Rudolf Felmayer, der sich, nicht nur in der großen Anthologie *Dein Herz ist Deine Heimat,* all der vertriebenen Dichter, auch eines Jesse Thoor, Hans Schmeier, selbstverständlich auch Theodor Kramer angenommen hat und einen Nachruf auf Josef Kalmer verfaßt hat. Daß selbst Felmayer von modernen Bestrebungen in der Dichtung wenig verstand, hat ihn dabei nicht wesentlich behindert.

Zum Schluß gestatten Sie mir bitte, auch hier wenigstens in einem Punkt anzuecken.

Zu diesem Unternehmen hier hat auch Alexandra Suess in dankenswerter Weise und gut fundiert beigetragen. Gegen *eine* ihrer Ausführungen möchte ich aber doch Einspruch erheben. Meines Erachtens tut sie dem Exilliteraturforscher Hans-Albert Walter, vielleicht dem verdienstvollsten deutschen Exilliteraturfachmann, der es wegen seiner Aufrichtigkeit und seines Verzichts auf Diplomatie oft schwer genug hat, Unrecht mit dem Ton, den sie gegen ihn anschlägt, auch wenn seine Formulierungen über Werfel und Zweig etwas brüsk sind. Hätte Zweig es wirtschaftlich so schwer gehabt wie die meisten Flüchtlinge, so hätte ihn das vielleicht sogar gerettet, weil es ihn in eine Exilrealität hineingezwungen hätte, die ihm vielleicht einige Fehleinschätzungen erspart hätte. Man denke an seine unbegründet pessimistischen Englandeinschätzungen in den Tagen, die er vor der Reise nach Amerika in London verbrachte. Er war von der Sinnlosigkeit und Vergeblichkeit des englischen Widerstandes gegen Hitler und von Englands schließlicher Faschisierung völlig überzeugt. Das alles hat zu seiner tödlichen Depression beigetragen. Hätte er das Dasein der anderen Flüchtlinge teilen müssen, so hätte er vielleicht auch Tröstlicheres gewußt. Walters Kritik, auch wenn sie vielleicht ungeschickt formuliert war, ist keineswegs aus der Luft gegriffen, und sicher rechtfertigt sie nicht, ihn so abzutun.

Noch eines: Alexandra Suess schreibt: »*Eine marxistische Literaturwissenschaft wird in einer Auseinandersetzung mit der österreichischen Literatur des Exils vielleicht an ihren Vorurteilen scheitern, erscheinen doch die meisten Österreicher als Bürgerliche oder gar Kapitalisten, denen es gelingt, auch nach der Auswanderung, fern der Heimat, eine österreichische Dekadenz zu tradieren.*«

Erstens waren die meisten österreichischen Flüchtlinge keineswegs Kapitalisten, und auch das Beiwort *bürgerlich* ist gerade bei Künstlern und Dichtern recht fraglich. Zweitens würden die Ausführungen über eine marxistische Literaturkritik höchstens für die Vorurteile einer äußerst *vulgär*-marxistischen, also unmarxistischen Kritik gelten. Die Literaturktitik der DDR der letzten Jahre, obwohl noch lange nicht das Ideal einer marxistischen Literaturkritik, hat sich zum Beispiel doch von den von Alexandra Suess vermuteten Hindernissen so ziemlich freigemacht.

Ganz zuletzt aber, um nicht polemisch zu enden, will ich auf eine ganz merkwürdige Enklave österreichischen Geistes im Londoner Exil hinweisen, die sonst in Vergessenheit geraten könnte.

Gegen Ende des Zweiten Weltkrieges hat der österreichische Emigrant, geniale Glasbläser, Kunstsammler, Literat und – wenn sie wollen – Kapitalist Fritz Lampl seine nach Heine bekannte Glaskunstgewerbefirma »Bimini«, die es ehemals in Wien gab, in London wieder eröffnet. Die Bimini Limited, in Mayfair, stellte handgemachte Glasknöpfe von künstlerischem Wert her, vor allem für den Export nach Amerika. Die Entwürfe stammten von Fritz Lampl. Ich war dort Glasarbeiter, ebenso (eine Zeitlang kurz nach Kriegsende) Ilse Aichinger, worauf auch ihr Hörspiel *Knöpfe* zurückgeht. Für die Glasuren sorgte eine österreichische Künstlerin, Käthe Rieh. Mein Vorarbeiter oder Meister war ein Dr. Lauer aus Wien, der erste, der Eliots *Vier Quartette* ins Deutsche Übersetzt hatte. Neben mir saß Dr. Vetter, ein Sohn des sogenannten »roten Hofrats« Vetter aus Wien. Er war zwar ein ausgezeichneter Glasarbeiter, folgte dann aber einer Berufung an die Universität Princeton. Uns gegenüber arbeitete Max Ermers, ein Schriftsteller und Verleger aus Wien. – Es gab noch einige österreichische Intellektuelle dort, derer ich mich nicht so gut entsinne. Fritz Lampl sorgte dafür, daß wir dort mehr verdienten, als wir bei irgendeiner anderen Fabriksarbeit verdient hätten, und lud uns oft zu Gesprächen über Kunst und Literatur ein. Ich erinnere mich noch, wie er einmal Beethoven gegenüber Mozart geringschätzte, denn die alten Regeln brechen, das könne jeder, und wie ich meinem Arbeitgeber zornig widersprach und Beethoven verteidigte. – Es war vielleicht nicht ganz weit weg von unserem Thema, die Existenz eines solchen Milieus wenigstens ganz zuletzt noch zu erwähnen.

1986

Die Arbeiterbewegung als kulturelle Kraft

Liebe Freunde und Freundinnen!

Es bedeutet mir sehr viel, heute zu euch über die Arbeiterbewegung als kulturelle Kraft sprechen zu dürfen, gerade heute, da manche von euch heimlich bezweifeln, ob die kulturelle Kraft der Arbeiterbewegung, ja ihre Kraft überhaupt, ausreichen wird, wenn die Computer und Mirkroprozessoren der zweiten industriellen Revolution drohen, einen so großen Teil der Arbeiterklasse überflüssig zu machen, daß das alte Wort *Alle Räder stehen still, wenn dein starker Arm es will* vielleicht gar nicht mehr zu stimmen scheint. Um Mißverständnisse zu vermeiden, beginne ich mit einigen persönlichen Erklärungen.

Erstens, ich bin kein Politiker, schon gar nicht Berufspolitiker, sondern ein seit langen Jahren politisch engagierter Schriftsteller und Dichter. Zweitens, ich bin Österreicher, dieses Land hat mich geprägt, aber durch mein Schicksal bin ich in England und in Deutschland – ich möchte fast sagen, in beiden Teilen Deutschlands – genau so sehr oder so wenig zuhause wie hier. Ich bin Mitglied der englischen Labour Party, die sehr frei und ungebunden ist, was immer sonst ihre Schwächen sein mögen.

Ich bin überzeugt, daß sich ohne eine politisch und ideologisch lebendige Sozialdemokratie in Österreich, in der Bundesrepublik Deutschland oder in England keine sozialistische Politik machen läßt, und ich bin immer noch überzeugt, daß die Arbeiterbewegung, wenn sie eine ist, immer noch die Möglichkeit hat, wieder eine entscheidende kulturelle Kraft zu sein.

Österreichs Arbeiterbewegung hat zwischen den beiden Weltkriegen die größte, umfassendste Arbeiterkulturbewegung innerhalb der kapitalistischen Welt geschaffen.

Das Kulturwerk der österreichischen Sozialdemokratie umfaßte nicht nur die großartigen Arbeiterbüchereien, das Arbeiterbildungswerk, einschließlich Kunststelle, Kino und Theater, Gesangvereine, Photographievereine, Kindergärten, sinnvolle Freizeitgestaltung, die Glöckelsche Schulreform, Erwachsenenbildung, Möglichkeiten für Vergnügungs- und Bildungsreisen, sondern auch neue Formen gemeinschaftlichen Lebens in neu geschaffenen großen Gemeindebauten, mit gemeinsamer Wäscherei, mit eigenen Leseräumen, Büchereien, Kinderhorten, Bädern usw. Sozialisten aus aller Welt kamen und bewunderten diese Leistungen. Es entstand, unterstützt durch gewerkschaftliche und politische Erfolge, eine neue Lebensform, die von der Wiege und Kinderkrippe bis zur Feuerbestattung reichte. Arbeiterkultur sollte so von der Ansteckung durch das Bürgertum abgesondert werden.

Basis dieser Arbeiterkultur war natürlich der Klassenkampf der Arbeiterbewegung, deren Selbstbewußtsein sich durch die Erfolge dieses Kampfes gesteigert hatte, und das nun seinerseits durch die kulturellen Errungenschaften gehoben wurde. Aber zumindest ein gewisses Maß von Klassenbewußtsein war Voraussetzung für die ersten Solidarisierungsprozesse, mit denen Klassenkampf und Arbeiterbewegung begonnen haben. Das sollten wir ebensowenig vergessen wie die Tatsache, daß die gültige Formulierung der Kampferfahrungen und der daraus sich ergebenden Sozialismusstrategie, ebenso wie die Lebendigerhaltung der sozialistischen Zielvorstellungen, die wichtigste Kulturaufgabe der Arbeiterbewegung ist.

Die andere Frage, ob es eine proletarische Kultur, Kunst und Literatur geben kann, da ja das Proletariat seine Produktionsweise nicht, wie der Frühkapitalismus, im Schoß der ihm vorausgehenden Gesellschaft entfalten kann, wurde dadurch eine grandiose Vorwegnahme der Zukunft einstweilen beantwortet: Ja, es kann eine Arbeiterkultur geben, eine proletarische, eine sozialistische. Und wenn sie kleinbürgerliche Elemente hat, wie es sich zum Beispiel in der Beliebtheit gewisser Bücher in den Arbeiterbüchereien zeigte, so gilt das doch nicht – oder nur selten – als reaktionäres Kleinbürgertum, und überhaupt wäre Verachtung des Kleinbürgertums in Bausch und Bogen ein Verstoß gegen die kritische Solidarität mit anderen Opfern des Kapitalismus gewesen.

Übrigens hatte auch die Kulturbewegung der Sowjetunion, schon vor dem Stalinismus, zwangsläufig auch kleinbürgerliche Züge, denn das war die Schicht, mit der die Arbeiterklasse am ehesten in Kontakt kam.

Jedenfalls ließ sich die Arbeiterbewegung zurecht durch solche Fragen von ihrer Kulturtätigkeit nicht abhalten. Von den psychoanalytischen Beratungsstellen bis zur paramilitärischen Organisation des Republikanischen Schutzbundes war die Sorge um die Gestaltung des Lebens in allen Aspekten die untrennbare Verbindung zwischen österreichischer Arbeiterbewegung und Arbeiterkultur, im Zeichen des Austromarxismus, der zwischen Reformismus und revolutionärem Kommunismus seinen Weg zur Macht suchte und dabei immer betonte: *Wissen ist Macht, und das Buch unsere stärkste Waffe.*

Versuche, diese Kulturbewegung und Lebenshilfe auch auf die Bauern auszudehnen, kamen über zaghafte Ansätze leider nie hinaus.

Liebe Freundinnen und Freunde: Wir stehen heute auf den Ruinen dieses durch eine einzigartige Kraftanstrengung der österreichischen Arbeiterbewegung geschaffenen Kulturwerkes. Es sind zwar großartige Ruinen, aber Ruinen; jedoch es läßt sich, teilweise auf ihren Fundamenten, unter bestimmten Voraussetzungen wieder etwas aufbauen. Aber zuerst müssen wir untersuchen, wodurch diese kulturelle Kraft verfallen ist.

Durch den Sieg des Faschismus? Erst des österreichischen, und dann des deutschen Hitlerfaschismus? Natürlich; das ist *ein* Grund. Aber erstens: Wie konnte der Faschismus diese Arbeiterbewegung überwältigen? Und zweitens: Wieso ist diese ganze Herrlichkeit nach dem Untergang des Faschismus nicht von neuem entstanden?

Die Antworten auf die erste Frage sind einigermaßen bekannt und z. B. in einem Buch von Josef Buttinger, *Das Ende der Massenpartei, am Beispiel Österreichs; Ein Beitrag zur Krise der sozialdemokratischen Bewegung,* zum großen Teil nachzulesen. Der Austromarxismus hatte keine Revolution zuwege gebracht und auch keine gründliche Reform der ganzen Gesellschaft, in der er lebte, sondern eine Sonderentwicklung, eine Sezession, die sogar eine verhängnisvolle Abkapselung wurde. Die wirtschaftliche Macht des Bürgertums war ungebrochen; auch seine teilweise Ohnmacht in der großen Wirtschaftskrise wurde durch keine Erkämpfung einer Arbeitergegenmacht hinreichend benutzt. Die Machtergreifung durch den Stimmzettel, durch die Konzentration der Wählerstimmen und Mandate, hat sich genausowenig erfüllt wie später im Chile Allendes, obwohl dort die Massenbasis noch wesentlich breiter und der politische Kampfgeist unendlich größer war als in Österreich.

Gegen die Tendenz, um jeden Preis mehr Wählerstimmen und Mandate zu erlangen und dabei den Klassenkampf und den Kampf um den Sozialismus aus den Augen zu verlieren, hat schon der große österreichische Sozialdemokrat Max Adler gewettert, zuletzt 1933, als es allerdings schon zu spät war, und hat dabei auch August Bebel zitiert, der auf dem Dresdner Parteitag 1903 gesagt hat:

»Es ist immer und ewig der alte Kampf, hier links, dort rechts und dazwischen ist der Sumpf. Das sind die Elemente, die nie wissen, was sie wollen, oder besser gesagt, die sagen, was sie wollen. Das

sind die ›Schlaumeier‹, die immer erst horchen: ›Wie steht's da, wie steht's hier?‹, die immer spüren, wo die Majorität ist, und dorthin gehen sie dann. Diese Sorte haben wir auch in unserer Partei. Eine große Anzahl ist jetzt bei diesen Verhandlungen ans Licht des Tages gekommen. Man muß diese Parteigenossen denunzieren (Zuruf: Denunzieren?), ja, ich sage ja, denunzieren, damit die Genossen wissen, was das für halbe Leute sind.« Und weiter sagte August Bebel: *»Solange ich atmen und schreiben und sprechen kann, soll es nicht anders werden: ich will der Todfeind dieser bürgerlichen Gesellschaft und dieser Staatsordnung bleiben, um sie in ihren Existenzbedingungen zu untergraben und sie, wenn ich kann, zu beseitigen.«*

So zitierte Max Adler August Bebel, weniger als ein Jahr vor dem Februarputsch der österreichischen Faschisten.

Als aber dann die Errungenschaften der österreichischen Arbeiterbewegung, ihrer Gewerkschaften, ihrer Kommunalarbeit und Kulturarbeit zerschlagen und ihre Mittel gestohlen wurden, war eine solche Niederlage fast unüberwindbar – eine fast tödliche Verletzung. Und den Sieg über den Hitlerfaschismus hatte ja dann nicht die Arbeiterbewegung errungen, sondern äußere Kräfte, Truppen von drei Ländern, in denen die Kapitalisten die Zügel in der Hand hatten, und von einem Land, in dem der Stalinismus aus dem Sozialismus ein abschreckendes Zerrbild gemacht hatte.

Dadurch erhielt dann – trotz Max Adlers Erkenntnissen, mit denen er nicht allein stand, und trotz der Revolutionären Sozialisten der Illegalitätsjahre – der platte Reformismus eine zweite Chance.

Das Übrige tat dann die lange Hochkonjunktur nach dem zweiten Weltkrieg, die namentlich viele junge Menschen über das wahre Wesen des Kapitalismus täuschte, ferner, die Marshall-Hilfe aus dem Westen und der Kalte Krieg. In Westdeutschland wurde eine Gewerkschaftsbewegung nach neuen, den Klassenkampf erschwerenden Gesichtspunkten errichtet. Die Aussicht auf eine sozialistische Machtergreifung, demokratisch und gewaltlos durch den Stimmzettel, der Traum Otto Bauers, bestand nicht mehr. Aber sogar die eigenen sozialistischen Massenmedien, die Zeitungen, wurden vernachlässigt, und um neue, wie das Fernsehen, kümmert man sich nicht genügend: Verkappte oder kaum mehr verkappte Resignation?

Was geschieht aber mit einer sozialistischen Partei, die nicht mehr daran arbeitet, dem Sozialismus zum Sieg zu verhelfen, ja die nicht einmal mehr genau weiß, wie sie selbst einen siegreichen Sozialismus vor Entwicklungen schützen könnte, wie sie den Sozialismus der Sowjetunion so entstellt hatten, wenn sie den Sozialismusbegriff selbst nicht verwässert?

Es hatten sich zwei Gruppen innerhalb der westlichen Linken herausgebildet: Jene, die glaubten, wenn sie erst einmal den Sozialismus erreichten, dann wüßten sie schon ziemlich genau, was tun, aber nicht wußten, wie sie ihn erreichen sollten. Und zweitens jene, die über die abschreckenden Beispiele rätselten, ob nicht in der ganzen Ideologie der Wurm sitze, ob man daher nicht viel bescheidenere Nahziele anstreben müsse. Diese zwei Richtungen harmonisierten natürlich nicht miteinander und schwächten sich und die Arbeiterbewegung gegenseitig.

Dazu muß man vielleicht verstehen, daß gerade die großartige Kulturtätigkeit der österreichischen Arbeiterbewegung viele Genossen in eine Art Traum gewiegt hatte, als sei die Zukunft schon angebrochen. Es war ein fast kindliches Allmachtgefühl, das man da entwickeln konnte, wenn man, besonders in Wien, innerhalb der sozialistischen Kultursphäre gelebt und in dieser Kultur ohne wirkliche Macht, von der wirtschaftlichen und politischen Macht des Bürgertums und von der eigenen Abhängigkeit von dieser Macht abzusehen versucht hatte: Das war gar nicht *so* verschieden von der zwar klassenmäßig und natürlich weltanschaulich, aber nicht in vielen Verhaltensmustern gänzlich andersartigen »narzißtischen Omnipotenzphantasie«, die der Psychoanalytiker A. Mitscherlich, Verfasser des wichtigen Buches *Die Unfähigkeit zu trauern,* bei den Deutschen in der Zeit der großen (zuerst sogar relativ unblutigen) außenpolitischen und machtpolitischen Erfolge Hitlers feststellen konnte. Das schmerzliche Erwachen erzeugte dann – in beiden sonst grundverschiedenen Fällen – ein umfassendes Ohnmachtsgefühl, das sich bei vielen Deutschen und Österreichern bis heute als Unsicherheit, als Pessimismus, Resignation und heimliche politische Impotenzangst zeigt: »Es hilft ja doch alles nichts. Die tun ja doch, was sie wollen. Wir können höchstens unsere wirtschaftliche Existenz wieder verbessern, aber im Entscheidenden kommts doch auf uns nicht mehr an.« Etwa so äußert sich dieses weitverbreitete falsche Bewußtsein. Da werden die Supermächte und die internationale Verfilzung der Herrschenden als Argumente gegen die Möglichkeit einer Strategie erwähnt, die zum Sozialismus führen könne.

Was kann man als verunsicherter Sozialist oder ehemaliger Sozialist in so einer Lage machen? Man kann sich natürlich allerlei vormachen. Man kann sich z. B. in einer Zeit ständig wachsender kapitalistischer multinationaler Verschränkung einen neuen Sozialismusbegriff ausdenken, der den Kapitalismus nicht ausschaltet und Klassenkampf durch Sozialpartnerschaft ersetzt. Aber was man nicht kann, ist: Ein solches Manöver im Innersten selbst glauben.

Und da die andere Seite, der andere Sozialpartner, in Wirklichkeit doch gar nicht daran denkt, den Klassenkampf aufzugeben, sondern ihn mit großer Intelligenz und Durchschlagskraft weiterführt, verarmt man sich selbst und die eigene Bewegung und die Grundlage einer neuen Kultur der Arbeiterbewegung, indem man auf dieses Wort und diesen Begriff Klassenkampf verzichtet. Eine Arbeiterbewegung, die auf die volle Emanzipation der Arbeiter, auf den Sozialismus, verzichtet, ist entweder keine Arbeiterbewegung mehr, oder eine sehr kranke! Denn wir wissen heute, daß der Kapitalismus noch wesentlich ärger ist, als sogar Marx und Engels geglaubt hatten; denn die meinten noch, der Kapitalismus werde nicht umhin können, auch alle Kolonien auf das Niveau der industriell entwickelten Staaten zu bringen. Und sie wußten auch noch nicht annähernd, daß das Prinzip der Maximierung des Profits, von dem der Kapitalismus, trotz seiner heute meist wieder verratenen Keynes-New-Deal-Phase, nicht loskommen kann, auch ökologisch das Verderben der Welt bedeutet! Das noch nicht zu wissen, war nicht die Schuld von Marx und Engels, denn sie haben selbst erklärt, ihre Voraussagen beruhten auf der Beobachtung des bürgerlichen Produktionsprozesses. Da aber die Bourgeoisie die einzige Klasse sei, die nur leben könne, indem sie die Produktion dauernd revolutioniere, könnten nach einiger Zeit Vorhersagen falsch sein, ohne daß die Denkmethode falsch sei.

Ferner waren Marx und Engels als Söhne der Aufklärung noch der optimistischen Ansicht, bei jeder wirklichen Krise würden sich die Menschen mehr und mehr um ihre wahren Interessen scharen. Wir aber wissen heute, daß gerade bei argen Krisen so etwas wie ein Rückzug ins Kindische eintritt, eine infantile Regression, ein Schutzsuchen bei einem starken Vater Staat vor der unerträglichen vollen Erkenntnis der Gefahr eines Atomkrieges oder dauernder Arbeitslosigkeit durch die zweite industrielle Revolution.

Das gehört wesentlich mit zu den Ursachen der sogenannten Wende, die Europa mit der Gewalt einer hirnverbrennenden Seuche heimsucht. Dies, und das Versagen der Arbeiterbewegung, zu sehen, daß die Beschränkung auf bloße Systemimmanenz aufhören muß, spätestens, wenn das System Leben und Lebenserhalt der

Ausgebeuteten nicht mehr sichern kann, wenn es also, um Marx zu zitieren, seine eigenen Sklaven nicht mehr erhalten kann. Und das kann es heute weder im Hinblick auf das Recht auf Arbeit noch auf das Recht auf Leben, das durch die Atomkriegspolitik des Bürgertums – aber auch ökologisch – aufs Schwerste bedroht ist.

Nur eine Arbeiterbewegung, die in sich selbst wieder die Kraft zur Wahrheit, zur schonungslosen Analyse der Wirklichkeit und ihrer eigenen Beziehungen zur Wirklichkeit findet, kann wieder eine starke Arbeiterbewegung werden. Und nur eine starke Arbeiterbewegung kann ihrer Kulturbewegung Kraft geben und dann aus dieser, ihrer eigenen Kulturbewegung wieder Kraft schöpfen!

Aber ist die Lage nicht im Grunde objektiv hoffnungslos, so daß alle schönen Ermahnungen nichts nützen? Nein, keineswegs!

Erstens haben wir noch längst nicht genug wissenschaftlich sowie praktisch fundierte Strukturforschung bei uns selbst betrieben. Ist unsere Struktur wirklich um so vieles demokratischer? Ermöglicht sie, wenn nötig, heute Korrektur von der Parteibasis aus, soviel leichter als der vielgeschmähte demokratische Zentralismus bei den Kommunisten, namentlich unter Gorbatschow? Ließe sich die Bewegung nicht auch durch Demokratisierung mit neuem Leben erfüllen?

Zweitens dürfen wir die Stärke des Gegenspielers nicht überschätzen. Die bürgerliche Kultur, die so siegessicher auftritt, ist im Grunde ratlos, was sich schon im ständigen Wiederkäuen alter Moden und Kulturepochen zeigt, Jugendstil, Art-Deco, Postmoderne usw. Dahinter steckt eine für konservative Kulturträger und Kulturkritiker ausweglose Situation. Daß nämlich die althergebrachten Kulturwerte, an denen vielen von ihnen subjektiv ehrlich etwas liegt, durch die Wirtschaftspraxis ihrer eigenen Parteien viel radikaler und erbarmungsloser untergraben werden, als dies von irgendeinem Sozialismus zu befürchten wäre! Jede erzbürgerliche Partei betreibt, willentlich oder wider Willen, bewußt oder unbewußt, im Grunde glatten Wählerbetrug, indem sie ihren Wählern gerade jenen althergebrachten Grund und Boden, den sie ihnen zu retten verspricht, entziehen muß. Daher werden die kulturellen Forderungen, die Postulate konservativer Kulturkritiker immer krampfhafter, verzweifelter und irrealer. Das hat vor wenigen Jahren Professor Habermas überzeugend dargestellt.

Drittens, auch die zweite industrielle Revolution hat die Arbeiter noch lange nicht überflüssig gemacht. Allerdings versuchen die Herrschenden jene Höchstqualifizierten, z. B. die Software-Produzenten, die in den neuen Techniken Hochgeschulten, der Arbeiterbewegung zu entziehen, indem sie sie kaufen, und bisher leider oft mit Erfolg.

Aber wir sind nicht auf den aussichtslosen Versuch angewiesen, sie zurückzukaufen. Der Mensch ist nämlich nicht nur durch Geld zu motivieren, namentlich dann nicht, wenn er ohnehin einiges Geld hat. Wenn wir wirklich eine Perspektive zu bieten haben, wenn wir eine Strategie und Taktik entwickeln können, die zu einer vernünftigen, und das heißt zu einer sozialistischen Gesellschaft hinführt, dann wird ein großer Teil der Menschen, die ja die langfristige Hoffnungslosigkeit der kapitalistischen Alternative weit besser sehen als die weniger Gebildeten, wieder ansprechbar sein; wie man schon in der Friedensbewegung und bei den Grünen in der BRD gesehen hat. Und viele Arbeiter, die aus Enttäuschung in Passivität verfallen sind, würden wieder aktiv werden.

Dazu ist allerdings auch notwendig, den Managementwissenschaften des Kapitalismus, also der Psychological Warfare, dem Behaviorismus von Skinner bis zu Eysenck, eine emanzipatorische Psychologiewissenschaft und -kunst entgegenzusetzen, wie sie schon in der gewiß bürgerlichen, aber in ihren Ansätzen gesellschaftskritischen Psychoanalyse, vor allem aber in ihren linken Weiterentwicklungen, wie bei Paul Parin und Mario Erdheim, zu finden sind. Es ist eine Schande für die Arbeiterbewegung, daß sie zum größten Teil von diesen Wissenschaftlern und den uns durch sie gebotenen Erkenntnismöglichkeiten überhaupt noch keine Notiz genommen hat!

Übrigens gilt das für die Sowjetunion und die meisten Länder des sogenannten realen Sozialismus genauso wie für uns.

Ich habe in mehreren Reden und in einem Fernsehinterview in der DDR darauf hingewiesen, daß dieser Fehler nicht minder schicksalsschwer zu werden droht als seinerzeit die Mißachtung der Kybernetik als bürgerliche Wissenschaft (die sie ja natürlich war) und das daraus folgende Zurückbleiben in der Computertechnik. Angesichts der Anpassungspsychologien der Gegenseite können wir uns eine solche Nachlässigkeit einfach nicht mehr leisten! Wir wissen längst, daß die Menschen nicht für ihre wahren, sondern für ihre vermeintlichen Interessen eintreten. Diese Kluft zwischen falschem und richtigem Bewußtsein zu schließen, ist ein großer Teil dessen, was Marx und Engels Erweckung des Klassenbewußtseins nennen. Eine Klasse ist eine Gruppe von Menschen, die das gleiche Verhältnis zu den Produktionsmitteln hat. Heute müssen wir vielleicht auch sagen, zu den Destruktionsmitteln.

Man kann andere nur sehen machen, wenn man selbst sehen gelernt hat. Das ist die Vorbedingung aller kulturellen Macht.

Wir können heute leider nicht mehr so einfach wie unsere Urgroßväter sagen »Wissen ist Macht«. Nein, aber Wissen ist eine unerläßliche Vorbedingung zur Erreichung der Macht; und Unwissenheit ist ganz sicher die Garantie fortdauernder Ohnmacht und fortdauernden Betrogenwerdens durch die, deren Interessen, soweit sie sie zu erkennen vermögen, den unseren diametral entgegenstehen! – Ich habe absichtlich gesagt, soweit sie sie zu erkennen vermögen, denn natürlich liegt der Untergang der Welt auch nicht im Interesse jener Kapitalisten und Imperialisten, die heute auf ihn hinarbeiten! Deshalb ist die Sendung der Arbeiterbewegung und eines Sozialismus, der die Zusammenhänge richtig erkennt, gerade durch den Klassenkampf eine weit über den Klassenkampf hinausreichende, allgemein menschliche und menschenliebende, auch feindesliebende! Nur tut man diesem Feind nichts zuliebe, indem man den Kampf gegen ihn aufgibt. Das ist eine Erkenntnis, auf der unter anderem neue Bewegungen innerhalb des Christentums, wie die verschiedenen Theologien der Befreiung, beruhen. Nur der Sozialismus kann auf Dauer die Kultur retten! Auch dadurch können wir Bundesgenossen gewinnen.

Unsere Aufgabe, das zeigt unter anderem Nicaragua, kann darin bestehen, daß sich die Arbeiterbewegung nicht von zahlreichen reaktionären Klerikalen hinreißen läßt, unterschiedslos antireligiös zu sein oder nur ein unehrliches taktisches Bündnis zur Zersetzung des christlichen Lagers mit einzelnen Randfiguren zu suchen.

Nein, auch hier sind die wahren Möglichkeiten, die wir haben, weit besser. Besonders wenn wir nicht nur den Westen Europas, sondern die ganze Welt mit ihren Querverbindungen ansehen! Es gibt viele Anhaltspunkte, wie wir vorankommen können. Einige wesentliche müssen wir uns selbst erarbeiten. Andere zeigen uns schon unsere Gegenspieler: überall dort, wo ihre größte Angst liegt; z. B. in der BRD, ihre Angst und ihr Abscheu vor rot-grünen Koalitionen. Das weiß ein Lafontaine viel genauer als ein Rau, ein Willy Brandt viel genauer als ein Helmut Schmidt.

Es gibt vieles zu überwinden, z. B. einen gewissen Antiintellektualismus, der sich in der Arbeiterbewegung zum Teil als Folge von Niederlagen eingeschlichen hat. – Mir tönt noch die Stimme im Radio Wien vom Februar 1934 in den Ohren, die damals in falscher Freundlichkeit rief: »Arbeiter, eure jüdisch-marxistischen Führer sind geflohen. Legt die Waffen nieder.« Etwas von diesen demagogischen Schuldzuweisungen ist hängengeblieben!

Ganz nebenbei, obwohl es überhaupt nicht unwichtig ist, möchte ich hier erwähnen, daß die Arbeiterbewegung gelegentlich auch den gegenteiligen Fehler begangen hat und snobistisch war gegenüber Lebensäußerungen der proletarischen Jugend und viel zuwenig versucht, Erscheinungen wie Rock und Punk zu integrieren.

Man soll sich ferner nicht einreden lassen, daß alle fortschrittlichen Versuche, alle Rebellionen der jüngeren Vergangenheit wirkungslos verpufft sind. In der BRD verbreitet die Bourgeoisie diese Lüge über die Studentenbewegung von 1968. Aber in Wirklichkeit hat die Studentenrevolte die deutschen Universitäten, die bis dahin traditionell im wesentlichen eine Reserve der Rechten waren, zum großen Teil in eine Reserve der Linken verwandelt. Und Lehrer, die früher vorwiegend deutschnational oder ärger waren, sind heute zum großen Teil links, in Stadt und Land zerstreut. Und die Grünen in Deutschland hätte es ohne die Studentenrevolte nicht annähernd in dieser Stärke und mit diesem Linksdrall gegeben.

Schließlich möchte ich noch das Phänomen Gorbatschow erwähnen, und alles, wofür er steht, und wofür viele von denen stehen, die ihm seine Macht erst ermöglicht haben und seine Revolution durchzuführen versuchen. Wer von uns hätte es für möglich gehalten, besonders auch seit dem Sturz des von uns unterschätzten Chruschtschow durch Breshnew, daß dieses Regime, dieses System, aus sich selbst heraus diese authentische Gegenkraft und Hoffnung gebären kann? – Eine Bewegung übrigens, der wir nicht erleichtert zuschauen dürfen, sondern die wir unterstützen müssen, wenn uns unser Leben und die Zukunft unserer Kinder lieb ist! – Und sollte die Arbeiterbewegung bei uns nicht imstande sein, Kräfte zu entfalten, die sich diesen trotz Entartung und Verfall neu entstandenen und entstehenden Kräften im Osten als Gegenstück und wo immer möglich in kritischer, aber aktiver Solidarität an die Seite stellen lassen? Wenn die Stalin-Ära den Rechtskurs in der Sozialdemokratie verhängnisvoll gefördert hat, so muß die neue Entwicklung doch wieder den Linkskurs ermöglichen!

Die Schwierigkeiten, entscheidend neue Ansätze zu finden, liegen auf der Hand. Aber klar ist, daß bloßes Weitermachen – Weiterwurschteln – keine Aussichten bietet, nicht einmal im »rein« gewerkschaftlichen Bereich, weil die Gewerkschaftstätigkeit, wenn sie vom kulturellen und politischen Sektor her nicht mächtige neue Nahrung erhält, von der zweiten industriellen Revolution überrollt wird. Der politische und der kulturelle Sektor haben die Aufgabe, neue Hilfswissenschaften zu akzeptieren und zu integrieren. Ohne moderne Psychologie kann man heute genauso wenig Politik machen, wie ohne soziologisches und nationalökonomisches Wissen. Damit rede ich nicht einem realitätsfremden Psychologismus das Wort. Der große linke Ethnopsychoanalytiker Paul Parin warnt immer wieder vor einer Psychologie, die Einwirkungen der Machtverhältnisse auf den Einzelnen und auf die Gruppe unterschätzt. Er sagt, daß bei solcher Unterschätzung der politischen Macht- und Unterdrückungsverhältnisse der kranke oder unzulänglich reagierende Mensch denunziert wird, die Macht aber nicht angegriffen wird, mithin von solch einer Psychologie eine Anpassung an die jeweilig herrschenden Machtverhältnisse betrieben wird (z. B. Kompromisse mit der sogenannten Wende) und nicht die notwendige Anpassung an die Möglichkeiten, diese Machtverhältnisse zu verändern, ja zu zerbrechen!

Nur bei Ausnützung aller uns zu Gebote stehenden Hilfswissenschaften kann die Arbeiterbewegung ihren Kampf erfolgreich führen. Eine Arbeiterbewegung aber, die den Gedanken an den Sieg – und die Arbeit, oder wenigstens die Vorarbeit daran – aufgegeben hat, muß ihren Schwung verlieren, muß korrupt und opportunistisch werden, auch wenn keiner ihrer Funktionäre einen schlechten Charakter hat.

Opportunismus ist ja nicht dasselbe wie Karrierismus. Er entsteht meist dadurch, daß man mangels einer systemsprengenden strategischen Perspektive mit antagonistischen Gegnern nur immer systemimmanent verhandeln muß.

Aber eine Arbeiterbewegung, die auch wieder lernt, sich zu ihren notwendigen Zielen aufzuraffen, wird notwendigerweise auch wieder zur Trägerin einer Kulturkraft, mit der sich keine andere Kulturkraft auf die Dauer messen kann, weil zwischen bürgerlicher Praxis und bürgerlichem Kulturstreben ein unüberbrückbarer Widerspruch besteht, zwischen Arbeiterbewegung und Arbeiterkulturbewegung aber nicht, vorausgesetzt, daß diese Arbeiterbewegung sozialistisch ist und vorausgesetzt, daß sie unter sozialistisch versteht, daß sie dem Sozialismus wirklich zum Sieg verhelfen will und die entsprechende Lernarbeit leistet und ihre Strategie baut und sich den globalen, den internationalen Blick nicht von einem Kleineuropa der verzagten Wende verstellen läßt. WIR HABEN IMMER NOCH EINE WELT ZU GEWINNEN!

1987

Die Dankesschuld

Den ersten Sprechchor meines Lebens hörte ich am 15. Juli 1927, aber ich verstand ihn zuerst nicht. »Nie da!« schrien mehr Männerstimmen, als ich je auf einmal rufen gehört hatte. »Nie da! Nie da! Nie da!« Ein Zug von sehr ernst aussehenden Männern, die mitten auf der Fahrbahn gingen, ja die ganze Breite der Straße einnahmen, so daß nichts fahren konnte. Was war nie da? wollte ich von meiner Mutter wissen, und sie erklärte mir, daß es in Wirklichkeit »Nieder« hieß. »Nieder! Nieder! Nieder mit den Arbeitermördern von Schattendorf! Nieder mit den Richtern, die diese Arbeitermörder in allen Instanzen freigesprochen hatten, nieder mit dieser elenden Justiz! Nieder! Nieder! Nieder!« Meine Mutter zog mich an der Hand, ich solle schneller gehen, und sie war froh, als sich unser Weg von dem der Männer trennte. »Sie haben ganz recht, aber ich glaube, es wird gleich etwas geben!« Es gab auch wirklich etwas, nämlich an die neunzig Tote. Die Wiener Arbeiter wurden von der Polizei niedergeschossen.

Mein nächster Sprechchor war klein und hellstimmig. Er wurde im Herbst dieses Jahres 1927 von meinen Mitschülern angestimmt. »Mi-mi, Ma-ma. Im, am.« Das waren die Worte auf der ersten Seite unserer Lesefibel. Wir mußten sie alle im Chor sagen. Aber ich konnte schon einigermaßen lesen und hatte vorne auf der Fibel die Worte gelesen »Der Wiener Kinder erstes Buch«.

Dann viele Jahre lang kein Sprechchor, an den ich mich erinnern kann. Erst wieder 1938, nach dem Einmarsch der deutschen Truppen: »Hitla heidl! Hitla heidl! Hitla heidl! Hitla heidl!« denn so formte sich das »Heil Hitler«-Rufen, wenn es oft genug wiederholt wurde. Aber noch viel eindrucksvoller als dieses »Hitla heidl!«, ein, zwei Tage später ein Satz: »Wia danken unsam Führa! Wia danken unsam Führa! Wia danken unsam Führa!« Auf der Straße gehört, im Radio, und immer wieder im Radio: »Wia danken unsam Führa!«

Dieser Dank an den Führer gellt mir noch heute in den Ohren, nach fast einem halben Jahrhundert. Gewiß, er wurde, als der Führer Österreich und sein ganzes Deutschland in die Katastrophe geführt hatte, durch lauten Undank abgelöst. Keiner wollte ein Nazi gewesen sein. Aber heute, als alter Mann, der damals durch diesen Führer aus seiner Heimat vertrieben wurde, dessen halbe Familie ermordet wurde, frage ich mich allen Ernstes, ob Westeuropa – und vielleicht auch Länder außerhalb Westeuropas, zum Beispiel die Vereinigten Staaten oder Israel – dem Führer nicht einiges zu verdanken hat.

Es gibt so vieles, was ohne den Führer und ohne die Erziehung, die die Welt durch sein Drittes Reich erfahren hat, nicht möglich wäre. In der Bundesrepublik Deutschland haben vor einigen Jahren, zur Zeit der großen Bader-Meinhof-Hysterie, Regierungsmitglieder, Sozialdemokraten sogar, gesagt: »Der Bürger wird sich eben an den Anblick von Polizisten mit Maschinenpistolen gewöhnen müssen.« Und, wirklich, der Bürger hat sich ganz schnell daran gewöhnt, und sogar daran, daß der gezielte polizeiliche Todesschuß umbenannt wurde und nun »finaler Rettungsschuß« hieß und immer noch heißt. Und ich frage mich, ob die Vorhersage, der Bürger werde sich an das alles gewöhnen müssen, und die wirkliche glatte Gewöhnung nicht im Grunde, wenn man es ganz genau nimmt, der Jahre zurückliegenden vorbereitenden Erziehung durch den Führer zu verdanken ist, der die meisten Menschen ungemein erfolgreich dazu erzog, alles, aber auch alles hinzunehmen. Die Maschinenpistolen sind da nicht das einzige Beispiel aus den letzten Jahren. Nein, eine Reihe von neuen Gesetzen, von denen der alte Oberlandesgerichtspräsident Richard Schmidt, einer der nie dem Führer angehangen hatte und nach dem Krieg einer der sogenannten Männer der ersten Stunde gewesen war, vergeblich protestierend erklärt hatte, diese neuen Gesetze seien in Wortlaut und Inhalt einigen Gesetzen des blutigen Nazijuristen Freisler zum Verwechseln ähnlich. Die neuen Gesetze blieben, und die Tatsache, daß dem alten Richard Schmidt nichts geschah, wurde als Beweis der Freiheit der Bundesrepublik gefeiert. Anderen, die dasselbe gesagt hatten wie er, zum Beispiel dem Rechtsanwalt Stroebele in Westberlin, geschah eine ganze Menge! Daß es geschehen konnte, und daß das Grundrecht auf Meinungsfreiheit vom Bundesverfassungsgericht so ausgelegt werden konnte, wie es ausgelegt wurde, und daß die Bürger – oder besser gesagt, die neuen Untertanen – das alles so hinnahmen, auch den offiziellen Bericht über die Selbstmorde in Stammheim, das alles ist doch vielleicht, frage ich mich, mindestens zum Teil jenem wundersamen Training durch eine starke Führung zu verdanken, das ich schon erwähnt habe.

Aber auch die sogenannte Wende, und auch, daß sie so heißt, wäre vielleicht, wenn man es genau untersucht, ohne jene grundlegende Vorbereitung vor langen Jahren nicht möglich gewesen. Gewiß, die Wende ist kein bloß deutsches oder österreichisches Phänomen, aber jene Zucht und Disziplinierung wurde ja seinerzeit nicht nur Deutschland und Österreich zuteil, sondern dem ganzen Europa der Neuen Ordnung. Und, mein Gott, wer erst einmal gründlich kuschen gelernt hat, der vergißt das vielleicht nicht so schnell und gibt es sogar noch seinen Kindern weiter, als praktische Überlebensregel.

Und wäre der Vietnamkrieg ohne Hitler möglich gewesen? Der große Führer und Bordellbesitzer Ky in Südvietnam erklärte sogar ein um das andere Mal, sein Vorbild sei Adolf Hitler. Oder daß die Welt sehr wenig sagt, wenn die Vereinigten Staaten oder Südafrika oder Israel die beliebige kriegerische Intervention jenseits der eigenen Landesgrenzen zu ihrem Gewohnheitsrecht machen; – würde das ohne die große Gewöhnung durch die alte Vorerziehung so leicht hingenommen werden, ich meine, von den westlichen Demokratien? Die Frage ist nicht ohne weiteres von der Hand zu weisen.

Aber das alles ist vergleichsweise unwichtig, gemessen an der allerneuesten Entwicklung. Unwichtig nämlich, wenn man es nicht seinerseits als Vorbereitung darauf erkennt. Trotz aller Beschwichtigungsreden waren den Völkern Westeuropas die vielen Atomraketen und eingelagerten Kernwaffen immer unheimlich, auch wenn viele sich von ihrer bitteren Notwendigkeit überzeugen ließen und einseitige Abrüstung ablehnten. Aber heute, da in Moskau Gorbatschow einen neuen Ton angeschlagen und einen neuen Anfang gesetzt hat, und die russischen Atomwaffen abschaffen will, und auch die Abrüstung konventioneller Waffen anbietet, klammern sich die Staatsmänner der führenden NATO-Länder an diese Atomwaffen, als wäre die allgemeine und nicht etwa einseitige, sondern beiderseitige Abrüstung kein Segen, sondern die schwerste Bedrohung der Welt. Als könnte nicht mit dem ersparten Geld der Hungertod von vielen Millionen Kindern Jahr für Jahr endlich verhütet werden, als könne nicht ein wirklich neues menschenwürdiges Leben endlich beginnen!

Und wir in den europäischen Demokratien hören die klappernden Argumente dieser Staatsmänner, Argumente, die so plump sind, daß wir noch vor wenigen Jahren an ihre bloße Möglichkeit gar nicht geglaubt hätten. Und wir hören sie tagtäglich und lesen sie in den Zeitungen und sehen sie auf dem Bildschirm. Und wir halten still, abgesehen von kleinen, harmlosen Protesten! Und wir rufen keinen Generalstreik aus! Und wir jagen sie nicht alle miteinander zum Teufel! Wer hat uns so dressiert? Welchen Einflüssen ist das zu verdanken?

Wenn ich zurückdenke und ganz still bin, höre ich in mir manchmal noch deutlich den alten Sprechchor. Nicht »Nieder, nieder, nieder!«, sondern den anderen, etwas mehr als zehn Jahre späteren: »Wia danken unsam Führa! Wia danken unsam Führa! Wia danken unsam Führa!« Oder irre ich mich, und hat diese Bereitschaft, alles hinzunehmen, gar nichts mit ihm zu tun?

Aus der Zeit der Bücherverbrennung habe ich einen Chor im Ohr, eigentlich keinen Sprechchor, sondern gesungen, aber die Musik ist dem Text untergeordnet wie bei allen Brechtliedern. Es war das Ende von der Bertolt Brecht *Ballade von der Judenhure Marie Sanders:*

Das Fleisch schlägt auf in den Vorstädten.
Der Streicher spricht heute nacht.
Großer Gott, wenn wir ein Ohr hätten,
Wüßten wir, was man mit uns macht.

1987

Klarheit oder Gewöhnung

Gedanken zu Kultur, Politik, Psychologie

Meine Damen und Herren, liebe Freunde und Gegner!

Anton Bruckner, mit dessen Namen dieses Fest verbunden ist, hatte in vieler Hinsicht ein echt österreichisches Schicksal. Recht später Erfolg, auch dann noch Rückschläge, mangelndes Verständnis seiner Umwelt für einiges, um das es ihm ging, sogar als sich schließlich schon einigermaßen offizieller Erfolg eingestellt hatte, und dazu seine tiefe Verunsicherung, die auf die Spannung zwischen dem schöpferischen Neuerer in ihm und dem Mitbürger, der sich nach Kommunikation und Verstandenwerden sehnte, zurückzuführen ist. Aber über diese Aspekte mögen Fachleute berichten. Ich will heute hier über *heutige* Kulturprobleme sprechen, vor denen Künstler stehen, vor allem über Zusammenhänge zwischen Kunst, Kultur, Politik und Psychologie.

Dazu gehört freilich auch die Erinnerung daran, daß Bruckner Organist im Stift St. Florian war und daß die Nazis dieses Stift aufgelöst haben. Wenn sie nicht besiegt worden wären, so wäre diese Auflösung von Dauer geblieben und eine jahrhundertealte Kulturtradition wäre damit beendet gewesen.

Es führt kein Weg vorbei an der Notwendigkeit, mit dieser furchtbaren Vergangenheit abzurechnen und sie aufzudecken. Kulturtaten und Untaten der Kultur oder Unkultur dürfen nicht nebeneinander stehen, denn ihre Vermischung würde, so sicher wie in der Mathematik Plus mal Minus Minus ergibt, einen Weg in die Unkultur ergeben.

Gerade hier in Österreich gilt das allenthalben schon Jahrhunderte vor Hitler – ich denke an die Untaten der Gegenreformation und an den oberösterreichischen Bauernführer Fadinger, und ich denke an das schon 1938 errichtete KZ Mauthausen, wo noch im Mai 1945 Richard Bernaschek ermordet wurde, der Sozialist, der im Februar 1934 das Signal zum Widerstand gegen die angreifenden austrofaschistischen Putschisten gegeben hat. Wenn von Kultur in Oberösterreich die Rede ist, sollte man auch an die Verdienste des langjährigen oberösterreichischen Landeshauptmanns

Heinrich Gleißner denken, der ebenfalls eine Zeitlang in Dachau im KZ gewesen war. Und wenn vom Abrechnen mit der Unkultur die Rede ist, so muß Schloß Hartheim in der Nähe von Linz erwähnt werden, wo Tausende alte und kranke Menschen im Zuge der Euthanasie-Kampagne ermordet wurden. Ob an Ort und Stelle dort dafür gesorgt worden ist, angemessen dieser Opfer zu gedenken, weiß ich leider nicht.

Wenn man versucht, sich über die Kultur eines Landes Rechenschaft zu geben, läuft man natürlich Gefahr, von der Vergangenheit vereinnahmt zu werden, nicht vom gegenwärtigen Zustand einer Kultur oder gar von dem, was erst im Werden ist: Eine Bestandsaufnahme schon vorhandener Kulturleistungen ist viel einfacher. Ich meine die bereits bekannten Leistungen, besonders Spitzenleistungen. Österreich ist verständlicherweise stolz auf Haydn, Mozart, Beethoven, Schubert, Bruckner, Mahler, oder auf Raimund und Nestroy, Stifter, Schnitzler, um nur einige zu nennen. Es war nicht besonders gut zu allen von ihnen, aber auf sie stützt man sich, wenn man sich etwas selbstzufrieden als führende Kulturnation aufspielt.

Angesichts solcher Selbstzufriedenheit ist es einigermaßen schwer, nicht zornig zu werden, wenn man ein Kulturereignis aus letzter Zeit ins Auge faßt, ich meine die skandalöse Absetzung von George Taboris Inszenierung *Das Buch mit den sieben Siegeln* in Salzburg, nach einer von der ausländischen Kritik gerühmten Erstaufführung. Die feindlichen Universitätskreise, die kirchlichen Dunkelmänner und solche Dreckschleudern wie jener Politiker, der sagte, die Aufführung hätte in einer Bedürfnisanstalt und nicht in der Kollegienkirche stattfinden sollen (wovon sich zum Glück selbst Leute von der eigenen Partei dieses Menschen distanziert haben!), und natürlich die Salzburger Festspielleitung haben Österreich kulturpolitisch wieder einmal gründlich blamiert! Als ob politische Blamagen noch nicht genug wären. (Auch Politik zählt ja bei der Beurteilung der Kultur eines Landes.)

Doch zurück zu den Kulturleistungen der Vergangenheit. – Das Urteil, *was* hervorragende Leistungen sind, hängt nicht nur von deren eigener Qualität ab, sondern auch vom Verständnis- oder Unverständniswillen der Gesellschaft, die sie beurteilt. So fanden in Deutschland Hölderlin und Georg Büchner erst viele Jahre nach ihrem Tod wirkliche Anerkennung. Und so hat man in Österreich beispielsweise das Werk eines Sigmund Freud jahrzehntelang und zum Teil auch heute noch unterschätzt und verleumdet.

Nun, ja: Die Betrachtung einer Kultur beschränkt sich allzu

leicht auf die Vergangenheit, auf das, was sich von dem, was geleistet wurde, durchgesetzt hat, was ins Blickfeld der Wertenden getreten ist und ihre Vorurteile überwinden konnte.

Dabei kommt es manchmal zu der Art von komischen Zwischenfällen, hinter denen sich Trauriges verbirgt. Für das aufwendige Konferenzzentrum in Wien wurde vor Jahr und Tag in österreichischen Zeitungen große Reklame gemacht. Unter der Devise »*Vienna, Capital of Europe*« erschien unter anderem ein ganzseitiges Riesenfoto von Sigmund Freud, und darunter stand ein unfreiwillig komischer Werbetext, der sagte, in Wien könne man auch träumen, denn Dr. Freud habe ja die Traumdeutung erfunden. Das Freud-Foto über diesem schleimigen Text kam mir bekannt vor, und ich fand heraus, daß es Sigmund Freud auf seiner Flucht aus Österreich nach der Machtergreifung der Nazis zeigt, als er gerade mit seiner Tochter in Paris ankam. – Einer der Fälle, wo späte und allzu oberflächliche Bekehrung zu einem großen Österreicher unfreiwillig grimmige Komik gezeitigt hat.

Die Kultur eines Landes ist untrennbar verbunden mit seiner Geschichte, mit den verschiedenen Macht- und Führungseliten und deren Gegnern, mit den Kämpfen, die da ausgetragen wurden und werden oder die, vielleicht noch schlimmer, durch Konfliktvermeidung verschleiert werden.

Aus meiner Schulzeit kann ich mich an zwei österreichische Hymnen erinnern, an die der Ersten Republik, von Karl Renner geschrieben, auch nicht großartig, und an eine zweite, jämmerliche, nach der Machtergreifung des österreichischen Klerikalfaschismus, die wir in der Schule singen mußten. Sie fing an:

Sei gesegnet ohne Ende,
Heimaterde wunderhold!
Freundlich schmücken dein Gelände
Tannengrün und Ährengold.
Deutsche Arbeit, ernst und ehrlich,
Deutsche Liebe, zart und weich,
Vaterland, wie bist du herrlich!
Gott mit dir, mein Österreich!

Kitschig genug! – Zu singen war das natürlich nach der alten Haydn-Melodie der Kaiserhymne und des späteren Deutschlandliedes.

Nun, der Dichter Ottokar Kernstock, ein geistlicher Herr im Kloster Vorau, hatte schon im Ersten Weltkrieg seine Heimat mit säbelrasselnden Kriegsgedichten beglückt und etwas später ein Gedicht geschrieben, in dem es heißt:

Das Hakenkreuz im weißen Feld
auf feuerrotem Grunde
hat uns mit stolzem Mut beseelt.
Es schlägt in unsrer Runde
kein Herz, das feig die Treue bricht,
wir fürchten Tod und Teufel nicht,
mit uns ist Gott im Bunde.

Man kann sich ungefähr ausmalen, was österreichische Jugendliche an Kulturverwirrung erlitten haben, wenn sie erst die österreichische Nationalhymne Ottokar Kernstocks lernen mußten und anschließend, nach dem sogenannten Anschluß, in riesiger Auflage auf Postkarten verbreitet das Hakenkreuzgedicht desselben geistlichen Herren lasen. Nebenbei, dieses Hakenkreuzgedicht war noch vor der Bundeshymne des österreichischen Ständestaates entstanden, aber das wußten wir Jungen nicht. Erwähnenswert ist, daß noch heute Straßen- und Platznamen das Andenken dieses vielseitigen geistlichen Herren feiern.

Zur weiteren Kulturverwirrung mußte es beitragen, daß wir in den letzten zwei Jahren vor dem Anschluß in der Schule zu hören bekamen: »Österreich ist der zweite deutsche Staat. Getrennt marschieren, vereint schlagen!« Ich weiß heute, das war schon ein erstes Ergebnis des vom Hitlerregime auf Österreich ausgeübten Drucks, aber das wußten die Schüler nicht. Ihnen wurde also gepredigt, daß man vereint mit dem Dritten Reich Hitlers schlagen müsse. Wie es ja österreichische Offiziere und Soldaten dann nach dem Anschluß tatsächlich getan haben.

Schülern, denen dieser giftige Unsinn beigebracht wurde, war es vielleicht nicht so sehr zu verargen, wenn sie, von dieser unseligen Prämisse aus weiterdenkend, gefragt haben: »Warum da nicht gleich *ein Volk, ein Reich, ein Führer?«*, was die Losung der Nazis war, und wenn mancher von ihnen noch im Zweiten Weltkrieg, keine zwei Jahre nach Hitlers Einmarsch glaubte, durch Kriegsdienst in der Wehrmacht die Heimat zu verteidigen. Viel ärger ist es leider, wenn irgendwer rückblickend noch 40 Jahre später denselben giftigen Unsinn glaubt oder vor einem entsprechenden Publikum behauptet.

In Wirklichkeit konnte ein Österreicher natürlich die Heimat und ihre Kultur nur verteidigen, indem er gegen das Hitlerregime kämpfte, entweder in der Widerstandsbewegung oder vom Ausland aus in der antifaschistischen Propaganda, ja in einigen Fällen sogar als Angehöriger eines der Heere, die Hitler niederkämpften. Zum Beispiel gab es überzeugte Österreicher, die mit den britischen Truppen in ihre Heimat zurückkamen und dafür dann bald, als die Menschen in der Heimat wieder zu Atem gekommen waren, verständnislosen und gehässigen Anfeindungen ausgesetzt wurden.

Es wäre gut, wenn in den Jahren seither diese Verständnislosigkeit und Gehässigkeit verschwunden wären. Leider ist das nicht so, wie sich besonders im letzten Jahr gezeigt hat. Ich bin weit davon entfernt, Kollektivschuld als juridischen Tatbestand zu bezeichnen. Kollektivschuldgefühle sind vielmehr ein psychisches Syndrom, aber erfahrungsgemäß haben gerade die Leute am wenigsten Kollektivschuldgefühle, die am meisten dazu Anlaß gehabt hätten und umgekehrt. Es geht nicht an, von einem gemeinsamen Erbe nur allgemein zu sprechen, man muß konkret sein:

Menschen, die Opfer der Hitlerzeit waren oder gegen den Hitlerfaschismus gekämpft haben, wie etwa der Katholik Franz Jägerstätter, der sich weigerte, den Eid auf Hitler zu schwören und hingerichtet wurde ebenso wie der Kommunist Josef Teufel, der eine beachtliche Widerstandsgruppe in Oberösterreich geleitet hat, sind da in einer grundsätzlich anderen Situation als Menschen, für die das Umgekehrte gilt. In Österreich hat man, weil wir als befreites Land galten, in mancher Hinsicht weniger Arbeit geleistet als in der BRD. Es ist ganz falsch zu glauben, daß das Aufarbeiten dieser Dinge Masochismus oder Selbstzerfleischung wäre, im Gegenteil! Was verdrängt wird, das schwärt, eitert, und man wird es nie los, sondern es kommt im ungünstigsten Moment wieder hoch.

Ich glaube, es ist eine Beeinträchtigung des österreichischen Kulturlebens, daß viele Österreicher das, was Alexander Mitscherlich in seinem berühmten Buch *die Unfähigkeit zu trauern* genannt hat, noch immer nicht überwunden haben, und daraus folgt: eine Unfähigkeit zu sühnen.

Ich finde es beängstigend, daß nächstes Jahr im März fünfzig Jahre seit dem Einmarsch Hitlers vergangen sein werden, und kann auch eine gewisse Besorgnis nicht loswerden, wie zu diesem Zeitpunkt die geistige Verfassung Österreichs sein wird, besonders aus den Reaktionen offizieller Stellen in Österreich, ebenso wie sogenannter Volkesstimmen, kann man schließen, daß zu diesem traurigen Gedenktag vielleicht noch zu wenige Menschen ihre Ansichten in dieser Hinsicht revidiert und geklärt haben werden.

Ich will hier keine Polemik gegen irgendeine exponierte Einzelperson entfachen, denn erstens wissen wir alle, daß solche Einzelpersonen, auch wenn sie Staatsmänner oder führende Politiker sind, im allgemeinen, wenn es nicht Menschen von überragender Größe sind, wie Napoleon, Gandhi, Lenin, De Gaulle, Olaf Palme, doch nur als bloße Charaktermasken fungieren, die wenig mehr tun, als gewisse Zustände spiegeln. Zweitens aber, weil hier in Österreich viel zu viel von dem Streit auf dem Kopf eines einzelnen Menschen ausgetragen wurde, und darüber der bejammernswerte Stand der politischen Kultur – oder besser gesagt Unkultur – vergessen wird, der gerade in diesem Streit zum Vorschein kam.

Bitte lassen Sie mich Klartext sprechen: Ich bin bekannt als Gegner der heutigen Zionisten, als Kritiker des nicht demokratisch legitimierten Jüdischen Weltkongresses und als Bundesgenosse der für ihre Rechte kämpfenden und leidenden Palästinenser. Allerdings auch als Gegner des hinterlistigen Palästinenserschlächters und Machtspekulanten auf dem Thron von Jordanien! Törichte Zionisten haben mich sogar schon öfters als jüdischen Antisemiten verleumdet. – Aber was in den letzten zwölf Monaten in Österreich an antisemitischem Unflat ans Tageslicht gekommen ist, auch in der Wortwahl eines bekannt gewordenen Briefes aus Linz an den Jüdischen Weltkongreß, das geht einfach auf keine Kuhhaut, und ich frage mich, wie man von österreichischer Kultur überhaupt sprechen kann, solange so etwas wie diese tätlichen, schriftlichen und mündlichen Ausschreitungen nicht aufgehört hat!

Aller angebliche Schimpf, der Österreich angetan worden sein soll, ist nichts gegen den Schimpf, den von allen guten Geistern verlassene Österreicher sich selbst und unserem Land dadurch antun!

Es ist müßig, hier darüber noch lange zu sprechen, und es ist auch wichtig, zu betonen, daß Menschen, die der Hitlerei auf den Leim gingen, dies oft einfach als Resultat der oben erwähnten falschen Erziehung getan haben. Es ist aber heute unumgänglich notwendig, im Interesse einer weiteren Kulturentwicklung in Österreich solche Zusammenhänge weder zu unterdrücken, noch zu beschönigen.

Das sogenannte Brückenbauen, also etwa der Versuch, das Verständnis der Jungen für die Kriegsgeneration zu fördern, indem Widersprüche und dunkle Stellen verkleistert oder totgeschwiegen werden, dient nicht der Kontinuität der österreichischen Kultur, sondern der Kontinuität gewisser Arten der österreichischen Unkultur! Dasselbe gilt, wenn sich heute jemand darauf beruft, daß er vor 1938 ja ein Anhänger des Heimatschutzes, der Heimwehr oder der Vaterländischen Front war. Da konnte man leicht hineingeraten, aber das beweist höchstens, daß er damals kein Nazi war, jedoch zugleich beweist es, daß er kein Demokrat war, sondern es mit dem Austrofaschismus gehalten hat.

Wenn heute auch alte Feinde von ehemals zu einer Koalitionspolitik zusammengefunden haben, so könnte das gewisse praktische Vorteile haben; das ist an sich weder eine kulturelle Katastrophe noch eine Kulturleistung. Wenn es kulturell irgendwie von Belang ist, so zum Beispiel darin, daß man achtgeben muß, daß Koalitionsrücksichten leicht zu einem Nicht-so-genau-Nehmen auch kultureller, z. B. historischer Fragen und damit zusammenhängend künstlerischer Fragen, etwa Beurteilung und Förderung von Werken der Literatur oder bildenden Künste mit zeitgeschichtlichen Themen, führen könnten. Es darf auch nicht angehen, daß aus solchen Gründen der Geschichtsunterricht eingeschränkt oder verschönt wird! Ich meine nicht nur die Hitlerzeit, sondern auch die letzten unseligen Jahre davor. Vor Jahr und Tag sprach zum Beispiel ein wohlmeinender Beschöniger von beiderseitigem Verschulden am Februar 1934. Ich sagte darauf, bei einer derartigen Geschichtsbetrachtung werde man wohl bald auch vom beiderseitigen Verschulden an Auschwitz sprechen!

Nebenbei bemerkt, keineswegs alle Christlichsozialen waren damals, Februar 1934, über den Verrat an der österreichischen Demokratie glücklich, der natürlich auch für Kunst, Geisteswissenschaften, Psychologie und Erziehungswesen verheerende Folgen hatte, also leider durchaus zu unserem Thema gehört. Der vorher von mir erwähnte Beschöniger, der vom beiderseitigen Verschulden sprach, war übrigens kein Christlichsozialer oder ÖVP-Mann, sondern ein sozialdemokratischer Akademiker.

Bei aller Schärfe der Auseinandersetzung mit den geschichtlichen Voraussetzungen unserer Kultur oder Unkultur darf man doch niemals einfach Schwarz-Weiß-Bilder malen und etwa alle Mitglieder der einen Partei ablehnen und die einer anderen Partei, der man etwa selbst politisch nähersteht, unterschiedslos bejahen. Z. B. stand mir Friedrich Heer, der große österreichische Polyhistor und Humanist, in vielem näher als mancher deutsche oder österreichische sozialdemokratische Intellektuelle.

Es wäre ein Irrtum, zu glauben, daß nach der Vernichtung des Hitlerregimes und nach der Befreiung Österreichs durch die Alliierten die kulturellen Wertungen in Österreich gleich wieder richtig geworden oder berichtigt worden wären. Gewiß, der Versuch einer Berichtigung konnte nun wieder legal stattfinden, aber da gab es dann in Österreich, ganz abgesehen von vielen als Nazi bekannten Lehrern und Universitätslehrern, in Wien als Inhaber des Lehrstuhls für Psychologie anderthalb Jahrzehnte nach 1945 einen Professor Rohracher, der erklärte, Sigmund Freud sei indiskutabel, erstens wegen seiner Einseitigkeit und zweitens wegen seiner zahlreichen Geschmacksverirrungen. Dieser Psychologieprofessor nannte sich übrigens einen Sozialisten!

Österreichs Neutralität wäre eine gute Chance für eine Weiterentwicklung unserer Kultur gewesen. Aber diese Chance wurde oft vertan durch freiwilliges Mitmachen am Kalten Krieg und der Spekulation, wie man im Ernstfall die Neutralität brechen wolle.

Daß Bertolt Brecht jahrelang als Kommunist auf österreichischen Bühnen verpönt war, dürfte heute noch schmählich bekannt sein. Einige Kommunisten wieder verbreiteten kurz nach dem Krieg in ihrem verständlichen Kampf gegen das Großdeutschtum in Österreich die merkwürdige Meinung, daß Österreich mit der deutschen Kultur eigentlich sehr wenig gemein habe, daß das auch für die Literatur gelte, und daß es eigentlich eine besondere österreichische Sprache gebe. Wenn das so wäre, dann wäre auch eine spezielle bayrische Sprache und Literatur oder eine spezielle Sprache und Literatur der Waterkant im Nordwesten zu postulieren, und von der deutschsprachigen Literatur bliebe nicht viel übrig.

Interessant allerdings und für die kulturelle Weiterentwicklung gar nicht unwesentlich war es, daß das falsche Bewußtsein in Österreich und das falsche Bewußtsein im westlichen Teil Deutschlands nach Kriegsende voneinander grundverschieden waren. In Deutschland tat man, als gäbe es ein Jahr Null, tabula rasa, und man könne und müsse jetzt ganz neu anfangen, was natürlich unmöglich ist, weil ja das Sprechen und Denken der Menschen von ihren bisherigen Erziehungsschicksalen beeinflußt war, und weil daher kein Kahlschlag, sondern nur eine kritische Durcharbeitung der erworbenen Geistes- und Seeleninhalte zu einer Gesundung – zum Unterschied von Verdrängung und Unfähigkeit zu trauern – hätte führen können.

In Österreich wieder machten es sich allzuviele bequem mit der Behauptung, die bösen Deutschen sei man ja jetzt los und könne sich auf die eigenen gesunden alten Werte besinnen, wobei man vergaß, daß diese gesunden alten Werte auch beim Entstehen des Austrofaschismus, des österreichischen Antisemitismus und auch bei der Erziehung eines Adolf Hitler, Eichmann, Kaltenbrunner oder Seyss-Inquart Pate gestanden hatten, die alle keine Teufel von Geburt an waren, sondern zum großen Teil Opfer ihrer Erziehung, das heißt, Opfer der damals vorherrschenden kulturellen oder antikulturellen Erziehungswirklichkeit. Hitler hat auch selbst gesagt, daß er seinen Antisemitismus zum Teil einem Schönerer, zum Teil aber auch einem Karl Lueger verdanke. Nach diesem Bürgermeister Karl Lueger heißt noch heute ein Teil der Wiener Ringstraße. Kommentar überflüssig.

Ich habe den Krieg mit anderen österreichischen Flüchtlingen in England verbracht, wo wir uns nicht ohne Erfolg bemühten, Verständnis für österreichische Kultur, für das andere Österreich, nicht für das von Eichmann, Eigruber, Kaltenbrunner, Seyss-Inquart, zu gewinnen. Als Opfer und Feinde des Hitler-Faschismus und seiner österreichischen Helfershelfer gingen uns nicht nur die Bomben auf London und Coventry zu Herzen, sondern auch die Bomben auf Wien und Linz. Ich habe damals im Krieg ein Gedicht veröffentlicht, das bei Kriegsende in meinem Band *Österreich* erschienen ist. Es heißt *Zu den Fliegerangriffen auf Wien.*

Mein Herz muß vereisen
vereisen muß mein Herz
Die grauen Vögel weisen
heimatwärts
heimatwärts.

Ihre Rippen, die sind aus Eisen,
ihre Botschaft ist brennend Erz!
Jetzt will mein Herz verreisen
heimatwärts,
heimatwärts.

Ich erinnere mich, wie ich gegen Kriegsende in London mit dem großen österreichischen sozialistischen Dichter Theodor Kramer beisammensaß, und wie wir erschüttert waren, als wir vom Selbstmord Josef Weinhebers erfuhren, dessen letzte verzweifelte Gedichte uns in die Hand kamen. Wir haben damals beschlossen, man müsse nach dem Krieg darauf hinwirken, daß Weinheber, obwohl er den Nazis auf den Leim gegangen war, was auch Mitursache seines Selbstmordes war, nach dem Krieg in Österreich nicht geächtet und totgeschwiegen, sondern, wenn auch kritisch, gewürdigt werden solle.

Wir waren damals ganz schön ahnungslos! Nach dem Krieg gab

es einen Weinheberkult, teilweise unterstützt durch des englischen Dichters Auden zufällige und törichte Weinheberfixierung und -mythologisierung. Um Theodor Kramer kümmerten sich, auch nach seiner Rückkehr nach Österreich, nur ganz wenige Menschen, und noch heute gibt es an einer bekannten Kulturstätte, im Palais Palffy in Wien, ein Josef-Weinheber-Zimmer, aber von einem Theodor-Kramer-Zimmer habe ich noch nichts gehört! Zwar ist jetzt endlich eine ordentliche Ausgabe von Kramers Werken fertiggestellt worden, aber diese Ungleichgewichtung des kulturpolitisch und dichterisch viel fruchtbareren und wichtigeren Theodor Kramer gegenüber Weinheber ist und bleibt ein Skandal – leider ein keineswegs unverständlicher, sondern nur allzu leicht erklärbarer Skandal und nicht der einzige Kulturskandal in Österreich!

Verstehen Sie mich recht. Ich bin nicht dafür, jede Gestalt der österreichischen Geschichte und Kultur, die irgendwo entgleist ist, mit Feuer und Schwert auszumerzen. Das habe ich wiederholt etwa an dem Beispiel meiner Mitschüler gezeigt.

Wenn wir Mozart oder Rilke auf Grund einiger vereinzelter antisemitischer Bemerkungen boykottieren wollten, oder vielleicht sogar Richard Strauss, der sich allerdings intensiver kompromittiert hat, dann würden wir zuletzt nur uns selbst ärmer machen. Dasselbe gilt in Deutschland von Richard Wagner oder meinetwegen von dem unglücklichen Grabbe. All diese Menschen sind auch aus ihrer Zeit und ihrem Milieu heraus zu verstehen. Außerdem kann man Tote nicht leicht umerziehen.

Nur, wenn es um die Gegenwart und vor allem um die Zukunft der Kultur bei uns geht, müssen wir etwas anders zu Werke gehen! Zu verstehen, daß sogar ein Adolf Hitler in sehr hohem Maß zuerst selbst Opfer einer verbrecherischen, sadistischen, lieblosen und für sein Milieu keineswegs untypischen Kindererziehung war, ist notwendig, weil wir sonst nicht verstehen, wie Menschen zu Ungeheuern gemacht werden können, sondern selbstgerechte Dämonologie betreiben, als wären das von Geburt an Teufel.

Aber deshalb dem heute noch ekelhaft lebendigen Nazierbe in unserem Kulturleben, den allenthalben auftauchenden Bestandteilen dieses Nazierbes, ja sogar, rückblickend, seinen Vorbedingungen, aus denen derlei einmal entstand und wiedererstehen könnte, weniger feindselig gegenüberzustehen, wäre ein ungeheurer Fehler! Wenn ich dagegen bin, daß Straßennamen bei uns an Ottokar Kernstock oder an den in anderer Hinsicht viel verdienstvolleren Karl Lueger erinnern, so nicht aus untilgbarem Haß gegen diese

Toten, sondern weil dadurch, ebenso wie wenn in der Bundesrepublik allenthalben die Erinnerungen an Kaiser Wilhelm und Hindenburg, der Hitler zum Reichskanzler machte, auf Stadtplänen und Straßenschildern weiterleben, Dinge und Tendenzen halb oder dreiviertel unbewußt als zu unserem Leben dazugehörig akzeptiert werden, die wir bewußt bekämpfen sollten. Die Psychologie als unabdingbarer Bestandteil eines Kulturverständnisses kann uns vor automatischer Elternverehrung und ihren autoritären Ersatzbildern ebenso bewahren wie vor der Bejahung der ödipalen Vatermordhaltung. Wobei, beiläufig bemerkt, König Ödipus gar nicht so wenig Grund hatte, seinen Vater umzubringen, der ihn schließlich als Baby zum Tod verurteilt hatte und dem er die Verkrüppelung seiner Füße zu verdanken hatte, die ihm den Namen Ödipus eingetragen hatte.

Noch heute wird, wenn man die Psychoanalyse und ihre Weiterentwicklungen wie etwa die Ethnopsychoanalyse als wichtige Hilfswissenschaft für jede Kulturkritik nennt, in Österreich ebenso wie in Deutschland aller mögliche Widerstand rege. Ich erinnere mich, wie nach dem Zweiten Weltkrieg der grundanständige deutsche Philosoph und Demokrat Professor Jaspers ein fiktives Gespräch mit einem Marxisten und ein fiktives Gespräch mit einem Psychoanalytiker geschrieben hat. Aus beiden Gesprächen ging selbstverständlich Jaspers als Sieger hervor, nur daß der Marxist nicht wie ein wirklicher Marxist und der Psychoanalytiker nicht wie ein wirklicher Psychoanalytiker argumentierte. Jaspers selbst gab schließlich zu, daß er von der Weiterentwicklung der Psychoanalyse seit 1910 nichts mehr gelesen hatte, was ihn natürlich als Kritiker durchaus disqualifiziert hat, von den Weiterentwicklungen der Psychoanalyse seit Freud ganz zu schweigen.

Paul Parin schreibt in seinem Essay *Hexenjagd im Geistigen: Tendenzwende gegen die Psychoanalyse (Subjekt im Widerspruch,* Verlag Syndikat 1986): »*Es stellt sich die Frage, was ist mit der Psychoanalyse los, daß sie einen der berühmtesten Philosophen unserer Zeit, der sich seiner Verantwortung sonst durchaus bewußt ist, jede Redlichkeit soweit vergessen läßt, daß er über etwas urteilt, das er gar nicht kennt.*« Dr. Paul Parin, einer der wichtigsten Begründer der Ethnopsychoanalyse und übrigens ein Altösterreicher, der als Kleinkind in Graz war und später dort maturiert und studiert hat, und der für sein Lebenswerk eigentlich längst den Nobelpreis verdient, lebt und lehrt in Zürich und ist in Österreich noch lange nicht bekannt genug! Allerdings, und besonders, da ich leider soviel kritisieren muß, möchte ich hier das ganz ausgezeichnete *Werkblatt, Zeitschrift für Psychoanalyse und Gesellschaftskritik* des vom Bundesministerium geförderten Vereins *Werkstatt* in Salzburg erwähnen, das heute eine der ersten Zeitschriften auf diesem Fachgebiet ist. Manchmal geschieht zum Glück auch noch in Österreich Nennenswertes. Nennen möchte ich auch die ausgezeichnete Autobiographie von der heute 78jährigen großen österreichischen Analytikerin Dr. Marie Langer, *Von Wien nach Managua.* Aber wer in Österreich kennt das in Deutschland erschienene Buch? Bekannter ist ein Zeitgenosse wie jener Tiroler Redakteur, der die Juden Sigmund Freud und Bertolt Brecht angeklagt hat, durch ihr Wirken Österreichs Rasse schädigen zu wollen. Brecht hat er zu diesem Zweck offenbar zu einem Ehrenjuden ernannt! Ich glaube, dieser kluge Kopf ist immer noch Redakteur.

Zur Kritik einer Kultur und zum Versuch, gegen ihre Fehler und Schwächen anzukämpfen, gehört auch eine Untersuchung ihrer Tabus und der Kampf mindestens gegen jene Tabus, die selbst so ins Dunkel gerückt sind, daß sie sich ihrer kritischen Durchleuchtung entziehen. Denken wir zurück an den unglücklichen Professor Rohracher, der Sigmund Freud wegen seiner Einseitigkeit und wegen seiner angeblichen Geschmacksverirrungen indiskutabel fand. Einseitigkeit ist ein Vorwurf, von dem man Freud, schon als Sohn seiner Zeit, nicht ganz freisprechen kann, z. B. sehr begrenztes Verständnis für das Fühlen und die Triebschicksale von Frauen. Aber welcher Vorstoß in der Entwicklung unserer Wissenschaften und Künste war nicht irgendwie einseitig? Und das mit den Geschmacksverirrungen wäre erstens irrelevant, auch wenn es wahr wäre, und ist zweitens reiner Unsinn. Die Ablehnung entspricht selbst einem tiefsitzenden Tabu in dem, der diese kritische Meinung äußert.

Noch schlimmer ging es mit dem Marxismus. Hier herrschte in Österreich das vom Rechtsklerikalismus ebenso wie von Hitler befestigte Vorurteil auch dann noch weiter, als in Deutschland die Frankfurter Schule den Marxismus wenigstens wieder diskutierbar gemacht hatte. Wenn man Stalin als Argument gegen Marxismus betrachtete, was natürlich Unsinn ist, weil Stalins Verbrechen höchstens seinem eigenen Vulgärmarxismus, aber nicht der Marxschen Methodologie zur Last gelegt werden können, dann müßte der Marxismus heute ohnehin durch Gorbatschow in aller Welt wieder zu höchster Achtung kommen, aber natürlich ist polemisches Vorgehen dieser Art für wissenschaftliche Erkenntnisse ohnehin unmöglich. Es wäre nur wünschenswert, daß sich der Wissenschafts- und Kulturbetrieb solche Unmöglichkeiten klarmachte.

Es wäre noch viel zu sagen, aber ich kann keine Dauerrede halten und will in etwa zehn Minuten aufhören. – Habe ich zuviel Negatives gesagt? Hoffentlich, denn das Negative darf nicht unter den Teppich gefegt werden. Erich Kästner hat auf die Frage »Herr Kästner, wo bleibt das Positive?« nachdenklich geantwortet: »Ja, wo, zum Teufel, bleibt es denn bloß?« Das war kurz vor Hitlers Machtantritt.

Nicht, als gäbe es bei uns in Österreich nichts Positives. Große, freilich auch sehr kostspielige Ausstellungen, wie *Der Zauber der Medusa* und die Österreichausstellung *A.E.I.O.U.* in der Wachau und viele andere waren bedeutende Kulturleistungen.

Eine andere wichtige Initiative war die Ausstellung in Salzburg über *Die Vertreibung des Geistigen aus Österreich,* grimmig, aber ein Teil der richtigen Vorbedingungen zur Vorbereitung eines wirklichen Kulturlebens, das diesen Namen verdient. Viele Ausstellungen von Gemälden und Skulpturen wären zu erwähnen, oder Einrichtungen wie die *Wiener Festwochen* oder der *Steirische Herbst* in Graz und natürlich das *Brucknerfest* und die *Ars Electronica,* die noch keineswegs ganz in Routine erstarrt sind. Auf vieles, besonders, soweit es nicht in einer Stadt angesiedelt ist, trifft man auch nur zufällig. Zum Beispiel fand ich in Aigen im Ennstal eine ganz ungewohnt gute Zeitschrift, *Bestände, Texte und Bilder für Kulturabhängige,* vor, herausgebracht vom Culturcentrum Wolkenstein, dessen Träger hervorragende Pionierarbeit leisten und an dem mich eigentlich nur stört, daß beide Teile des Wortes Culturcentrum mit C anfangen; aber sie wollten offenbar die Abkürzung KZ Wolkenstein vermeiden.

Leider haben solche Menschen aber auch unter Anfeindungen und dümmlichen Widerständen zu leiden. Im Ort wurde gegen sie und die von ihnen ausgestellten Bilder polemisiert, daß sie nicht schön, sondern zum Teil »zersetzend« und zum Teil unverständlich seien. – Auch Alfred Hrdlicka in Wien, ein Künstler von internationalem Ruf, wahrscheinlich Österreichs bedeutendster Bildhauer und auch ein hervorragender Graphiker, ist wegen des Avantgardismus, im Grunde aber wegen der Tendenzen seiner tabufeindlichen Kunst, immer wieder tückischen und gehässigen Anfeindungen ausgesetzt, ja sogar Versuchen, seine längst vertraglich bewilligten Denkmäler herunterzumachen, ihre Errichtung zu verschieben oder zu verhindern. Ich denke z. B. an Hrdlickas antifaschistisches Mahnmal in Wien. Und auch der leider verstorbene Schauspieler, Rezitator und Schriftsteller Helmut Qualtinger, der, wenn er uns nichts als seinen *Herrn Karl* hinterlassen hätte, immer noch zu den Großen der modernen österreichischen Literatur gehörte, war öfters Anfeindungen und Drohungen ausgesetzt.

Es fehlt nicht an Dichtern. Aber die, die sich dem Kulturbetrieb nicht anpassen, oder die schwer einteilbar sind, von denen man nicht berechnen kann, was sie zu dieser oder jener Sache sagen oder taktvoll verschweigen werden, läßt man ein wenig im Schatten, wie den Eigenbrötler Andreas Okopenko, der viel mehr Erfolg verdiente, als ihm bis jetzt zuteil geworden ist; ganz zu schweigen von jüngeren, die anecken, so daß ich ein oder das andere Mal geradezu verhindern mußte, daß ihnen das Wort abgeschnitten wurde, nicht etwa von gestandenen Reaktionären, sondern von Veranstaltungsleitern, die sonst recht fortschrittlich waren. Ich nenne hier nur zwei Namen solcher jüngerer Autoren, beide in Österreich immer noch so gut wie unbekannt: Ingram Hartinger mit seinem genialen Buch *Schöner schreiben* und Christian Ide Hintze, von dem vor kurzem bei Kiepenheuer & Witsch der große Gedichtband *Die goldene Flut* erschienen ist. Aber Hintze wird in Österreich, wenn überhaupt, nur als Ärgernis bemerkt. Von bisher nicht ganz anerkannten Begabungen muß man mindestens auch noch den sowohl slowenisch als auch deutsch schreibenden jungen Dichter Jani Oswald aus Kärnten erwähnen.

Es ist vielleicht zuviel verlangt, wenn man erwartet, daß die verschiedenen etablierten Institutionen sich um ungewohnte und in mancher Hinsicht – keineswegs immer in erster Linie politisch – rebellische Dichter und Künstler so kümmern sollen, wie es für die Förderung unserer Kultur wirklich nötig wäre. Manche Menschen in diesen Institutionen tun ohnehin, was sie können, und ohne sie stände es noch schlechter.

Aber alle echte Kunst und Dichtung hat einen Hauptfeind, gegen den sie ankämpft: die Entfremdung, die Verdinglichung und alle ihre Taten und Werke. Nun sind aber alle etablierten Institutionen leider ihrem Wesen nach, geradezu per definitionem, Brutherde der Entfremdung und Verdinglichung.

Ich habe ein- oder zweimal Thomas Bernhard, einen der bedeutendsten lebenden österreichischen Schriftsteller, kritisiert, weil er für mein Gefühl in Polemiken zu scharf war. Vor kurzem, als er die Beteiligung österreichischer Kulturfunktionäre an der österreichischen Darstellung der diesjährigen *Europalia* in Belgien angriff, war er wieder heftig, und Claus Peymann, den Thomas

Bernhard und ich gleichermaßen hoch schätzen, hat ihm erklärt, daß das *Theatermacher*-Gastspiel in Belgien in Wirklichkeit ungewollt und ungefördert von österreichischen Kulturfunktionären vielmehr dank dem Brüsseler Operndirektor Gerard Mortier stattfinden sollte. Nun, wie immer heftig Thomas Bernhard gewesen sein mag, möchte ich mich doch in einem Punkt ganz entschieden solidarisch mit ihm erklären, daß man nämlich dem Kulturestablishment eines Staates und seinen Funktionären als Künstler mit unbändigem Willen zur Unabhängigkeit und mit tiefem Mißtrauen gegenüberstehen muß – und darin ist Thomas Bernhard vorbildlich. Daß er sich dabei im Zorn vielleicht manchmal vertut, ließe sich im einzelnen wahrscheinlich berichtigen. Aber seine Grundhaltung ist meines Erachtens nötig, wenn sich Künstler nicht in manipulierbare Anhängsel von allerlei Institutionen und Gremien verwandeln sollen. Im Zusammenhang mit der *Europalia* hat Wolfgang Kraus, dem ich in Wien schon vor langen Jahren einiges zu verdanken hatte, als Kulturfunktionär jetzt darauf bestanden, als Gegengewicht gegen einige linke Autoren mehrere konservative Schriftsteller einzuladen. Er sagte, er habe auf eine gewisse notwendige Ausgewogenheit geachtet. Es tut mir leid, ihm widersprechen zu müssen, aber ich finde es grundfalsch. Kulturelle Leistungen sind ihrer Natur nach fast nie ausgewogen, ich erinnere an den törichten Einseitigkeitsvorwurf, mit dem Prof. Rohracher Sigmund Freud als wissenschaftlich indiskutabel abtun wollte. Überhaupt ist Ausgewogenheit ein irreführender Begriff, weil die Waage immer nach der Gesinnung des jeweils auswiegenden Funktionärs geeicht ist. Der Erfinder und Prediger des Begriffes Ausgewogenheit, Lord Reith, Gründer der BBC, hat in seinen Tagebüchern bemerkt, *die Regierung kann sich doch auf uns verlassen, daß wir nicht wirklich objektiv sein werden.*

Zurück zu den öffentlichen Kulturinstitutionen: Wenn sie sonst nichts wären als Brutstätten der Entfremdung und Verdinglichung, dann wäre die Beziehung zwischen den Künsten und ihnen die der Todfeindschaft, und dann gäbe es keine Kultur außer einer systematisch verfolgten Untergrundkultur und dagegen das schuldige Gepränge der Herrschenden. – So einfach ist es aber zum Glück nicht: Sonst hätte es für mich keinen Sinn, hier zu reden, und niemand hätte sich träumen lassen, mich einzuladen. Nein, das Verhältnis ist ein in sich widersprüchliches, dialektisches:

Der Staat ist Herrschaftsapparat und als solcher auch Unterdrückungsmaschinerie und Träger von Entfremdung. Gleichzeitig aber ist er bisher – und noch lange Zeit – notwendig zur Aufrechterhaltung des gesellschaftlichen Lebens. Die Kirche der verschiedenen christlichen Konfessionen ist gegenüber dem Urchristentum und gar gegenüber dem, was nach unserem besten heutigen Forschen und Wissen Jesus von Nazareth dachte und wollte, eine gewaltige Versteinerung und Verfälschung. – Aber zugleich ist diese Kirche die Organisation, dank der die Gedanken und Worte dieses Jesus von Nazareth – gewiß teils verfälscht und irrtümlich oder willentlich schlecht ediert – überhaupt überlebt haben, und sie ist auch die Organisation, in deren Schoß Menschen heranwachsen, die sich immer wieder um die wahren Ideen Jesu bemühen und sie von Verfälschungen freimachen wollen. Gewiß, die besten Nachfolger Jesu, genau so wie die besten Künstler, waren und sind immer Ketzer, aber auch diese Ketzer wären ohne die Kirche gar nicht möglich gewesen.

Ich verlange nicht Dankbarkeit der Ketzer gegen die Kirche, die sie meist verbrannt hat, wenn sie konnte, und ich verlange auch nicht Dankbarkeit der Künstler gegen die Establishments, sondern ich hoffe nur auf Einsicht in diese Dialektik, denn ohne diese Einsicht werden die Künstler nihilistisch, und die Kirche wird oder bleibt so schädlich reaktionär wie gegenüber George Taboris Inszenierung des *Buchs mit sieben Siegeln* in Salzburg. Die Einsicht in diese Gespaltenheit, die unserem Kulturleben zugrunde liegt, kann vielleicht die Auseinandersetzung fruchtbarer machen. Aber, natürlich, in einer Zeit, in der noch manche Funktionäre des Kulturbetriebes in der Kunst vor allem das Schöne oder gar Zerstreuung und Unterhaltung fordern, oder wie der Kulturminister in England, daß Theater und Oper eigentlich ohne Subvention auskommen müßten, weil die Kartenkäufer die entscheidenden Kunstrichter seien, müssen die Künstler bereit sein, sich zu wehren. Sie stehen damit nicht nur für ihr Eigeninteresse, sondern für das Kulturleben überhaupt. Und was die Tendenz mancher Kulturfunktionäre betrifft, den Künstlern, Dichtern und Komponisten Vorschriften zu machen, die schamlosesten Beispiele kamen aus dem Kunstbetrieb unter Hitler und Goebbels und unter Stalin und Schdanow, aber auch heute nehmen sich bigotte Kleriker in den Vereinigten Staaten ebenso wie in Österreich oder politische Lobbies in England und Deutschland noch allerlei heraus, – was also diese Tendenz betrifft, den Künstlern Vorschriften zu machen, so könnte eine wirklich wissenschaftliche Meinungsbildung erst dann zustande kommen, wenn man sowohl den Schaffensprozeß der Künstler als auch den Rezeptionsprozeß des Kunstpublikums genau kennt. Da man das aber – zum Glück – nicht kann, weil Künstler in allen Kunstzweigen weit mehr tun, als sie bewußt wissen oder als irgendwer weiß, empfiehlt es sich, sehr vorsichtig und zurückhaltend zu sein, wenn man Künstlern Vorschriften machen will. Außerdem kann man in einer Zeit, in der ein großer Teil des Publikums in einem Zustand der Zerstreuung und verantwortungslosen Programmierung auf leichte und oft kitschige Unterhaltung erhalten wird, das Publikum nicht als entscheidende Kunstrichter betrachten. Das wäre nicht Kulturdemokratie, sondern Populismus! Erst eine nichtantagonistische Gesellschaft mit Chancengleichheit und ohne schichtenspezifischen Bildungsvorsprung könnte so etwas vielleicht halbwegs leisten. Bis dahin gilt, daß der Künstler, der sein eigenes Gewissen um irgendeiner auch vermeintlich noch so guten Sache an irgendein Gremium abgibt, Hochverrat nicht nur an sich selbst, sondern an der Sache der Kultur begeht. Es ist sehr erfreulich, daß Michail Gorbatschow in der Sowjetunion das klar erkannt zu haben scheint und in diesem Sinn zu Schriftstellern und bildenden Künstlern gesprochen hat. Gerade in der Sowjetunion war das dringend nötig. Aber bei uns und in allen anderen Ländern der Welt ist das ebenfalls nötig.

Es gibt in Österreich zahllose, wertvolle, zur Zeit von Einzelpersonen oder privaten Initiativen, zum Teil von öffentlichen Stellen geförderte kulturelle Leistungen und Initiativen. Die Überwindung der Mißstände, mit denen ich mich hier befaßt habe, könnten zu einem wirklichen neuen Aufschwung der Kulturleistungen dieses Landes führen.

1987

Essays, Texte und Gedichte zu österreichischen Künstlern

Rainer Maria RILKE

Rilke – Zauber, Täuschung, Enttäuschung

In solchen Nächten wächst mein Schwesterlein,
das vor mir war und vor mir starb, ganz klein.
Viele solche Nächte waren schon seither.
Sie muß schon schön sein. Bald wird irgendwer
sie frein.

Ich habe diese Verse – sie gehören zum Gedichtkranz *Aus einer Sturmnacht* – in jungen Jahren gelesen und war zu tief beeindruckt, um Kritik üben zu können. Aber einige Jahre später las ich Rilkes *Requiem für Clara Westhoff:*

Deine Geschwister wurden erfunden,
nur, damit du dich dran gewöhntest,
und dich an zweien Sterbestunden
mit der dritten versöhntest.

So also wurde dem Leben und Sterben von zwei Menschen nachträglich Sinn gegeben. Diesmal konnte kein Eindruck mehr die Kritik unterdrücken. Ich war empört. Der Einfall, den Rilke hier in Verse und Reime gebracht hatte – noch dazu in so glatte, flüssig gleitende –, schien mir schlechterdings unmenschlich. Glatt, durch die Glattheit überredend, daß er originell sei, dichterisch, schöngeistig, weiß der Teufel, was noch alles, aber unmenschlich. Und wer ist der, der zwei Geschwister nur zu solchem Zweck geboren werden, leben und sterben läßt? Damals hielt ich Rilke noch für gottgläubig, wollte aber mit einem solchen Gott nichts zu tun haben. Als ich herausfand, daß Rilke an gar keinen Gott glaubt, dem man allenfalls noch die Unerforschlichkeit seiner Wege zugute halten könnte, wie das die Menschen gern tun, vielleicht weil sie meinen, daß ihnen keine andere Wahl bleibt, wurde mir die Stelle noch mehr zuwider. Wer einen solchen Einfall haben und so schön formulieren und ihn nachher im Manuskript wirklich stehenlassen kann, sagte ich mir, der benutzt Menschen nur, um seine Einfälle schön an ihnen aufzuhängen. Es gibt Ankleidepuppen aus Pappe, zum Ausschneiden, die solche Dienste leisten. Außerdem schien mir der gute Einfall die Ehrlichkeit der Trauer um Clara Westhoff zweifelhaft zu machen, der doch das Gedicht gewidmet war. War nicht auch sie für Rilke in diesem Augenblick nur ein verwendbarer Vorwand zu erlesenen Gefühlen und Gedanken? Daraufhin verdächtigte ich nun auch das kurze Gedicht aus der *Sturmnacht:*

In solchen Nächten wächst mein Schwesterlein,
das vor mir war und vor mir starb, ganz klein.
Viele solche Nächte waren schon seither.
Sie muß schon schön sein. Bald wird irgendwer
sie frein.

Wo, um alles in oder jenseits dieser Welt, wo wächst dieses Schwesterlein, und wer – und wo – wird sie frein!? Wächst sie im Grab oder im Jenseits oder in irgendeinem dumpfigen oder verklärten Teil der Seele des Dichters, und wo stammt der Freier her, mit dem er da rechnet?

Ich weiß, Rilke hat eine besonders innige Beziehung zum Jenseits und erhält von dort allerlei Nachrichten. So informiert er uns in der *Ersten Duineser Elegie:*

Engel (sagt man) wüßten oft nicht, ob sie unter
Lebenden gehn oder Toten. Die ewige Strömung
reißt durch beide Bereiche alle Alter
immer mit sich und übertönt sie in beiden.

Man könnte mehr Beispiele geben. Rilkes Gedichte behaupten, von den Toten und ihren Gewohnheiten soviel zu wissen wie nur irgendein ägyptisches Totenbuch. Aber das ist kein okkultes Wissen. In Wirklichkeit sind das nur Rilkes eigene Vorstellungen vom Tod, vielleicht auch der leidenschaftliche Wunsch, den Bereich dessen, was wir wissen können, auf Kosten des über alles gefürchteten Un-Seins zu erweitern, und sei es auch, indem man sich und anderen etwas vorlügt.

Aber mit dieser Überlegung hatte ich eine Möglichkeit gefunden, nicht mehr das Kind mit dem Bad auszugießen – oder die antikischen Sarkophage mit ihren entschwundenen Leichen –, sondern Rilke wieder halbwegs gerecht zu werden. Denn dieses Sich-etwas-Vormachen angesichts des Todes ist schließlich eine der ältesten Methoden der Menschen, das Leben zum Tode hin zu ertragen. Das kann ich dem Dichter doch nicht einfach verbieten, auch wenn ich persönlich leidenschaftlich versuche, ohne derlei Manöver auszukommen. War ich nicht in Gefahr, fast so kleinlich und pedantisch zu sein wie der Kritiker, der einem Dichter Deprimiertheit oder Häßlichkeit vorwirft, die doch bei ihm nur Spiegelungen der Wirklichkeit sind? Nicht, daß ich meine Meinung nun wieder völlig geändert hätte. Ich gebe jetzt zu, die Angst davor, dem Tod gegenüberzustehen, kann so groß werden, daß der Dichter, wie das Trauernde auch sonst oft tun (nur er eben im Gedicht und mit einem viel originelleren Einfall), in Beiwerk flüchtet, in gerade noch ertragbare Nebensächlichkeiten: *»Deine Geschwister wurden erfunden, nur damit du dich daran gewöhntest und dich an zweien Sterbestunden mit deiner eigenen, dritten, versöhntest.«* Das wäre dann also der verzweifelte, gerade durch seine Lächerlichkeit so verzweifelt traurige Versuch, dem absolut Sinnlosen noch irgendeinen Sinn anzudichten. Aber das Wort Andichten habe ich aus der Umgangssprache, die darin den Dichter verdächtigt, ein großer Betrüger, ein Schwindler zu sein. Und obwohl hier die Versuchung, sich selbst und andere zu beschwindeln, verzweifelt groß ist, ist es vielleicht doch Aufgabe des Dichters, ihr nicht zu erliegen und weder selbst von Schwindel befallen zu werden, noch uns zu beschwindeln. Oder aber, wenn er uns an dieser Stelle des Gedichtes zeigen will, wie die Menschen sich durch ihre eigenen Gedanken und Interpretationen beschwindeln, müßte er uns das vielleicht doch schön klarmachen, es sozusagen in Gänsefüßchen setzen. Ja, ich glaube, wenn es um Tod und Leben geht, haben die Menschen die Pflicht zur Klarheit beziehungsweise ein Recht auf Klarheit.

Aber freilich, das andere, viel kürzere Gedicht mit seinem Spintisieren über das Schwesterlein geht mir immer noch im Kopf herum und hat für mich seine ursprüngliche Verführungskraft noch immer nicht verloren. Vielleicht weil Rilke hier, zum Unterschied von der anderen Stelle, nicht dem Tod Schützenhilfe leistet, keinen Einfall produziert, durch den man sich an den Tod gewöhnt, sondern im Gegenteil dem Tod durch eine groteske Erfindung einen Teil seiner Macht absprechen will. Da wächst das tote Schwesterlein in Sturmnächten weiter und muß schon schön sein, und bald wird irgendwer kommen und sie frein! Es ist natürlich Lüge, Lüge, Lüge, vom ersten bis zum letzten Wort, aber Lüge gegen den Tod, zum Unterschied von der anderen Stelle. Es gespenstert gegen den Tod an. Und es ist vielleicht nicht die schlechteste Eigenschaft der Menschen, aus ihrem Lebensgefühl heraus für eine solche Phantasterei etwas übrig zu haben.

Nur, dann, merkwürdigerweise erst nach Jahren, in denen ich dieses Gedicht schon auswendig konnte, erinnerte ich mich, daß auch ich, als ich noch keine zwei Jahre alt war, eine Schwester hatte. Oder vielmehr, ich hatte sie nicht, denn sie war tot zur Welt gekommen und man verheimlichte mir das zunächst, was aber nicht leicht war, denn man hatte mir wochenlang Zucker gegeben; den mußte ich ins Fenster legen und sagen:

Klapperstorch, mein guter, bring mir einen Bruder,
Klapperstorch, mein bester, bring mir eine Schwester.

Auch eine Dichtung von großem kulturgeschichtlichen Interesse, obwohl es auch eine Lüge ist. – Nun, als mir diese tote Schwester einfiel, versuchte ich, mir an Hand des Gedichtes vom Schwesterlein ihre weitere Entwicklung vorzustellen, ihr Schicksal. Und nun stimmte es plötzlich überhaupt nicht mehr, so daß mir auch dieses Gedicht seither verleidet ist. Ich glaube allen Ernstes, daß Rilke mit vielen seiner Deutungen und Beschönigungen ein großer Verführer war. Das ist nicht nur Kritik, sondern auch Anerkennung. Dem Wort haftet nicht nur das Odium der falschen Vorspiegelungen an, sondern auch der Ruhm, ein Meister dieser Vorspiegelungen zu sein. Und die besten Verführer sind, wie mir von fachkundiger Seite versichert wird, die, die zur Zeit der Ausübung ihrer Verführertätigkeit das, was sie mit so penetrantem Erfolg sagen, auch selbst glauben. Ich nehme an, daß Rilke in seinen Dichtungen ein so genialer Verführer war, weil er sie selbst geglaubt hat. Sonst hätte er sich nicht seine große Sensitivität wahren können, die sich nicht nur in Darstellungen und in der Wahl von Bildern und Symbolen zeigt, sondern auch in seiner Beziehung zum Reim, zum Vers, zum Wort, zum Hineingehen ins Wort. Auch da konnte er mitreißen und hinreißen, weil er sich selbst hinreißen ließ, und weil er sich hinreißen ließ, gibt es auch da neben verblüffend Geglücktem und Großartigem immer wieder vieles, woran man sich stößt oder woran man sich eigentlich stoßen müßte.

Hans Egon Holthusen zitiert in seinem Buch *Der unbehauste Mensch* einen Brief Rilkes aus dem Jahr 1914 an die Fürstin Thurn und Taxis. Da heißt es am Ende der Schilderung eines Spaziergangs: *»Gleichviel, es liegt in der Luft, in der Dämmerung liegt es, das Kaminfeuer weiß es, alle Dinge sind überzeugt.«* – Die Stimmung wird sehr deutlich gemacht, aber zum Unterschied von Holthusen kann ich diese Stelle nicht bewundern. Diese Beseelung und Anthropomorphisierung der ganzen Umwelt geht mir zu weit. Was kann ein Kaminfeuer wissen? Und die Dinge dieser Welt – das wissen hoffentlich wir – sind weder überzeugt, noch zweifeln sie. In England wird seit einem Jahrhundert selbst ein bescheidener Satz wie »Die Straße will sich ins Unendliche verlieren« als »pathetic fallacy« abgelehnt, als pathetischer Denkfehler. Die Straße will gar nichts. Und ich glaube auch nicht an das wissende Kaminfeuer und an die überzeugten Dinge.

So könnte ich mich stundenlang über Rilke ereifern; ich könnte mit jeder einzelnen Kritik im Recht sein und dem Werk Rilkes dennoch Unrecht tun. Aber, so wenig man mit den verständigten Dingen und dem Bezug und dem Hineinnehmen der Welt in den unsichtbaren Innenraum anfangen können mag, zu diesen extremen Ansichten, Thesen, Geistes- und Lebenshaltungen kommt Rilke doch nicht leichtsinnig, sondern weil seine Sensitivität solche Hilfskonstruktionen, solche Hypothesen brauchte, um ihn, den klugen, fühlenden, reflektierenden Menschen angesichts dessen, was er sah und erfuhr, überhaupt weiter leben zu lassen, differenziert leben, ohne abzustumpfen. Wir mögen das Gekünstelte an Rilkes Beziehungen zu Menschen bedauern, aber wir dürfen doch nicht übersehen, daß dieser Mensch, der in so vielem versagt hat und sich auch selbst vieles versagt hat, um den Preis dieser seiner Unzulänglichkeit, ja seiner gelegentlich objektiv feststellbaren Unechtheit doch andererseits dort, wo die Welt sein Bewältigungsvermögen nicht übersteigt, wo er also echt bleibt, sich nicht von eigener Angst zur Lüge oder Selbsttäuschung verführen lassen muß, sensitiver ist, schärfer beobachten und formulieren kann als mancher tapferere, aber auch stumpfere Zeitgenosse.

Diese Sensitivität zeigt sich unter anderem in Rilkes sehr ernsthaften Wortspielen, die ihm manche übelnehmen; aber ich meine, das Vorurteil gegen das Wortspiel hat im Deutschen viel damit zu tun, daß wir unsere Barockdichtung zum größten Teil verdrängt und erst in den letzten Jahren wieder ausgegraben haben, sehr zum Unterschied etwa von den Engländern und ihren *Metaphysical poets*. Darum haben ja Schlegel und Tieck ihren Shakespeare – bei allen Bemühungen um ihn – immer wieder so verfälscht, haben Wortspiele halbe Szenen lang unübersetzt gelassen oder die subtileren Wortspiele gar nicht bemerkt und ganz allgemein davon, wie wörtlich man einen Dichter nehmen kann und muß, überhaupt nur die blasseste Ahnung gehabt. Die deutsche Übersetzungskunst ist dieser Tradition meist treu geblieben. – Bei Rilke ist das ganz anders. Nicht in seinen Übersetzungen – die waren nicht seine Stärke –, wohl aber in seinen eigenen Dichtungen gewinnt er dem Wort fast alles ab. In der *Ersten Elegie* heißt es:

> *... es bleibt uns die Straße von gestern*
> *und das verzogene Treusein einer Gewohnheit,*
> *der es bei uns gefiel, und so blieb sie und ging nicht.*

Daß es der Gewohnheit bei uns gefiel oder nicht gefiel, kann ich zwar um keinen Preis akzeptieren, wohl aber die Intensität und Intimität der Sprache, die uns zu diesem Konzept überreden will. Sehen wir das Wort *»verzogene«* an. Die Gewohnheit ist wie eine verwöhnte Frau dargestellt, verzogen durch unsere Schwäche, die sie uns zur Gewohnheit machte. Gleichzeitig aber verzieht sie, verzögert sie sich bei uns. Und gleichzeitig ist sie, solange sie bleibt, an unsere Adresse verzogen, einstweilen, vielleicht gar nicht zum Guten. Die Vorsilbe *ver* läßt leisen Tadel in den Satz einfließen; auch ein Satz, der verführt oder hinreißt, weil sich Rilke verführen, hinreißen ließ.

Und ist es denn nur eine Marotte Rilkes, daß eine Gewohnheit personifiziert wird? Nichtmenschliches wird als menschlich und auf den Menschen bezogen dargestellt, um dann den wirklichen Menschen, den wirklichen menschlichen Beziehungen oder Konfrontationen manchmal ausweichen zu können. Nicht immer wird ausgewichen. Im ersten Teil der *Zehnten Elegie* werden Menschen *angesehen;* zuerst das eigene hämmernde, schlagend-geschlagene Herz, dann die Menschen in ihrer falschen, aus Übertönung gemachten Stille. Hier spricht Rilke von Lebensformen, gegen die er sich wehrt, von der Stadt und von dem, was unecht und entmenscht in ihr ist. Er sieht die Stadt mit rückwärts gewandtem Blick, er lehnt sie ab und trauert dem Verlorenen nach. Aber auch der Reaktionär kann ein guter Beobachter sein. Das zeigt – auf ungleich tieferer Stufe – sogar noch das Werk eines Gerd Gaiser. – Aber kaum ein deutscher Dichter unserer Zeit ist zugleich so scharf und so sensitiv wie Rilke, wenn er schildert, wie

... in der falschen, aus Übertönung gemachten
Stille, stark, aus der Gußform des Leeren der Ausguß
prahlt: der vergoldete Lärm, das platzende Denkmal.

Gußform und Ausguß verbindet wieder ein Wortspiel; und das Prahlen des platzenden Denkmals, des vergoldeten Lärms, der wohl ein Nachhall des lauten Prunks der Gründerzeit sein soll, ist keine ausgefallene, willkürliche Projektion, sondern so zwingend wie originell. Das platzende, also überladene, kein Maß mehr haltende Denkmal hängt aber auch mit dem Platz in der Stadt zusammen, den es vulgär macht und zerstört. In der nächsten Zeile sind wir auf diesem Platz, der sich und uns durch falsche Stille aus Übertönung, durch vergoldeten Lärm, durch ein platzendes Denkmal selbstsicher machen und trösten will. Und wieder in der nächsten Zeile läßt Rilke seinen Engel, der kein alttestamentarischer oder christlicher Engel ist, diesen Platz spurlos zertreten (wenn er käme). Das ist ein später, aber ganz echter Anklang an das *Stundenbuch:*

Denn Herr, die großen Städte sind
Verlorene und Aufgelöste

Nun, viele Jahre später, in der *Zehnten Elegie,* heißt es:

O, wie spurlos zerträte ein Engel ihnen den Trostmarkt,
den die Kirche begrenzt, ihre fertig gekaufte:
reinlich und zu und enttäuscht wie ein Postamt am Sonntag.

Trostmarkt, das ist viel mehr, viel vernichtender als ein verspätetes bissiges Wort gegen einstige Ablaßkrämerei. Das ist die kaufende, käufliche Welt der Stadt. Auch daß die Kirche als fertig gekauft bezeichnet wird, hängt mit dem Marktcharakter des unechten Platzes zusammen. Und die Kirche *begrenzt* den Trostmarkt nicht etwa nur stadtgeographisch. Die Begrenztheit ist als Beschränktheit dargestellt, knapp und niederschmetternd.

Eine Welt des Marktens, der weltlichen und geistlichen Weltmarktgängigkeit. Und in der nächsten Zeile beginnt die Darstellung des Jahrmarktreichs der Freiheit. »*Draußen aber kräuseln sich immer die Ränder von Jahrmarkt.*« Wenn sich die Ränder kräuseln, ist der Gegenstand vielleicht nicht mehr ganz so frisch, vielleicht nicht gar so begehrenswert. Und zugleich heißt es, daß es krause Ränder sind, seltsame, aber auch aufgeputzte, *»behübschte«*.

Übrigens, wohlgemerkt, nicht die Ränder *des* Jahrmarkts, sondern die Ränder *von* Jahrmarkt. Die Ränder haben den bestimmten Artikel, sie sind *immer* da, aber es ist nicht *der* Jahrmarkt, auch nicht *ein* Jahrmarkt, sondern Jahrmarkt ist eine der Formen des Lebens... Rilke sagt, *»die Ränder von Jahrmarkt«,* wie man auch sagen könnte »die Anzeichen von Lebenslust«.

In den nächsten Zeilen wird diese Dichte der Aussage beibehalten... *»Schaukeln der Freiheit«*...das Freiheitsgefühl der sich Aufschwingenden und zugleich das Abhängigsein, das Angehängtsein der Schaukel. Das ist genauso treffend wie Trostmarkt. – Und so geht es noch siebzehn Zeilen lang weiter, und so wird der Anfang der *Zehnten Elegie* zu einem Höhepunkt der modernen Weltliteratur.

Dann aber kommt wieder einmal eine Beziehung zu etwas Nichtmenschlichem, in Worten dargestellt, die man sonst für eine menschliche Beziehung gebraucht und die außerdem noch deutlich an Schillers *Glocke* anklingen, wo der Jüngling errötend den Spuren seiner Geliebten folgt und die Fluren durchstreift. Rilke schreibt:

Weiter noch zieht es den Jüngling; vielleicht, daß er eine junge
Klage liebt....Hinter ihr her kommt er in Wiesen. Sie sagt:
– Weit. Wir wohnen dort draußen...
Wo? Und der Jüngling
folgt. Ihn rührt ihre Haltung, die Schulter, der Hals –, vielleicht ist sie von herrlicher Herkunft. Aber er läßt sie, kehrt um,
wendet sich, winkt... Was solls? Sie ist eine Klage.

Auch das *kann* man – wie heißt es doch – nachvollziehen, wenn man unbedingt *will,* und man kann es auch deuten, gewiß. Ist das nicht unter anderem die *Anima* Carl Gustav Jungs, dessen Generationengedächtnis und kollektives Unbewußtes die *Dritte Elegie* so grandios vorweggenommen hat? – Möglich. Aber in den nächsten Zeilen, die uns verraten, wie nur die jungen Toten mit der Klage in engere Berührung kommen, wird dann auch das Nachvollziehen herzlich schwer, bei aller Überredungskunst des Dichters, der sich hier wieder hinreißen ließ, offenbar auch vom Zusammenhang zwischen Toten und Klage als Totenklage. Das ist hier bei ihm die Klage der Toten, die den Toten nahestehende Klage – und nicht, wie gewöhnliche, noch nicht gestorbene Sterbliche meinen könnten, die Klage um die Toten:

Nur die jungen Toten, im ersten Zustand
zeitlosen Gleichmuts, dem der Entwöhnung,
folgen ihr liebend. Mädchen
wartet sie ab und befreundet sie. Zeigt ihnen leise,
was sie an sich hat. Perlen des Leids und die feinen
Schleier der Duldung. – Mit Jünglingen geht sie
schweigend.

Aber dort, wo sie wohnen, im Tal, der Älteren eine, der Klagen,
nimmt sich des Jünglings an, wenn er fragt: – Wir waren,
sagt sie, ein großes Geschlecht, einmal, wir Klagen...

Nein, auf die Gefahr hin, des Sakrilegs beschuldigt zu werden: Das ist ganz und gar mißglückt, vom Auftauchen der jungen Klage an, schon lange bevor uns wieder Totennachrichten vermittelt wurden. Auch die Sprachkraft, die Intensität der Bilder und Symbole ist mit dem Anfang der Elegie bis zum Auftauchen der ersten jungen Klage nicht zu vergleichen. Es wird Geschwätz. Rilke läßt sich von der Idee der Vermenschlichung der Klagen so hinreißen, daß er seine Klagen reden läßt wie Damen aus heruntergekommener Adelsfamilie, die der guten alten Zeit nachtrauern. Holthusen, der Rilke, weiß Gott, nicht wenig rühmt und bei dem selbst die Worte *»von Innerlichkeit durchtränkte Atmosphäre«* allem Anschein nach als Lob gemeint sind, kennt seinen von ihm über alles verehrten und auch imitierten Dichter dennoch gut genug, um auch zuzugeben, daß es zu Preziositäten und peinlichen Verzerrungen kommt und nicht selten zum Umschlagen ins unfreiwillig Komische. Holthusen zitiert einen Brief aus dem Jahr 1912, in dem Rilke Toledo rühmt und schreibt: *»Aber draußen auch wieder, kaum hundert Schritte von dieser unübertrefflichen Stadt, müßte es denkbar sein, auf einem der unverheimlichten Wege einem Löwen zu begegnen und ihn sich durch irgend etwas Unwillkürliches in der Haltung zu verpflichten.«* – Nun ja. Ich bin gar nicht so sicher, ob nicht auch der Versuch des Jünglings, einer jungen Klage nachzugehen, und die Familiengeschichte der Klagen, die eine ältere Klage einem jungen Toten erzählt, später einmal ihren Platz neben Schillers *Gang nach dem Eisenhammer* unter den unfreiwilligen Parodien der deutschen Literatur einnehmen werden.

Holthusen spricht mit Recht von der Zeitfeindlichkeit, vom intellektuellen Narzißmus Rilkes, und dann etwas zu allgemein von der Wirklichkeitslosigkeit, Gefühlsunsicherheit und religiösen Obdachlosigkeit des modernen Menschen... Das sind doch wohl alles nur Ansätze zu einer Diagnose, die lauten müßte: Entfremdung, Selbstentfremdung. Oft und oft, im *Malte* und in seinen besten Versen, stellt Rilke Opfer der Entfremdung dar, den Gefangenen, die Waise, den Schwachsinnigen. Der erste Teil der *Zehnten Elegie* ist – trotz allegorischer Brechungen, ja vielleicht gerade erst durch diese ermöglicht – eine der großartigsten Entfremdungsdarstellungen der Lyrik unseres Jahrhunderts und erinnert an den anderen Prager Dichter der Entfremdung, Franz Kafka. Aber immer wieder, und oft auf der Suche nach Schönheit – einer Suche, zu der der Mensch berechtigt ist, aber nicht um den Preis der Wirklichkeitsverfälschung – wird Rilke weit mehr zum Opfer der Entfremdung, als Kafka es in seinen Werken je wurde. Der Sinn für das Mögliche – auch für das dichterisch Mögliche in einer poetischen Konstruktion – läßt ihn oft im Stich, wie etwa angesichts des Löwen, den er vor Toledo trifft (und gerade, weil er ihn ja in Wirklichkeit nicht getroffen hat!). Rilke ist – eben auf Grund der Entfremdung – von seinen Gedanken und Emotionen unendlich verführbar, auf eine Art, wie Kafka es in seinen Werken so gut wie nie war. Aber wo ihm das nicht widerfährt, dort hat er, zum Teil eben dank seiner Weigerung sich abzuhärten und abzustumpfen, soviel zu sagen, soviel Grandioses im einzelnen auch dort noch, wo seine Konzeption unhaltbar oder nur eine Scheinkonzeption ist, wie sonst in der modernen deutschen Lyrik vielleicht nur noch sein äußerster Antipode, Bertolt Brecht.

1966

Georg TRAKL

Ein Menschenopfer

Die Gedichte Georg Trakls in der Reihenfolge ihres Entstehens zu lesen – soweit diese feststeht –, vermittelt, namentlich wenn man auch etwas vom Milieu seiner Jugend in Salzburg und von seinem weiteren unglücklichen Leben weiß, etwas von den niederschmetternden Empfindungen, die jemand haben muß, der hilflos zusieht, wie einem sinnlosen Kult ein Menschenopfer dargebracht wird.

Dieser vor hundert Jahren geborene und mit 27 Jahren gestorbene Dichter, einer der größten Österreichs, hat in seinen zuerst formstrengen, später immer freieren Versen und Prosagedichten ein einziges großes Zeugnis für unerträgliches menschliches Unglück, für Einsamkeit, Leid, Frustration, vergebliche Sehnsucht und Todesgrauen abgelegt, dem er zuletzt auch erlag, als er 1914 den Jammer eines Frontlazaretts, in das es ihn als Sanitätsleutnant verschlagen hatte, nicht mehr ertrug und sich das Leben nahm.

Das uralte, schöne, aber unendlich bedrückende Geburtshaus in Salzburg, die heimliche Enge dieser von der alten Zwingburg mit ihrer langen Geschichte siegreichen Unrechts beherrschten Stadt, die Mißerfolge seiner frühen Jugendzeit, das Erziehungsmilieu, das alles wirkte zusammen, um ihn in unentrinnbares Leid zu verstricken. Man sage nicht, erst das Pharmaziepraktikum in Salzburg und dann das Pharmaziestudium in Wien, 1908 bis 1910, das ihm Drogen zugänglich gemacht hat, und seine spätere Drogenabhängigkeit seien die Ursachen seines Unglücks gewesen. Nein, nur dieses Unglück hat ihn in zunehmendem Maß den Drogen zugetrieben.

Seine Sehnsucht nach dichterischer Schönheit als Gegengewicht zum Leben und zugleich als Ausdrucksmittel für dessen Elend brachte ihn zuerst unter den Einfluß Baudelaires, später aber, entscheidender, wurde er von Rimbaud und Hölderlin beeinflußt, zwei Großen, die in ihrer Bekenntnisdichtung vergeblich Rettung gesucht hatten.

Das Kriegsgrauen war auch nur der letzte Anstoß zu seinem Tod. Schon 1913 hatte er geschrieben: *»Es ist ein namenloses Unglück, wenn einem die Welt entzweibricht.«* Seine Dichtungen sind einerseits ein Versuch, von diesem Unglück zu sagen, wobei auf Definitionen und logische Begründungen immer mehr verzichtet wird (Worte wie *»namenlos«* oder unbestimmte Angaben wie *»ein Verwestes«* finden sich häufig), und andererseits, sich an den einzelnen Bruchstücken dieser zerbrochenen Welt liebevoll und bewundernd festzuhalten, an Landschaften, Abendstimmungen, Träumen, auch an schönen Klängen. Der Ekel vor der unbekümmerten Betriebsamkeit vieler Menschen, vor ihrer Verhärtung, die Anteilnahme an Elend, Leiden und Tod durchlaufen seine ganze Dichtung. Daß es Trakl nie gegeben war, sich abstumpfen zu lassen, war sein Verhängnis und zugleich ist es der Grund, weshalb seine Dichtung für uns immer noch groß ist. Die gesellschaftlichen Kräfte, die ihn zur Verzweiflung getrieben haben, bestehen immer noch, bedrohen auch uns, und seine Gedichte, die nie unmittelbar aufrufen, sind uns dennoch Aufruf – und vielleicht gerade deshalb –, Warnung.

1987

Trakl-Haus, Salzburg

Zu schwer das Gewölbe:
ein Albtraum
dunkel und schön
in der schönen Stadt
zu stark und zu unverfallen
um zu hoffen auf ein Erwachen
zu alt um in ihm zu leben
zu alt um in ihm zu wohnen
und leben zu bleiben
in kühlen Zimmern ohne Sinn
Zu schön um sich
beizeiten von ihm zu trennen

Gänge und Mauern
sind Knochen des steinernen Todes
Ein eiserner Vater
half diesen Stein keltern
den einsamen Sohn
und ihn pressen in frühen Herbst
Engel mit kalten Stirnen
trugen Verwesung

Und aus dem Haus
fliehend durch enge Gassen
durch das finstere Neutor unter dem Mönchsberg
sah er drohen von oben
die Feste Hohensalzburg
die Zwingburg die
die Juden vertrieben hat
die Bauern geknechtet hat
die Salzknappen besiegt hat
Wo war da Freiheit
außer in Traum und Umnachtung?

1982

Die fragwürdige Tradition

Ob eine Anthologie dadurch, daß sie nicht nur eine Sammlung von Gedichten sein, sondern auch einen Beweis antreten oder Schule machen will, besser oder schlechter wird, läßt sich so allgemein wahrscheinlich nicht beantworten. Einen besonderen Reiz mögen manchmal kämpferische Anthologien einer bestimmten literarischen oder philosophischen Richtung haben. Die neue Gedichtanthologie

> *Frage und Formel* – Gedichte einer jungen österreichischen Generation, herausgegeben von Wolfgang Kraus, Hans M. Löw, Herbert Zand und Gerhard Fritsch; Otto Müller Verlag, Salzburg; 140 S, 13,80 DM

aber will nicht Schule machen, denn ihre 26 Autoren gehören ganz verschiedenen Schulen an und, trotz des Untertitels, auch nicht wirklich einer Generation, denn Klaus Demus (geboren 1927) und Georg Madeja (geboren 1943) sind, namentlich angesichts der Zeitereignisse, kaum zur selben Generation zu rechnen. Aber von den fast hundert Gedichten sind vielleicht fünfzig interessant und fünfzehn bis zwanzig gut; die Sammlung lohnt sich also.

Die Frage, die sie stellt, kann sie entgegen der Ansicht ihrer vier Herausgeber indessen nicht beantworten. Innen auf dem Einband heißt es: *»Gibt es eine neue österreichische Lyrik? Diese Frage wurde von jeder Gedichtsammlung seit 1945 auf ihre Weise bejaht. Gibt es eine neue Lyrik nach Paul Celan und Ingeborg Bachmann, nach Hans Carl Artmann und Christine Busta? Selten wurde die Frage so scharf und zupackend gestellt wie mit dieser Anthologie.«*

Wer sich von diesem Einleitungssatz nicht abschrecken läßt, der bemerkt von der Schärfe und vom Zupacken zum Glück nichts. Es wäre auch schade um die Gedichte gewesen. Die Einflüsse, die von Eliot (bei Wieland Schmied) und vom Surrealismus (bei vielen) bis zum Haiku (bei Weissenborn) reichen, sind genau die gleichen wie bei deutschen Lyrikern der entsprechenden Jahrgänge. Die wichtigsten Unterschiede zwischen junger »deutscher« und »österreichischer« Lyrik unserer Zeit scheinen nach dieser Anthologie darin zu liegen, daß man in Österreich oft gesehn oder Mißtraun sagt, wo man in Deutschland gesehen und Mißtrauen sagen würde, daß außerdem Chansonhaftes und Traditionelles in Österreich bedenkenloser in die moderne Dichtung übernommen wird als in der

Bundesrepublik und daß auch Witze leichter in ein Gedicht integriert werden.

Zum Beispiel sagt Elfriede Gerstl unter dem Titel *Unerforscht ist die menschliche Seele* von den Forschern, sie säßen mit gerunzelten Hirnzentren im Forscher-Café:

und lecken sich die Zeigefinger
bevor sie ihre Gedanken umblättern
...
und nur die ungezogensten
bohren im Freud

Das »*bohren im Freud*« hätte in Deutschland höchstens als Schülerwitz durchrutschen können, in Wien aber gibt es eine altunehrwürdige Tradition derartiger Entgleisungen, sowohl an der Universität wie im literarischen Leben.

Überhaupt sind viele der österreichischen »Besonderheiten« darauf zurückzuführen, daß nach 1945 die Haltung zur Tradition in Österreich eine andere (und gefährlichere) war als in der Bundesrepublik, wo sich die Menschen, gleichviel, ob sie nun mehr rechts oder mehr links standen, sagten: »Jetzt müssen wir vom Anfang anfangen.« In Österreich hingegen war es möglich, sich vorzumachen, man müsse sich nun, nach Ende des »Anschlusses«, nur auf die eigene Tradition besinnen. Daß diese schon vor 1938 in argem Verfall begriffen war, wird oft übersehen. Dadurch laufen begabte Autoren Gefahr, sich manchmal allzu widerstandslos Liedhaftes oder Witziges zu gestatten oder zu versuchen, in keineswegs konventionell angelegten Gedichten eine nicht mehr ganz mögliche Dichtersprache zu bewahren, etwa:

Bergegroß glühn die Sterne
mit schweigenden Namen.

In Wirklichkeit wurde natürlich in Österreich in den letzten Jahren vor und nach der Geburt der jungen Dichter dieser Anthologie genau soviel Schindluder mit der Sprache getrieben wie in Deutschland. Die Haltung zur Tradition, der notwendige Abstand von ihr oder die Mühe ihrer Wiedereroberung, müßte deshalb die gleiche sein wie in der Bundesrepublik (in der DDR liegen die Dinge literarisch ohnehin anders).

Das Ergebnis ist, daß manche der hier vertretenen Dichter etwas Wesentliches gewissermaßen noch nicht gelernt haben, was nichts gegen ihre Begabung, wohl aber etwas gegen ihre hier vorgelegten Arbeiten sagt. An Begabung nämlich ist Österreich in den Jahren seit dem Krieg überaus reich, auch für die Dichtergeneration Bachmann, Okopenko, Artmann, die den Dichtern dieser Sammlung vorausgeht. Es ist sehr gut möglich, daß Österreichs vermeintlicher Zugang zu seiner Tradition, der dem einzelnen Gedicht manchmal schadet, doch andererseits die Entfaltung der dichterischen Begabung stärker begünstigt als die unterkühlte, immer gleich zum skeptischen Zurücknehmen bereite literarische Grundstimmung in der Bundesrepublik.

Die angeblich »nationalen« Unterschiede sind also weniger Unterschiede des Nationalcharakters als Unterschiede der politischen Schicksale und sozialen Gegebenheiten, zum Teil auch der ökonomischen Gegebenheiten, weil in Österreich das Dasein eines Schriftstellers oder Dichters trotz großzügiger Förderung durch das Ministerium für Kultur und Unterricht wesentlich dorniger ist als in der Bundesrepublik. Das ist mit ein Grund, warum österreichische Dichter zu deutschen Verlagen abwandern oder ihr Land überhaupt verlassen.

Ansonsten fällt in dieser Anthologie wie überhaupt in Österreich seit Kriegsende auf, daß weibliche Begabungen verhältnismäßig zahlreich sind, hier besonders Christina Kövest, Irmtraut Hilling, Heide Pataki und Gundel Nagl. Unter den Männern ist Thomas Bernhard zu erwähnen, der mit so vielen Gedichten vertreten ist, daß schon dadurch ein deutlicher Eindruck von ihm entsteht. Ebenso wie Andreas Okopenko ist Bernhard mit seinen letzten Büchern schon in der Bundesrepublik erschienen. Im übrigen sind besonders Conny Hannes Meyer, Ernst Steinhellner, René Altmann und Hanns Weissenborn interessant. Wieland Schmied, der ja nicht mehr unbekannt ist, beeindruckt besonders dort, wo er sich von den Gefahren der Heimatdichtung und des traditionell Schöngeistigen freimacht.

Auf Vollständigkeit erhebt diese Anthologie keinen Anspruch, dennoch muß man das Fehlen von Arbeiten Konrad Bayers, Friedrich Achleitners, Gerhard Rühms, Zora Kerns und Ernst Koplenigs bedauern. Jeder von ihnen könnte sich neben den besten und originellsten der hier veröffentlichten Verse behaupten.

1964

Paul CELAN

Für Paul Celan

Vergangen
die gehenden Bäume
ertrunken
mit ihm
der sie gehen sah
und es aufschrieb

Kein ganzes Sehen
keine heilende
zweite Berührung
Die Landschaft ärmer geworden
um ihn
und um sie

In ihren Blättern
rauscht noch
der untief und wieder
dunkel und sinnlos wird
der Hauptstrom
der Germanistik

1983

Exkurs: Paul Celan

für Hans Mayer

1.
Nichts
war vergessen
denn
das Vergessen
war
das Nichts

Nichts
was fern werden mußte
konnte vergessen sein
bis zuletzt
denn das Vergessen
entfernt
das Sein
ins Nichtsein

Zuletzt
wog sein mehr und mehr
Nichtvergessenkönnen
mehr
als sein Sein

2.
Du aber
hast nicht vergessen
daß es das Nichtvergessen
des nicht zu Vergessenden war
das ihn
ins Vergessen entfernt hat

Du
hast das festgehalten
in deinen Worten
stark und behutsam
als hättest du so
ihn
festhalten können

Man wird es dir
und man wird
ihn und dich
nicht vergessen

1986

Böhmen liegt am Meer

Sind hierorts Häuser grün, tret ich noch in ein Haus.
Sind hier die Brücken heil, geh ich auf gutem Grund.
Ist Liebesmüh in alle Zeit verloren, verlier ich sie hier gern.

Bin ich's nicht, ist es einer, der ist so gut wie ich.

Grenzt hier ein Wort an mich, so laß ich's grenzen.
Liegt Böhmen noch am Meer, glaub ich den Meeren wieder.
Und glaub ich noch ans Meer, so hoffe ich auf Land.

Bin ich's, so ist's ein jeder, der ist soviel wie ich.
Ich will nichts mehr für mich. Ich will zugrunde gehn.

Zugrund – das heißt zum Meer, dort find ich Böhmen wieder.
Zugrund gerichtet, wach ich ruhig auf.
Von Grund auf weiß ich jetzt, und ich bin unverloren.

Kommt her, ihr Böhmen alle, Seefahrer, Hafenhuren und Schiffe
unverankert. Wollt ihr nicht böhmisch sein, Illyrer, Veroneser,
und Venezianer alle. Spielt die Komödien, die lachen machen

Und die zum Weinen sind. Und irrt euch hundertmal,
wie ich mich irrte und Proben nie bestand,
doch hab ich sie bestanden, ein um das andre Mal.

Wie Böhmen sie bestand und eines schönen Tags
ans Meer begnadigt wurde und jetzt am Wasser liegt.

Ich grenz noch an ein Wort und an ein andres Land,
ich grenz, wie wenig auch, an alles immer mehr,

ein Böhme, ein Vagant, der nichts hat, den nichts hält,
begabt nur noch, vom Meer, das strittig ist, Land meiner Wahl zu sehen.

Ingeborg Bachmann 1964

Ingeborg BACHMANN

Ich grenz noch an ein Wort und an ein andres Land

Daß Ingeborg Bachmann die Meeresküste Böhmens in Shakespeares *Wintermärchen* gefunden hat, das zum großen Teil an dieser Küste spielt, ist aus ihren Äußerungen allgemein bekannt. Sie ist also an den Ort der Handlung – Shakespeares Fabel-Böhmen – entrückt, ebenso wie dieses Böhmen

. . . eines schönen Tags
ans Meer begnadigt wurde und jetzt am Wasser liegt.

Freilich mußte das bis dahin weit höher gelegene Böhmen ebenso wie die Dichterin erst erniedrigt werden, tief hinunter, bis auf den Meeresspiegel, um dieser Gnade teilhaftig zu werden. Ein Dahinfahrenlassen jeder eigenen Höhe war Voraussetzung für diese Gnade, für die Entrückung in ein Zwischenreich, eine Märchenwelt mit heilen Brücken, mit einem noch glaubhaften Meer, mit einem Land, auf das man noch hoffen darf. Dieses Verzichten auf jede eigene Höhe lautet im Gedicht:

Ich will nichts mehr für mich. Ich will zugrunde gehn.

Dieses Zugrundegehn ist ein letzter Anfang, der Zusammenbruch als Vorbedingung des Weiterlebenkönnens, der Tod im Leben als Voraussetzung einer Wiedergeburt in diesem Leben, wenn auch vielleicht nur der Wiedergeburt in eine schon an Untergang grenzende Traumwelt. Die Dichterin muß zugrunde gegangen sein, um von Grund auf wissen zu können, um den Dingen auf den Grund gehen zu können, um sagen zu können:

Sind hierorts Häuser grün, tret ich noch in ein Haus.
Sind hier die Brücken heil, geh ich auf gutem Grund.
Ist Liebesmüh in alle Zeit verloren, verlier ich sie hier gern.

Daß sie hier ihre Liebesmüh gern verliert, ist sicher eine weitere Anspielung auf Shakespeare, nämlich auf die Komödie *Verlorene Liebesmüh.* Vielleicht spielt sie aber auch auf die Vertauschbarkeit der Personen in Shakespeares Komödien an, *die lachen machen/Und die zum Weinen sind:*

Bin ich's nicht, ist es einer, der ist so gut wie ich.
und *Bin ich's, so ist's ein jeder, der ist soviel wie ich.*

Diese beiden Gedichtzeilen sind aber in ihren Anspielungen mehrschichtig. Nicht nur an die Personenvertauschung in Shakespeares Komödien wird erinnert, sondern Ingeborg Bachmann findet sich selbst austauschbar, alles andere als einmalig, und gerade in dieser Formulierung eines Ansatzes zum Ichverlust findet sie auch Trost, denn dieses Ich ist es ja, das zugrunde gehen will. Die Austauschbarkeit bedeutet auch, daß es keine Rolle spielt, welche Rolle sie weiterhin spielt, oder wer ihre Rolle weiterspielt. Dadurch versetzt sie sich selbst in eine der Komödien, kann auch die unveränderlichen Dinge der Welt vertauschen und verändern, wie Böhmen, wenn es am Meer liegen darf und dadurch *begnadigt wurde* und nun ein Teil einer heilen Welt ist, die nur über die Brücke des Zugrundegehens im Unheil erreichbar wurde, Heimat der Heimatlosen.

Die Vielfalt der Bedeutungen hat sich schon in den ersten zwei Zeilen des Gedichts gezeigt:

Sind hierorts Häuser grün, tret ich noch in ein Haus.

enthält mindestens zwei Worte, die noch eine zusätzliche Botschaft haben, *grün* und *noch*. Die Farbe, die zuerst willkürlich gewählt scheinen könnte, ist nicht nur die herkömmliche Farbe des Wachstums und Lebens, sondern kann, auf die Dichterin bezogen, auch heißen, daß sie eintreten kann, wenn die Häuser ihr hier grün sind. Die Redensart, jemand sei einem grün, also gewogen, wohlgesinnt, günstig, dürfte da doch sehr nahe liegen. Das zweite Wort: *noch* deutet schon darauf hin, daß es der Dichterin sonst kaum mehr möglich ist, in ein Haus einzutreten, Obdach zu finden. Hingegen bereiten in der nächsten Zeile die Worte *geh ich auf gutem Grund* den Boden dafür vor, das Zugrundegehen auch als Schicksalsgeschenk, als etwas Gutes aufzufassen.

Dieses Verstecken geheimer Sinninhalte in Worten ließe sich durch das ganze Gedicht hindurch verfolgen. Zunächst nur noch ein Beispiel. In der dritten Zeile heißt es:

Ist Liebesmüh in alle Zeit verloren,. . .

Das heißt, genau genommen, nicht nur, daß Liebesmüh vielleicht für alle Zeit verloren sein kann, sondern eben auch *in* alle Zeit, in die die Liebe ausgestreut wird und hier, im Zwischenreich dieses Gedichtes, *gern* verlorengegeben wird, was ein Teil der Bejahung des Zugrundegehens ist.

Ingeborg Bachmann zeigte mir das Gedicht als Manuskript in der Halle ihres Hotels in Kensington, London, im Jahr 1967. Sie war eben aus Italien gekommen, wo sie es bei einem Dichtertreffen – ich glaube in Bari – vorgelesen hatte. Sie habe es schon vor längerer Zeit geschrieben, aber sie wolle es jetzt auch in England vorlesen. Sie hatte auch eine englische Übersetzung mitgebracht, die sie mir zeigte. Die Übersetzung war völlig unzulänglich, ich rief meinen Freund und englischen Übersetzer, Georg Rapp, an, der sofort kam und eine wesentlich bessere Übersetzung zuwegebrachte. Außerdem holte er Ingeborg Bachmann aus ihrem Hotel, in dem sie sich unglücklich fühlte, zu seiner Frau in sein Landhaus, wo sie sich erholte.

In dem Hotel hatte ich sie in einer Verfassung angetroffen, die dem Inhalt des Gedichtes ziemlich genau entsprach. Einerseits fühlte sie sich – kurz nach einer schmerzlichen Trennung – auf einem Tiefpunkt, andererseits sah sie nach diesem »Gescheitertsein«, wie sie es nannte, eine Fülle von Unzerstörtem und Unzerstörbarem und konnte daher, meinte sie, »fast guter Dinge sein«.

Zugrund gerichtet, wach ich ruhig auf.
Von Grund auf weiß ich jetzt, und ich bin unverloren.

Sie sprach damals von ihrem Gefühl des Verlorenseins in ihrem Hotel, überhaupt in England, auch davon, daß nicht einmal Italien als Gegengewicht gegen dieses Verlorenheitsgefühl mehr ausreiche. Andererseits sprach sie davon, daß alles Zerstörbare nun schon zerstört sei und daß alles, was übriggeblieben sei, unzerstörbar sei, so daß sie sich nicht verloren geben müsse. Sie verglich ihren Zustand mit dem der beiden Antihelden in Becketts *Warten auf Godot,* nur daß sie auf keinen Godot warte.

»Wenn man die Welt ohne sich sieht, sieht man sie wieder besser.« Ich glaube, das waren ziemlich genau ihre Worte, die sie zur Erklärung des Lebens- und Weltgefühls in ihrem Gedicht sagte. Sie setzte auch ihre Worte *ich bin unverloren,* ferner die Worte *so gut wie ich* und *soviel wie ich* in Beziehung zu den Worten *ich grenz, wie wenig auch, an alles immer mehr.* Der wirkliche Ichverlust schien ihr Vorbedingung für ein weiteres Leben, allerdings nur für ein *Grenzen* an das Leben der Anderen,

begabt nur noch, vom Meer, das strittig ist, Land meiner Wahl zu sehen.

Sie stimmte zu, als ich an Moses erinnerte, der das Verheißene Land sehen, aber nicht betreten durfte, auch als ich Prospero erwähnte, der zuletzt auf Zauberstab und magisches Buch verzichtet.

Bei ihrer Selbstbeschreibung *ein Böhme, ein Vagant, der nichts hat, den nichts hält* dachte sie an ihre Beziehung zu Böhmen, auch an Rilkes Verse *»Mich rührt so sehr böhmischen Volkes Weise«,* aber auch an das Wort Bohemien: »Das war vor vielen Jahren für uns in Österreich ein häufiger gebrauchter Begriff als jetzt«, sagte sie, ziemlich wörtlich zitiert. Übrigens gehörten in ihrer und meiner Kindheit in Österreich zu den herumziehenden Gelegenheitsarbeitern böhmische Scherenschleifer und Kesselflicker, die man Rastelbinder nannte.

Ich erinnere mich, daß sie zu dem Satz

Und irrt euch hundertmal
wie ich mich irrte und Proben nie bestand,
doch hab ich sie bestanden, ein um das andre Mal.

die Erinnerung an das gute Gefühl nach einer Mathematik-Schularbeit assoziiert, »daß das überstanden und bestanden ist, sogar wenn man sie verhaut hat«.

Noch eines fällt mir zu unserem Gespräch ein: Ich wies auf Worte wie *tret, verlier, geh* hin, ohne ein weiteres *e* nach dem letzten

Konsonanten, was durch den nachfolgenden Vokal von *ich* zwar hinlänglich erklärt sei, weil so ein Hiatus vermieden werde, von der Kadenz der Zeile ganz zu schweigen. Doch habe sie trotz der folgenden Konsonanten auch in den Worten *Ich grenz noch*... und *Ich grenz, wie wenig auch*... das zweite *e* weggelassen. Ich sagte, ich glaube mich zu erinnern, daß solche für den österreichischen Sprachgebrauch charakteristische Auslassungen in ihren frühen Texten häufig gewesen seien, später aber habe es eine Bemühung um Anpassung an ein »Gesamtdeutsch« bei ihr gegeben. Sie meinte, im hier beschriebenen Zustand sei eine solche Anpassung eben nicht mehr nötig, und so entspreche die Ausdrucksweise zum Teil dem Inhalt des Gedichtes.

Es widerstrebt mir eigentlich, noch allzuviel eigenes zu diesen Erinnerungen hinzuzufügen. Daß die Erwähnung der Illyrer, Veroneser und Venezianer konkrete Anspielung auf andere *Komödien* Shakespeares ist, versteht sich von selbst. Vielleicht aber spielt Ingeborg Bachmann damit auch auf ihre sogenannte Wahlheimat Italien an, in der sie sich gleichfalls nicht wirklich behaust fühlte.

Wichtig dürfte es sein, das Wort *Liebesmüh* wörtlich zu nehmen, und nicht nur als Anspielung auf Shakespeares Komödie. Dasselbe gilt für ein Wort wie *unverankert,* das schon durch seine Stellung besonderes Gewicht hat. Ebenso das Wort *gerichtet* in *Zugrund gerichtet.* Für mich klingen dabei die beiden Stimmen am Ende von *Faust I* an: *»Sie ist gerichtet«.* – *»Sie ist gerettet.«*

Aber hier, gerade durch die Intensität der Assoziativwirkung des Gedichtes, droht schon Gefahr, daß die Interpretation zu eigenwillig, zu frei wird und mehr über den Interpreten als über den Text aussagt. Verläßlicher ist es, sich an die einzelnen Zeilen und Worte zu halten. Auch das, was wir schon verstanden zu haben glauben, sagt bei wiederholter und genauerer Erwägung noch mehr aus, zum Beispiel das Wort *noch,* auf das wir zuvor schon aufmerksam geworden sind. Dieses kommt im Gedicht nicht weniger als fünfmal vor und könnte uns nicht nur zeigen, was die Dichterin der Verzweiflung *noch* entgegensetzen will, sondern auch, von welchen Bedingungen sie dieses Sich-Sträuben abhängig macht, ob sie sich wirklich noch sträubt, ob diese Gegenwehr nicht durch die Unmöglichkeit dieser von ihr festgestellten Bedingungen in Wahrheit keine Gegenwehr mehr ist, sondern schon das Zugrundegehenwollen und Zugrundegehen selbst.

Liegt Böhmen noch am Meer, glaub ich den Meeren wieder.
Und glaub ich noch ans Meer, so hoffe ich auf Land.

Da Ingeborg Bachmann in Wirklichkeit genau weiß, daß Böhmen nur bei Shakespeare und in ihrer eigenen verzweifelten Gegenwelt noch am Meer liegt – das Wort *noch* zeigt, daß sie den Zustand nicht für dauerhaft hält –, enthalten diese Zeilen, die alles von Böhmens Lage am Meer abhängig machen, schon die kaum mehr verkappte Absage an Glauben und Hoffnung.

Dem entspricht auch der Unterschied zwischen der ersten Zeile des Gedichtes:

Sind hierorts Häuser grün, tret ich noch in ein Haus.

und der letzten Zeile:

begabt nur noch, vom Meer, das strittig ist, Land meiner Wahl zu sehen.

In der ersten Zeile tritt sie unter gewissen Voraussetzungen (wenn es grün ist oder ihr grün ist) noch in ein Haus. In der letzten Zeile ist daran gar nicht mehr zu denken. Sie ist unbehaust, nur vom *strittigen* Meer aus kann sie das Land ihrer Wahl noch sehen; es zu betreten, ist sie nicht mehr *begabt,* ist ihr nicht mehr gegeben. Und sie läßt zuletzt weder Land noch Meer glaubhaft bleiben, oder doch nicht glaubhafter, als ihr ihre eigene Lebensfähigkeit ist. Dieses Land und dieses Meer ist ja auch sie selbst. Wenn sie sagt

Grenzt hier ein Wort an mich, so laß ich's grenzen

und, gegen Ende

Ich grenz noch an ein Wort und an ein andres Land,

so faßt sie Wort und Meer und Böhmens Küste und sich selbst in ein einziges System der Verbindung und Identifikation (auch mit dem so hoffnungslos wie Böhmen vom Meer Getrennten) zusammen. Gleichzeitig aber betont auch hier wieder das Wort *noch* die Flüchtigkeit, das bevorstehende Ende dieses lebendigen Zusammenhanges. Wenn das eine Mal ihr Ich an das Wort grenzt, das andere Mal das Wort an sie, so entsteht dadurch, ebenso wie durch ihre Wort- und Sinnvariationen *auf gutem Grund, zugrunde gehn, von Grund auf,* durch das Ineinander von Form und Inhalt ihrer Aussagen eine Art Wellenschlag, der nicht nur an das Meer erinnert, sondern an das Schwanken des ganzes Systems, das sie als *unverankert* darstellt. Die Gegenwelt, in der sie Zuflucht vor der Verzweiflung findet oder doch sucht, wird der Verzweiflung zum Verwechseln ähnlich, so ähnlich wie in Shakespeares Komödien.

In diesem Zusammenhang ist es wichtig, die einzige grammatikalisch unklare Stelle des Gedichtes genau zu beobachten:

Von Grund auf weiß ich jetzt, und ich bin unverloren.

Was die Ichperson weiß, wird nicht gesagt, nur daß sie weiß. Der scheinbar unvollendete Satz schneidet ins Ohr und ins Herz.

1983

Ich möchte diesen Ausführungen noch zwei Texte hinzufügen. Erstens meinen Nachruf auf Ingeborg Bachmann, den ich in Graz geschrieben habe, wo mich ihre Todesnachricht erreichte, und zweitens ein Gedicht, das ich 1981 geschrieben und in meinem Gedichtband *Das Nahe suchen* als Schlußgedicht veröffentlicht habe. Es heißt *Nachruf*. Sein Text macht den Zusammenhang mit Ingeborg Bachmann und ihrem Böhmen-Gedicht erkennbar.

Mit dem scharfen Gehör für den Fall

Zum Tod von Ingeborg Bachmann

Vieles an ihr ist immer gleich geblieben. Im Spätherbst 1950 habe ich sie zum erstenmal gesehen, fast genau einundzwanzig Jahre später zum letztenmal. In dieser Zeit hat sich ihr Gesicht verändert, aber nicht der Augenausdruck, nicht das Suchende, scheinbar Unsichere in ihrer Sprechweise, das täuschen konnte: Sie war nicht in allem unsicher. Wo sie ihre Fragen stellte und was sie in Frage stellte, wußte sie ziemlich genau, und sie wußte auch, mit welchen Antworten sie sich nicht abspeisen ließ. Das Entgegenkommende, das auf den ersten Blick manchmal Gekünstelte ging nicht auf Kosten dessen, was für sie wesentlich war. Ihre Grundfragen blieben immer die gleichen. Ihre Hilflosigkeit und pechvogelhafte Anfälligkeit für allerlei kleineres Mißgeschick und unwahrscheinliche Unfälle beruhten vielleicht unmittelbar auf der Ratlosigkeit gegenüber den Grundfragen, an denen sie dennoch festhielt. Zur Ratlosigkeit zwangen diese Fragen; sie war keiner persönlichen Schwäche des Menschen oder der Dichterin zuzuschreiben.

Ingeborg Bachmann war vor allem denkende lyrische Dichterin. Von ihrer Prosa (die letzten Jahre verbrachte sie über einem großen epischen Werk mit dem Titel »Todesarten«) werden wahrscheinlich nur einige Kurzgeschichten bleiben. Ihre Prosadiktion war nie so sicher wie die ihrer Verse, auch nicht wie die ihrer Hörspiele, obwohl sie sich auch in diesen nie ganz sicher fühlte, zum Beispiel nie genau wußte, ob *Der gute Gott von Manhattan* nicht vielleicht doch darunter litt, daß die Botschaften der Eichhörnchen als tatsächlich und nicht nur in der Phantasie eines Irren von den Eichhörnchen kommend dargestellt werden.

Von ihren Gedichten wird voraussichtlich viel mehr bleiben, verdient jedenfalls zu bleiben. Chotjewitz hat ihre Lyrik einmal als Kitsch bezeichnet. Um dieses Mißverständnis zu vermeiden, muß man vielleicht auf gewisse Unterschiede zwischen deutscher und österreichischer Lyrik in den ersten Jahren nach 1945 eingehen.

In Deutschland empfanden viele das Jahr des Zusammenbruchs als das Jahr Null oder Jahr Eins, sprachen von *tabula rasa* und völligem Neubeginn. In Österreich sprach man von der Niederlage der Deutschen und von der Rückbesinnung auf die eigenen alten Werte. Beides war falsch. Das völlige Neubeginnen ist unmöglich (hätte auch Verzicht auf die Sprache vorausgesetzt), und die guten alten Werte Österreichs waren zum großen Teil nicht so gut. Für die Literatur aber wurde es wichtig, daß die beiden Mißverständnisse in einem Gegensatz zueinander standen. So konnte die deutsche Lyrik der ersten Nachkriegszeit in ihrer Zurückgenommenheit manchem entgegenwirken, was sich in der österreichischen Lyrik noch allzuviel Spielraum und Verspieltheit gestattete, während österreichische Dichter wie Ilse Aichinger, Ingborg Bachmann (auch Celan muß man da zur österreichischen Tradition rechnen) ein wichtiges Gegengewicht gegen die Zurücknahme und Armut der Dichtung darstellten, denn die deutsche Kahlschlaglyrik war bittere Medizin gewesen. Freilich begünstigte der Einfluß der Österreicher in der Bundesrepublik dann indirekt bis zu einem gewissen Grad die Benn-Überschätzung. Der Einfluß der Lyrik Brechts war unglücklicherweise durch den Kalten Krieg zunächst stark beschränkt.

Bei Ingeborg Bachmann finden sich gewisse Benn-Einflüsse, vor allem Einflüsse seiner Spätzeit, die nicht seine beste war, und relativ wenig Brecht-Einflüsse, obwohl sie Brechts Gedichte schon früh kannte und liebte.

Sie erfuhr übrigens später, daß es in Brechts Nachlaß Randglossen und Anmerkungen zu ihren Gedichten gab, teils kritisch, teils auch sehr positiv, und hatte immer vor, in die DDR zu fahren und sich diese Anmerkungen anzusehen, obwohl sie, da sie von Brechts Urteil viel hielt, auch große Angst davor hatte. Es kam ihr aber immer wieder etwas dazwischen, und sie hat Brechts kritische Anmerkungen nie gesehen.

Obwohl die *Anrufung des Großen Bären* bedeutende Gedichte enthält, wie *Reklame* oder *Landnahme*, finden sich von ihren besten Gedichten mehr im ersten Band. *Die gestundete Zeit*, der 1952 erschienen ist. Das größte Gedicht dieses Bandes, *Große Landschaft bei Wien* enthält Beispiele für fast alle ihre besonders guten dichterischen Eigenschaften. Von der Bedrohtheit der Landschaft bei Wien sagt sie:

. . . aus dem Feld schlagen
die Bohrtürme den Frühling, . . .

Die unheimliche Genauigkeit dieser Worte *aus dem Feld schlagen* wirkt im Textzusammenhang gar nicht gesucht, gekünstelt, aber ihre Präzision hilft wenige Zeilen später eine Stelle tragen, die sonst vielleicht zu »lyrisch« wäre, namentlich für den Geschmack der damaligen bundesdeutschen Kahlschlagdichter:

. . . und es wacht
die Iris des Öls über den Brunnen im Land

Wer die dargestellte Landschaft kennt, sieht nicht nur das gefährlich schillernde Ölauge, sondern auch die Brunnen dieser Gegend, die bis zum Horizont hin mit ihren langen, schrägen Balken die ebene Landschaft überragten.

Ebenso mußte man das Riesenrad gekannt haben, im zerstörten Prater, durch den der Weg in die *Große Landschaft bei Wien* führte, um die Mehrdimensionalität der folgenden Zeilen, auch als Klage um die beschädigte Landschaft, zu verstehen:

Still stehn die Räder. Durch Staub und Wolkenspreu
schleift den Mantel, der unsre Liebe deckte, das Riesenrad

Dann, nach einigen vielleicht etwas zu »lyrischen« Zeilen, plötzlich wieder hart:

Alles Leben ist abgewandert in Baukästen,
neue Not mildert man sanitär. . .

Eine Aussageform, die sich in der bundesdeutschen Lyrik erst

Jahre später wiederfindet, dann aber ohne lyrisches Gegengewicht, wie es bei ihr wenige Sekunden später in Zeilen folgt wie:

Wunder des Unglaubens sind ohne Zahl.
Besteht ein Herz darauf, ein Herz zu sein?

Immer wieder findet sich bei ihr die Rettung und Wiederermöglichung scheinbar konventionell gewordener dichterischer Ausdrücke durch enge Verbindung mit scharfen, aus jedem lyrischen Schwelgen ausbrechenden Formulierungen:

träum dein Geschlecht, das dich besiegt, träum
und wehr dennoch mystischer Abkehr im Protest.

Die Präzision *dein Geschlecht, das dich besiegt* könnte vom späten Rilke stammen; der Kontrast zwischen dem für sich allein zu archaischen *wehr* und dem *Protest* aber ist neu. Was in dieser Zeile nicht aufgeht, will und soll auch nicht aufgehen.

Das Gedicht endet mit den Zeilen:

Die Türme der Ebene rühmen uns nach,
daß wir willenlos kamen und auf den Stufen
der Schwermut fielen und tiefer fielen,
mit dem scharfen Gehör für den Fall.

Ohne die letzte Zeile wäre dieses Fallen als Fallen von Stufe zu Stufe in der großen Tradition klassischer deutscher Dichtung geblieben. Die letzte Zeile aber ändert radikal den Wert der drei vorhergehenden. Der Effekt ist völlig überzeugend.

Die Anrufung des Großen Bären enthält aber mehr Versuche, konventionelle Formen wiederzubeleben – nicht immer geglückte Versuche –, und weniger unmittelbar zur Zeit Stellung nehmende, abseits aller Parteipolitik doch tief engagierte Gedichte als der erste Band, in dem Gedichte wie *Holz und Späne, Früher Mittag, Alle Tage* die Sage von der »unpolitischen« Ingeborg Bachmann eindeutig widerlegen. Da wird etwa Goethes Lied vom König in Thule variiert:

Sieben Jahre später,
in einem Totenhaus,
trinken die Henker von gestern
den goldenen Becher aus.
Die Augen täten dir sinken.

Ob in einer solchen Stelle eine Erklärung für ihre Übersiedlung nach Italien liegt? Ich glaube, man muß sich vor so billigen

Schlußfolgerungen hüten, obwohl sie mir mehr als einmal gesagt hat, sie könne die Unverfrorenheit des alten Ungeists in der Bundesrepublik nur schlecht ertragen.

Ich glaube, daß diese Unverfrorenheit und die Erkenntnis vieler Vergeblichkeiten – auch innerhalb der Gruppe 47, die ihr ihren ersten Literaturpreis verliehen hatte – zu dem, was sie ihre Fluchtversuche nannte, und schließlich auch zum Versiegen ihrer Lyrik, ihrer eigentlichen Ausdrucksform, beigetragen hat.

1973

Nachruf

Trostmarkt?
Für wen?
Du liegst und hörst das Meer
branden und durstig saugen
an Böhmens Küsten.

Wogen der Schmerzen
ob sie nicht enden vielleicht?
Dabei wissen wir doch:
Am Grunde wandern die Steine
unverankert
begnadigt
ein um das andere Mal.

Am Wasser halte dich auf
an den Grotten der See
an Bächen.

»Wer einen Wurm zertritt –«
Marschiere...
»Die Sau muß brennen!«
... trommelnd immer voran.
Ihr Bäume Lebens
steigt und spielt mit!

1981

Diese Verse enthalten Zitate und Halbzitate von Hölderlin, Heine, Rilke, Brecht, Celan, Ingeborg Bachmann und Rosa Luxemburg.
Sie sind als Nachruf auf diese gedacht, aber auch auf mehr als 600 Kinder, Frauen und Männer, die am 14. Mai 1980 im Dorf La Arada am Rio Sumpul in El Salvador von Soldaten, von Nationalgardisten und von Mitgliedern der paramilitärischen Organisation Orden getötet wurden.

Ilse Aichinger

Die größere Hoffnung

Dieses Erstlingswerk einer jungen Österreicherin ist auf den ersten Blick die Geschichte eines halbjüdischen Mädchens, das den Krieg in Wien erlebt und zuletzt bei den Kämpfen um Wien von einer Granate zerrissen wird. In Wirklichkeit aber ist es kein Kriegsbuch, sondern eine Reihe lose aneinander gefügter Episoden, in denen die innere Handlung und die symbolische Bedeutung des Geschehens jedes Mal die äußeren Ereignisse überwiegt. Die große Hoffnung auf persönliche Rettung wird im ersten Kapitel zunichte. Der Konsul kann dem Kind kein Visum geben. Es muß sich sein eigenes Visum ausstellen:

Du kannst es! Jeder Mensch ist im Grunde sein eigener Konsul, ob die weite Welt wirklich weit ist, das liegt an jedem Menschen.

Dann teilt Ellen, das halbjüdische Christenkind, die Hoffnung ihrer jüdischen Spielkameraden:

Wir warten, daß hier in der Gegend ein Kind ertrinkt! – Und dann? – Dann werden wir es retten! – Und dann? – Dann werden wir wieder sein wie alle anderen! Dann dürfen wir wieder auf allen Bänken sitzen. Dann haben wir es gut gemacht!

All diese Hoffnungen gehen auf merkwürdige Art in Erfüllung und bleiben zugleich unerfüllt. Die Erfüllungen geben dem Buch seinen Charakter als Mirakelgeschichte, als eine Kette von Wundern. Aber keines der Wunder rettet den Leib, nur die Seele wird gerettet; die große Hoffnung trügt, die größere wird erfüllt. Der Gestapospitzel weint und spielt im Weihnachtsspiel der Judenkinder mit. Das ist das Wunder. Aber getötet werden sie dennoch. Die Kinder finden in einer Leichenkutsche den Weg ins Heilige Land, aber der Fuhrmann kann sie nicht einmal über die nächste Grenze bringen.

Die größere Hoffnung ist ein tiefreligiöses christliches Buch. Auch in der Sprache, in den Paradoxen und tiefernsten Wortspielen, in den wundersam mühelosen Übergängen aus dem Diesseitigen ins Jenseitige offenbart sich christliches Empfinden. In diesem Zusammenhang sei erwähnt, daß sich überraschende Parallelismen zur Sprache der englischen religiösen Dichter G. M. Hopkins und T. S. Eliot finden, von deren Werk Ilse Aichinger nichts wußte.

Das Buch, das in Österreich wie auch in England großes Aufsehen erregt hat, trägt in seiner Naivität, kindlichen Weisheit und transzendental verwandelten Autobiographie so sehr den Charakter des Einmaligen, daß man sich nicht vorstellen kann, was die Verfasserin nun noch schreiben kann. Ihr Erstlingswerk aber, *Die größere Hoffnung,* ist eines der tiefsten und – trotz allem Grauen – eines der schönsten und beglückendsten Bücher unserer Zeit.

1949

Über Gedichte Ilse Aichingers

Hier soll einiges über Gedichte von Ilse Aichinger vermittelt werden, Gedichte aus dem Band *Verschenkter Rat,* der Verse aus der Zeit zwischen 1958 und 1978 enthält.

Ich will versuchen, von den Texten selbst auszugehen. Fast nur von ihnen, auch wenn die Art dieser Gedichte eine vollständige Erklärung nicht zuläßt, wobei es natürlich fraglich bleibt, ob lyrische Gedichte überhaupt vollständig erklärbar sind.

Was diese Gedichte schwerer erklärbar macht als z. B. fast alle Brecht- oder Rilke-Gedichte, ist, daß in vielen dieser Verse die Grundstimmung die einer Verzweiflung ist, die sich nicht zu überwinden versucht, indem sie ihre eigenen Ursachen aufgraben und aufdecken will, sondern die ihre Klage über den Zustand der Verzweiflung beziehungsweise darüber, daß Menschen in diesen Zustand getrieben werden, einfach durch die Darstellung des Zustandes selbst lautwerden läßt. Es ist aber niemals eine geschwätzige Klage oder geschwätzige, vielredende Darstellung; es ist nie eine Klage, die sozusagen ihre eigene Geschichte und ihr eigenes Leid mitteilen will – diese Gedichte wären sonst unendlich weniger gut –, sondern es ist eine Klage, die das Mitteilenwollen fast aufgibt, bis auf jenen letzten Trost Grabbes: *Aus der Welt kann ich nicht fallen*. Die Klage teilt sich mit, indem sie *gerade noch* in der Welt ist, indem sie sich an keinen Menschen anzuklammern versucht, sondern traurig mit ihren eigenen Inhalten spielt. – Eine vulgärmarxistische Kritik hat bei Ilse Aichinger vor Jahren bedauernd festgestellt: »*Metaphern, Symbole, Chiffren, Parabeln, bislang als poetisch erhöhtes Verständigungsmittel gebraucht, sind austauschbar geworden, ihre Bindung an Wirklichkeit und Sprachrealität ist aufgegeben.*« (Lexikon deutschsprachiger Schriftsteller, Bibliographisches Institut, Leipzig 1967). *Fast* ganz richtig festgestellt, aber *ganz* falsch verstanden und bewertet! Die Austauschbarkeit *als Vorwurf* trifft nämlich nicht, weil in den hier dargestellten Bereichen tatsächlich die Austauschbarkeit von Bildern, die *Trennung* von der Sprachrealität höchste Realität ist. Genausogut hätte man Shakespeare vorwerfen können, daß er seine Ophelia gelegentlich wirres Zeug reden läßt!

Und wenn der Kritiker gesagt hat, die Bindung an Wirklichkeit und Sprachrealität sei *aufgegeben*, so hat er ein Wort gefunden, das wahrer ist, als er selbst gemeint hat: Sie ist nämlich *uns* allen *aufgegeben*. Das, was sich aufgibt, kann uns zur Aufgabe werden: Durch Eingehen auf diese Texte die vielfachen Querverbindungen zur Sprachrealität – allerdings nicht zu einer bloß unaufgeklärt aufklärerischen – wieder zu entdecken. Verzweiflung in einem Text ist in diesem Sinne auch die äußerste Herausforderung an uns, durch Verstehen und Sympathie den Ursachen dieser Verzweiflung entgegenzuwirken.

Dies will ich an einigen Textbeispielen erläutern.

In dem Gedicht mit dem Titel *Restlos* lautet die erste Zeile: *»Die Jungen mit den Totenscheinen«*, die letzte Zeile: *»und ihr Untergang«*. Es ist ein Gedicht über den restlosen Untergang, über einen Ritt der Vergangenheit in die Vergangenheit. *»Auf gewesenen Pferden«* – Das Wort wirft die Frage auf, ob auch ein Anklang an *Verwesen* in den gewesenen Pferden liegt? Nichts so Absichtliches wie eine gewollte Anspielung, ich beschränke mich auf das Wort *Anklang*.

Und schließlich in der viertletzten Zeile des Gedichts: *»die Spuren der Verwerfung«* ist es eine Verwerfung der geologischen Schichten, die uns von den Sauriern trennen, also ein Fachausdruck dafür, daß Schichten nicht nur verzerrt sind, sondern ihre Kontinuität zerstört ist? Oder ist es die Verwerfung des Weiterlebens, oder sind wir jenseits der Kontinuität die vom urzeitlich Älteren Verworfenen? Ich ergehe mich abermals nur in Assoziationen, unterstelle keine unbedingt bewußte oder gar von der Dichterin listig konstruierte Anspielung. Einfälle sind größer, vielschichtiger als die jeweilige Absicht des Schreibenden, und Ilse Aichinger hat schon immer, auch schon in der dichterischen Prosa ihres ersten Buches *Die größere Hoffnung* glücklicherweise zu jenen Dichtern gehört, die *mehr* tun, als sie selbst beim Schreiben wissen. Zurück zum Text.
Die beiden letzten Zeilen lauten:

Hilfe und Hinweis
und ihr Untergang.

Im Zusammenhang war klar, daß uns dies zu bedenken bleibt, zunächst die List der Saurier, wie sie kleiner wurden bis zu unserem Maße. Zu bedenken auch, daß dies die eigentlichen Saurier nicht retten konnte, auch wenn unsere kleinen Echsen noch leben... Vielleicht ist es aber auch der Untergang der Jungen mit den Totenscheinen und ihrer gewesenen Pferde, ja auch der Basare – also der Exotik, etwa des Todes in Samara, in die der Gedichtanfang uns flüchtig versetzt hat. *Hilfe und Hinweis* ist dann vielleicht das Denken sowohl an den *Versuch* der *listigen* Anpassung als auch an die *Verwerfung,* die dennoch folgt, ans *blanke Ende.*

Wenden wir uns einem anderen Gedicht zu: *Schneeleute.*

Schneeleute, also Schneemänner, Schneefrauen.... vermutlich auch Schneekinder, warum nicht? Und obwohl das Gedicht mit den Worten anfängt *»Ich mische mich nicht leicht/unter die Frem-*

den aus Schnee«, hat die Dichterin sich doch gerade mit diesen Worten irgendwie unter sie gemischt und uns mitgezogen. Indem sie sie die *»Fremden aus Schnee«* nannte, hat sie zwar für sich (und für uns) Abstand gewahrt, gleichzeitig aber den *»Schneeleuten«* von vornherein Menschenrang zugebilligt, ja sogar eine *scheinbare* Überlegenheit den anderen Menschen gegenüber: *»Manche mit mehr Gesichtern/als einem.«* Wenn ein Mensch mehr als ein Gesicht hat, dann stellt er es gewöhnlich nicht *heiter prangend* zur Schau. Und nun wird in das Gedicht ein gespenstischer Rollentausch eingeführt. Wenn das Tauwetter den Bann, die Starrheit der Schneeleute tödlich zu lösen beginnt, daß sie in ihrer Hinfälligkeit vorübergehendes Leben zu gewinnen scheinen, wenn die Kohlenaugen und die Rübennasen fallen, Knöpfe und rote Lippenbänder sich zu lösen beginnen, dann sieht die *Ichperson* des Gedichtes, der Mensch, *»es steif mit an/und ohne Laut«,* starr also, wie ein gefrorener Schneemann oder eine Schneefrau; *»ich eile nicht zu Hilfe«,* sagt sie noch und, ein wenig später: *»Es soll nicht ans Licht kommen. Und darum Stille.«*

In dem Augenblick, in dem die *»Schneeleute«* aufhören, erstarrt zu sein, erstarrt die menschliche Ichperson des Gedichtes –, vielleicht, um ihnen nicht zu Hilfe zu kommen. Aber wir wissen, daß Hilfe ohnehin nicht möglich gewesen wäre. Ja, der Gedanke, daß man *»Schneeleuten«* möglicherweise helfen *wollen* könnte, wird in dieser Verneinung überhaupt erst eingeführt! Doch sie sieht sich auch als Konkurrentin dieser *»Schneeleute«*. Das deutet sich vielleicht schon in der Beschreibung an, daß sie *»heiter prangen/manche mit mehr Gesichtern/als mit einem.«* Viel deutlicher aber deutet es sich an, nachdem schon vom Zerfallen der Schneeleute die Rede war. Nach den Worten *»ich eile nicht zu Hilfe«,* und vielleicht als Begründung dieser Worte, heißt es:

Vielleicht sprechen sie/das Mailändische/schöner als ich, es soll nicht ans Licht kommen.

Fragt sich, was das Mailändische in diesem Gedicht sein soll. Das könnte man eigentlich am besten die Dichterin selbst fragen. Als spezifischer italienischer Dialekt könnte es ihr kaum so intensiv aufgefallen sein, daß sie jetzt einzig und allein deshalb *»das Mailändische«* sagt. Vielleicht ist es, zumindest unter anderem, *auch* eine querlaufende Assoziation, vielleicht bedeutet es auch *Mai,* den ersten Monat ohne »R« und ohne Schnee. Vielleicht ist *das Mailändische* eine Sprache des ganzen Bereiches ohne »R«, also mindestens Italiens, des Südens, der Wärme, des Frühlings?

Und darüber hinaus einer dieser Orte, wie Dover in einem ihrer Prosatexte? Ganz zuletzt aber, wenn es heißt, daß das Licht die Schneeleute *»leicht/genommen hat«*, sagt sie auch noch, daß das Licht *sie* genommen hat *»mit allem, was sich da/zwischen mailändisch/und mailändisch verbirgt»*, und sie fügt hinzu, ganz einfach, gerade dadurch erschütternd und erschüttert: *»dann auch mit mir«*. Zuletzt also teilt sie doch das Schicksal der vergänglichen Schneeleute.

Nicht *alle* Gedichte dieses Bandes haben den Grundton Verzweiflung. Eines der ersten, *Marianne*, das dem Titel *und* dem Inhalt nach eine konkrete, an einen bestimmten Menschen anknüpfende Kommunikation ist, sucht und vermittelt *Trost*.

Aber das ist in diesem Band eher eine Ausnahme.

Häufig sind Fragegedichte oder Fragen *in* Gedichten, Fragen sehr verschiedener Art. In dem Gedicht *Mägdemangel* heißt es:

Wer hilft uns noch,/wer läßt der Sonne jetzt/ihr leichtes Spiel?/Sind wir von Baum zu Baum/allein geblieben/oder bewegen sich die Schatten/diese Tröster,/aus ihren Netzen/bald herab zu uns?

Das sind trostlose verlassene Fragen, nicht zuletzt, weil die tröstenden Schatten, die vielleicht bald aus ihren Netzen zu uns herabkommen, eine so unheimliche Ähnlichkeit mit Spinnen haben. Aber auch schon der Anfang des Gedichts: »*Wer bleibt den Felsen auf der Spur,/wer säumt die Gräser,/wer riegelt uns die Plätze/jenseits der Straßen ab?*« besteht aus Fragen. – Nicht alle gleicher Art. »*Wer bleibt den Felsen auf der Spur*« ist eine ganz andere Art Frage als etwa »*Wer hilft uns noch*«.

In anderen Gedichten tauchen Fragen auf, die stark an Fragen in Hans Arps Gedichten erinnern, etwa in seiner *Klage um Kaspar*.

Wer ißt nun mit der ratte am einsamen tisch,
wer verjagt den teufel, wenn er die pferde verführen will.
Wer erklärt uns die monogramme in den sternen.

Oder:

Wer trägt nun die brennende fahne im zopf.
Wer dreht die kaffeemühle.
Wer lockt das idyllische reh.

Ilse Aichingers Gedicht *Bobingers Klage* hat folgenden Text:

Meine Freunde sind ausgegeben,
zwischen den Blättern und Ästen
verlor ich sie.
Wer löst mir das Bild,
wer holt ihre leichten Gestalten
neu aus dem Regen hervor,
wer fängt ihnen Wolkenhauben,
wer dreht mir die Sonnenuhr?

Die Ähnlichkeit mit Arps Fragen in seiner *Klage um den Tod des guten Kaspar* ist unverkennbar, aber dennoch bleibt in Arps Fragen in der ausufernden Unmöglichkeit ihrer Zusammenstellung etwas *mehr* verzweifelte Lustigkeit.

Wobei wir vielleicht bedenken sollten, daß es sich bei scheinbar sinnlosen Fragen, wie bei allem, was in den Bereich des Nonsensgedichts oder Unsinnsgedichts hineinspielt, um eine tiefe Verzweiflung an der Sinnhaftigkeit des Tuns und Treibens dieser Welt handeln kann, bei Christian Morgenstern und Hans Arp genau wie bei Ilse Aichinger oder bei Günter Bruno Fuchs.

Zu dem Gedicht *Bobingers Klage* sei hier noch erwähnt, daß der Anfang:

Meine Freunde sind ausgegeben,
zwischen den Blättern und Ästen
verlor ich sie

ja sogar die zwei Rätselfragen der nächsten drei Zeilen:

Wer löst mir das Bild,
Wer holt ihre leichten Gestalten
neu aus dem Regen hervor

ihre Lösung möglicherweise in dem unmittelbar hervorgehenden, aber ebenso langen Gedicht finden, das im Buch links von *Bobingers Klage* auf der gegenüberliegenden Seite abgedruckt ist und *Kartenspiel* heißt.

Die schwarzen Winkel vergessend,
Gesichter
und das Gold unter der Mauer,
wir lassen alles dahin,
die Schaukel mit den Eisenmännern,

die Muster, die uns blind machten,
und unter der Küchenbank
ein Nashorn, vom Lichte erwärmt.

Vielleicht sind die ausgegebenen Freunde, verloren zwischen den Blättern und Ästen, einfach Spielkarten als Symbol für das Spiel des Lebens, in dem wir Karten, Spieler, Einsatz und fragende Beobachter unserer Umgebung sind, alles zugleich.

Mitten in dem kurzen Gedicht gibt es Formulierung: *»Wir lassen alles dahin.«* Ungewöhnlich im Deutschen, eine Zusammenziehung aus *»wir lassen«* und vielleicht auch aus *»dahin fahren lassen«* (Ich denke z. B. an die Zeile *»laßt fahren dahin«* aus Luthers *»Ein feste Burg ist unser Gott«),* aber trotz der Ungewöhnlichkeit sofort völlig verständlich. Und was wir dahinlassen, ist *»die Schaukel mit den Eisenmännern«,* was allenfalls noch an Arp erinnern könnte, dann aber sind es *»die Muster, die uns blind machten«*. Das ist schon todernst und wirft die Frage auf, ob nicht vielleicht auch schon die Eisenmänner recht ernstgenommen werden könnten, z. B. als gepanzerte Krieger, und schließlich, wieder an Arp erinnernd, surrealistisch oder dadaistisch: *unter der Küchenbank/ein Nashorn, vom Lichte erwärmt.*

Entschieden kein Verzweiflungsgedicht, auch abgesehen vom heiter anmutenden Schluß, dem vom Licht erwärmten Nashorn unter der Küchenbank. – Freilich, so ganz heiter auch wieder nicht. Immerhin ist das Nashorn nur ein Teil der Aufzählung dessen, was wir lassen – dahinlassen – müssen. Und was an Heiterkeit da zu sein scheint, ist vielleicht nur das Ergebnis einer zeitweiligen Verdrängung. Nicht umsonst beginnt das Gedicht programmatisch mit den Worten: *»Die schwarzen Winkel vergessend.«*

Aber wenn schon das vom Licht erwärmte Nashorn unter der Küchenbank etwas Märchenhaftes hat, so finden sich in einem anderen Fragegedicht die Märchenfragen noch viel deutlicher: Es heißt: *Winterantwort* und ist das zweite Gedicht im Band. *»Großmutter, wo sind deine Lippen hin?«* Nicht der *Inhalt* dieser und der folgenden Fragen, wohl aber die Form der Frage an die Großmutter – und auch der Wald – erinnern (wohlgemerkt nur auf *einer* der vielen Ebenen dieses überdeterminierten Gedichtes) an das Märchen von Rotkäppchen und dem Wolf, den es für seine Großmutter hält. Vier Seiten später in diesem Gedichtband findet sich das Gedicht *Widmung,* in dem es heißt:

Wir ließen uns sacht die Monde hinunter
und läge die erste Rast noch bei den wollenen Herzen,
die zweite fände uns schon mit Wölfen und Himbeergrün

Die Lebens- und Sterbensreise, von der auch in diesem Gedicht die Rede ist, kann also durchaus durch eine Märchenlandschaft mit gefährlichen Wäldern, Wölfen und (der Form nach rotkäppchenhaften) Fragen an die Großmutter stattfinden. – Diese Fragen aber, in dem vorhin zitierten Gedicht *Winterantwort,* sollen jetzt noch etwas genauer angesehen werden.

Großmutter, wo sind deine Lippen hin,
um die Gräser zu schmecken,
und wer riecht uns den Himmel zu Ende,
wessen Wangen reiben sich heute
noch wund an den Mauern im Dorf?

Ich will nicht unterlassen, einen pedantischen Einwand zu erwähnen, den ich beim Vorlesen des Gedichtes einmal gehört habe: »Man schmeckt doch nicht mit den Lippen, sondern mit der Zunge, vielleicht auch mit dem Gaumen.« – Dagegen ist natürlich zu sagen, daß ein *Kind* findet, man schmeckt mit dem Mund. Der Mund ist ihm vor allem durch die Lippen gekennzeichnet. Die Frage, wie anatomisch falsch gestellt sie auch sein mag, ist also als Kinderfrage an die Großmutter ganz richtig. – Doch weiter: Wenn die Großmutter keine Lippen mehr hat, ist sie vermutlich tot, ein Schädel. Und tatsächlich wird hier die Welt von einer Stelle schon jenseits der Sinnesorgane her betrachtet *»keine Augen mehr, um die weißen Wiesen zu sehen«* (Weiß vom Schnee, das Gedicht heißt ja *Winterantwort).* Keine Ohren, und vermutlich, wie aus der Frage nach dem Zu-Ende-Riechen des Himmels und den Wangen hervorgehen dürfte, auch keine Nase und keine Wangen mehr... Der finstere Wald, die Kinder, die an seinem Rand wohnten, kommen wieder ganz und gar aus dem Märchenreich, archetypisch, auch dann, wenn es längst nicht nur der Kindermärchenwald ist, sondern auch der gefährliche Wald, in den sich Dante am Anfang seiner Reise durch die Unterwelt auf halbem Weg des Menschenlebens verschlagen findet.

Stimmt die Antwort, daß der Wald nicht finster ist? Ja und nein. Sie stimmt, wenn diese Welt aus dem Stoff ist, der Betrachtung nicht nur mit den Sinnesorganen verlangt. Aber wie ist es mit Betrachtungen nach Wegfall der Sinnesorgane, wenn es keine Augen, keine Ohren, keine Lippen mehr gibt? Betrachtungen *nach* diesem Leben? Hier verlieren wir uns in metaphysische Bereiche. Ich könnte natürlich sagen, daß ich mir vorbehalte, falls wir uns nach dem Tod wiedertreffen, noch weitere wichtige Ergänzungen zur Erklärung dieser Texte vorzuschlagen; – aber auch vielleicht noch diesseits des Todes *aller* von uns gäbe es da eine Bemerkung zu machen: Nämlich diese Gedichte sind von der Art, die von einigen Überlebenden *nach* einem Atomkrieg, falls es die gibt und falls sie noch an Gedichte denken, leichter und besser verstanden werden könnte als heute. Dies nur nebenbei.

Ich will auch nebenbei darauf hinweisen, daß die Gestalt der Großmutter, als Bezugsperson, die stirbt, auch in Ilse Aichingers Roman *Die größere Hoffnung* eine wichtige und ebenso inhaltlich wie literarisch bemerkenswerte Rolle spielt.

Mit diesem Hinweis will ich ganz bewußt auf Querverbindungen aufmerksam machen. Man kann das Werk einer Dichterin wie Ilse Aichinger im Grunde überhaupt nicht verstehen, ohne solcher Querverbindungen zumindest eingedenk zu sein. Die Querverbindungen verbinden Prosa, Gedichte, Hörspiele sowohl als ein Gedicht mit dem anderen. Erinnern wir nur noch einmal an das Gedicht *Widmung* und die Zeile: *»die zweite fände uns schon mit Wölfen und Himbeergrün«*, so finden wir im unmittelbar vorhergehenden Gedicht *Außer Landes* die Erwähnung von Orten *»mit ihrem Himbeergesträuch«*. Daß zwischen diesen Texten irgendein Zusammenhang bestehen muß, ist anzunehmen. Aber zu glauben, daß Himbeergrün und Himbeergesträuch für Ilse Aichinger nur irgendeinen mystischen oder gar künstlich ausgeklügelten Stellenwert oder Symbolwert haben müssen, wäre wohl vorschnell. Ich glaube, sie fußt auf vielen starken Eindrücken, die sie von ihrer Umgebung tatsächlich empfangen hat, teils, vielleicht sogar vor allem, Eindrücken aus der Kindheit, die deshalb paradigmatisch werden konnten, aber vielleicht auch Eindrücken, die später erlebt oder doch neu aufgefrischt und bestärkt wurden, etwa, wenn sie sie mit ihren Kindern wiedererlebte. Ich will jetzt noch ein ganz anderes Beispiel für solche Bildungssprünge aus der wirklichen Kindheitsumgebung geben: Das Gedicht *Die trüben Stunden nutzend* lautet:

Laß das Gelichter
auf den Feldern rasten
im Dunst, der aufsteigt
denn nichts leuchtet dir.

Die Grottenbahnen auf den Hügeln
sind jetzt geschlossen,
die Rüben lange aus der Erde,
die Kinder fort.
Die Blumenflechter sind die letzten,
die noch blieben
sie brennen Öl,
mit ihnen läßt sich reden.

Da haben wir die Zeilen: »*Die Grottenbahnen auf den Hügeln sind jetzt geschlossen.*« Manche Leser könnten da ohne weiteres etwa an Hügel mit Tropfsteingrotten denken, durch die Bahnen führen, die aber jetzt, vielleicht weil es Nacht ist, geschlossen sind. Natürlich, wer die Wiener Umgebung der jungen Ilse Aichinger kennt, wird diesen Fehler nicht machen, sondern genau wissen, was die Grottenbahn im Prater bedeutet. Es liegt nahe, daß viele Bildelemente in diesen Gedichten ähnlich zustande kamen, auch wenn ihre Spur nicht so leicht verfolgbar ist wie die der Grottenbahnen.

Dieses Gedicht *Die trüben Stunden nutzend* steht im Band als übernächstes nach dem Gedicht *Widmung,* in dem eine erste, zweite und dritte Rast beschrieben war. Die erste Rast »*noch bei den wollenen Herzen,/die zweite fände uns schon mit Wölfen/und Himbeergrün*« – Hier, in diesem Gedicht nun, soll man *das Gelichter auf den Feldern rasten* lassen und dann erkennen, daß nichts mehr leuchtet, daß die Grottenbahnen geschlossen sind, die Rüben geerntet, die Kinder fort sind. Es ist eine ziemlich verlassene Welt, wieder eine Landschaft der Trauer, nicht weit von Verzweiflung »*Die Blumenflechter sind die letzten,/die noch blieben*«. Blumenflechter? Das sind vielleicht Flechter von Grabkränzen. – »*Sie brennen Öl,/mit ihnen läßt sich reden.*« – Das könnte sich auch auf Ölöfchen beziehen, wahrscheinlich ist aber an Öllampen gedacht, eine uralte und fast so trübe Beleuchtungsart wie das innere Licht. Öllampen, die auch auf Gräbern brennen. Eine Beleuchtungsart, die Transzendenz-Tendenzen Vorschub leistet und übertragene Bedeutungen, und mit solchen operieren diese Gedichte immer wieder.

Das kurze Gedicht, das in diesem Gedichtband darauf folgt, heißt *Dorfweg:*

Die Stare lästern im Herbst
und manchmal höre ich die Türen zweimal schlagen,

einmal davon im Traum.
Wer gab uns die Bilder,
die roten Äpfel
im Garten des Kohlenbrenners,
ungereimt, aber gesonnen zu unterliegen mit uns.

Dieses Gedicht könnte zum Teil geradezu zur Bestärkung dessen dienen, was wir zuvor zu erarbeiten suchten. Wurde im vorigen ein bedeutungsträchtiger Beruf erwähnt, die Blumenflechter, so befinden wir uns diesmal im Garten des Kohlenbrenners. Und dieser ebenfalls schon archetypische Beruf kommt in einem Satz vor, der geradezu nach der Herkunft der Bilder fragt, zuletzt aber auch etwas über die Funktion dieser Bilder aussagt: »*Wer gab uns die Bilder/die roten Äpfel/im Garten des Kohlenbrenners/ungereimt, aber gesonnen zu unterliegen mit uns.*«

Es wird ausdrücklich gesagt, daß die Bilder ungereimt sind, und es wird ausdrücklich gesagt, daß die Tendenz dieser Bilder nicht ist, irgendeinem lehrhaften oder politischen Zweck zu dienen, irgendein positives Ziel zu erreichen. Ihr Sinn ist es, »*zu unterliegen mit uns*«.

Sprengen wir hier nur wenigstens einmal den Rahmen, den diese Ermittlung sich gesteckt hat, um die wichtige Frage zu stellen, ob das denn wirklich nur ein »*Unterliegen*« ist. Die Frage stellen heißt sie verneinen. Ein Unterliegen, das nicht auch der Entfremdung unterliegt, der Verdinglichung, ein Freibleiben davon, sei es auch um den Preis des Unterliegens, ist kein völliges, kein wirkliches Unterliegen. So wie schon in dem Buch *Die größere Hoffnung* Ellen und ihre Großmutter und all die anderen Unterlegenen nicht die wirklichen Unterlegenen waren. Ein Trost, der nicht genügt, und doch ein Trost.

ungereimt, aber gesonnen zu unterliegen mit uns.

Auch deshalb *gesonnen zu unterliegen mit uns,* weil sie sich um keinen Preis einen Reim auf das machen wollen, was gegen uns steht, weil sie sich nicht mit einem Reimwort einfügen und anpassen wollen, weil hier Kritik an dieser Welt geübt wird, die darum, weil sie nicht tagespolitisch ist, um nichts weniger radikal ist. Als dieser Gedichtband *Verschenkter Rat* erschienen war, hat Gisela Lindemann, eine der genauesten, sensitivsten unter den Interpreten deutscher Lyrik, in ihrer Rezension in der *Zeit* (20. Oktober 1978) auch *da*rauf hingewiesen.

Sie nimmt ein vierzeiliges Gedicht zum Anlaß:

Nachruf

Gib mir den Mantel, Martin,
aber geh erst vom Sattel
und laß dein Schwert, wo es ist,
gib mir den ganzen.

Es ist nicht das erste Mal, daß St. Martin in deutschen Versen *nicht* getreu der Legende angegangen wird. Vielleicht kannte auch Ilse Aichinger die Bettelreime.

Sankt Martin, der du dem Bettelmann
deinen halben Mantel teiltest,
ach, wenn du mir doch dann und wann
meinen ganz zerrissenen heiltest!

Aber Ilse Aichingers Gedicht ist radikaler. Gisela Lindemann trägt der Schärfe der Dichterin Rechnung und sagt: *»Zu Grabe getragen wird eine Heldenlegende.«* Sie sagt auch: *»Für Begütigung und Akklamation ist keine Zeit mehr, denn auf die Gewährenden ist kein Verlaß... Der glänzende Ritter, dem erst der Bettler zu seinem Glanz verhalf, ist dem ›plebejischen Blick‹ ausgesetzt, er steht nun eher halbherzig da und mit zu groß geratener Geste. Mißtrauen gegen seine Güte ist angezeigt, das Anrecht auch des Schwächeren wird eingeklagt. Das Wort Schwert ist ein anderes in diesem Gedicht als das Wort Schwert in der Legende; auch hoch zu Roß heißt hier etwas anderes als dort.«*

Ganz ähnlich zeigt Gisela Lindemann auch im Gedicht *In und Grimm* die unerbittliche Kritik, die Anklage, aber auch, wie die zwei Wörter »In« und »Grimm«, deren Verlust das Gedicht beklagt, gerade durch diese Klage wieder gerettet werden.

»Wo warst du« fragt Ilse Aichinger keinen Geringeren als den *jüngsten Richter,* wenn er kommt:

Auf euch will ich mich versteifen,
wenn der jüngste Richter kommt
und will ihn fragen:
weshalb hast du mich nicht geweckt,
damals im Juli,
wo warst du,
als die beiden Wilden ertranken,
meine Rotfelle und deine,

von denen eines hoffte,
das andere nicht?

Die Rezensentin zeigt vieles anhand dieses Gedichtes, wie Ilse Aichinger *»den entferntesten Fluchtpunkt beschwört, den je Menschen erdacht haben«,* daß die List ihrer Gedichte, das gleichsam kindliche, scheinbar verspielte Durchschauen der Welt (wieder wie in dem Buch *Die größere Hoffnung)* immer aufs Ganze geht, daß sie nur so ihre zwei Wilden, deren Verlust sie beklagt, vor der Welt der Planierer, die den Ingrimm entwertet haben, wieder retten kann, – »wieder wild machen« möchte ich hinzufügen. Und ich möchte vielleicht auch noch hinzufügen, daß sie – zum Unterschied etwa von Karl May (laut Ernst Bloch dem deutschen Indianerutopisten) – nicht Rothäute sagt, sondern Rotfelle, vielleicht weil es ja nicht Menschen sind, sondern Wörter, und möglicherweise auch, weil das Gedicht nicht nur von heute handelt, sondern auch von gestern und morgen, von Fällen, die schon vorgefallen sind, und von solchen, die erst fällig werden.

Hier könnten die Erklärungen und Deutungen weitergehen. Wir sind weit davon entfernt, alles in ihnen erklären zu wollen. Ich bezweifle auch, ob es Absicht der Dichterin war, alles zu erklären, alles auszuplaudern, was in ihr anklang. Aber durch die Querverbindungen der Worte und Bilder, durch das, was eines über das andere immerhin aussagt, sind wir vielleicht doch in der Lage, ein wenig besser zu erkennen, was uns in der Landschaft dieser Gedichte anspricht, vielleicht bewegt, vielleicht nur betroffen und traurig macht. Man kann Gedichte mehrmals lesen, mehrmals sich durch den Kopf gehen lassen, manchmal mehrmals hören, im Wachen und vielleicht auch anders – so wie Ilse Aichinger gesagt hat: *»und manchmal hörte ich die Türen zweimal schlagen/einmal davon im Traum.«*

1981

Ernst JANDL

Verwehrte Kelt

für Ernst Jandl

Im Esten
genau wie
im Wosten
verresten
oft grade
die Bosten

1982

Inmitten

für Ernst Jandl

Daß er verdrehe sich
in seinen Versen
vor Scherz
fanden sie ganz
nach ihrem Geschmack
und fanden in jedem
verdrehten
verwundenen Wort
den Scherz
und fanden ihn lustig
und schmeckten ihn nach
und sagten genüßlich:
»m!«

Und das
war es auch wirklich
(Nur: Sie wußten es nicht)
der listige Scherz
der ihm seine Verse
drehsprüchig machte
der sich wenden
und winden konnte
und ihn mit sich –
der Scherz
mit dem »m«
inmitten

1985

Arthur WEST

Zu den *Israel-Sprüchen*

Zu diesen Gedichten einige Worte schreiben zu dürfen, bedeutet mir viel. Nicht nur, weil ich den Dichter, seine Menschlichkeit und Konsequenz seit nahezu 40 Jahren kenne; nicht nur, weil seine Verse – nicht *trotz,* sondern gerade *wegen* ihres furchtbaren und lyrisch schwer zu vermittelnden Themas – wirkliche Gedichte sind; sondern auch, weil ich mich mit diesen Gedichten und durch sie einmal mehr mit ihrem Verfasser verbunden und solidarisch fühle.

Es ist gut und es ist nötig, daß gerade ein Mensch, dessen Schicksal dadurch geprägt wurde, daß er als Jude vom Hitler-Faschismus verfolgt und vertrieben wurde und gegen ihn kämpfen lernte, gegen die Verbrechen des Zionismus (nicht nur gegen die eines Begin) an den Palästinensern protestiert und von der Empörung über diese Verbrechen so erfüllt ist, daß sie ihn zu Gedichten inspiriert.

Mir ist es ähnlich wie Arthur West ergangen. Auch ich wurde als Jude vom Hitler-Faschismus aus meiner Heimat Österreich vertrieben. Auch ich habe – vor einigen Jahren – einen Gedichtband gegen den furchtbaren Irrtum des Zionismus, der zum Verbrechen an den Palästinensern wurde, veröffentlicht *(Höre, Israel!* 1974). Schon deshalb weiß ich aus eigener Erfahrung, was Zionisten und von ihnen irregeleitete Juden – und auch einige sogenannte Philosemiten – von Arthur West sagen werden. Sie werden ihn einen jüdischen Antisemiten nennen, wie jeden Juden, der sich gegen den zionistischen Alleinvertretungsanspruch wehrt. Sie werden ihn verleumden, wie sie jeden Linken verleumden, der sich weigert, seine Augen vor dem zu verschließen, was sie den Palästinensern angetan haben, was sie ihnen immer noch antun und weiterhin antun wollen.

Diese Anschuldigungen sind zutiefst falsch, auch wenn die Verleumder oft selbst verhetzt und verwirrt sind und das nicht wissen. Genau so falsch wie die Behauptung deutscher Faschisten war, daß jeder deutsche Hitler-Gegner ein Verräter an seinem eigenen Volk und Blut sei. Es ist kein Zufall, daß Zionisten von jüdischen Antizionisten immer wieder diese selben Worte gebrauchen. Die Wahrheit ist ganz und gar das Gegenteil. Ein guter Deutscher war nicht der verblendete Nationalsozialist, auch nicht, wenn er es zu sein glaubte und für seinen Irrglauben sein Leben einsetzte, sondern gerade der von ihnen verleumdete Antifaschist, der nicht nur vor den Verbrechen des Hitler-Faschismus an anderen warnte, sondern der auch gegen das Unglück kämpfte, in das der Hitler-Faschismus unweigerlich auch das deutsche Volk stürzen mußte. Ebenso sind gute Juden nicht die zionistischen Chauvinisten, sondern die von ihnen als jüdische Antisemiten Geschmähten. Und sind, wenn man schon diese alten Worte verwenden muß, etwa die Palästinenser keine Semiten? Sind die Verbrechen, die man an ihnen begeht, etwa nicht antisemitisch zu nennen? Selten ist Demagogie so leicht an ihren eigenen Worten zu erkennen und zu entlarven.

Desto wichtiger, daß Warnung vor dem Zionismus, Klage über seine Verbrechen an Palästinensern und über das Unglück, in das er Juden stürzt, auch aus *jüdischem* Geist kommt, wie er sich wieder und wieder in diesen Gedichten findet. Arthur West hat es sich nicht leicht gemacht. Er ist nicht in den Fehler verfallen, aus Abscheu vor den zionistischen Verbrechen sein Fühlen und Verstehen für die Juden und ihr Schicksal verleugnen oder verdrängen zu wollen. Im Gegenteil: Er entdeckt in seinen Gedichten, daß gerade dieses Fühlen und Verstehen in keinem Widerspruch zur Solidarität mit den Palästinensern steht, sondern daß es die, die von dort, wo sie geboren sind, vertrieben und heimatlos gemacht wurden, davor bewahren muß, andere zu vertreiben und heimatlos zu machen; besonders andere, die ihnen nichts getan haben. Im Mittelalter und zu Anfang der Neuzeit waren es die islamischen Länder, auf deren Boden sich jüdische Kultur entfalten konnte, während das angeblich christliche Abendland die Juden verfolgte. In unserer Zeit, nach der furchtbarsten dieser Verfolgungen, rufen die Zionisten ihre alten Peiniger und deren Rechtsnachfolger auf, ihnen gegen die islamischen Völker zu helfen. Abraham rufen seine Anführer zum Kampf gegen seinen Bruder Ibrahim auf, wie Arthur West das in seinen Versen formuliert.

So voll von Bedeutung, von oft mehrschichtigem Sinn, sind diese Verse, daß ihre Beschreibung oder Erklärung weit mehr Raum einnehmen würde als die Gedichte selbst. Aber es ist auch gar nicht notwendig, sie zu erklären; sie sind, wenn man elementare Kenntnis der Bibel und einiger Tatsachen der jüdischen Geschichte voraussetzen darf, leichter verständlich als viele moderne Texte. Sie bemühen sich auch nicht um Neuartigkeit oder um irgendeine poetische Manier, sondern erreichen ihre wirkliche Originalität immer wieder dadurch, daß der Sinn nicht nur auf besonders geglückte Art konzentriert ist, sondern daß es offenbar ein Sinngehalt ist, der dem Dichter so sehr in Fleisch und Blut übergegangen ist, daß Gedanken, Gefühl und sprachlicher Einfall eine Einheit bilden. Es ist, als hätte Arthur West diese Gedichte schon viele Jahre mit sich herumgetragen, ehe sie geschrieben wurden, so sehr verschmelzen Unmittelbarkeit und Reife in ihnen, so sehr sind diese Verse auch, trotz ihres gewichtigen Inhalts, von diesem Inhalt und den daran anknüpfenden Gedanken nie überfrachtet, sondern Gefühl und Sprache, gerade auch im Sprachgefühl ineinander verschmolzen, sind so stark und originell, daß die Gedichte nicht »kopfschwer« werden.

Es sind liebevolle Gedichte, von Liebe erfüllt nicht nur zu denen, mit denen der Dichter sich solidarisiert, sondern auch zu den Schuldigen, die er beklagt, indem er sie anklagt, und die er nie einfach schlecht zu machen sucht. Dies zeigt schon das erste Gedicht, in dem der Stein auf die Schuld geworfen wird – und geworfen werden muß –, aber nicht auf die schuldig Gewordenen, deren Leid mitgelitten wird, freilich ohne aus diesem Leid einen Freibrief für sie machen zu wollen, anderen ähnliches oder gleiches Leid zuzufügen. Das Wissen des Dichters um die *»Enge der Welt«* ist, ebenso wie sein Mut, die Schuld Schuld zu nennen und zu bekämpfen, die Voraussetzung für die Möglichkeit der Befreiung der Menschen: die Befreiung der Palästinenser von dem furchtbaren Unrecht, das ihnen getan wurde, aber auch die Befreiung der Juden von der Schuld, in die der Zionismus sie verstrickt hat. Diese Befreiung wird eine Selbstbefreiung sein müssen, und ohne sie gibt es keine Zukunft für die Verstrickten.

Das ist ein Teil der Botschaft dieser Verse. Aber wie bei aller wirklichen Dichtung ist ihr Inhalt noch lange nicht angegeben, wenn man versucht, die einzelnen Themen anzugeben; etwa die Klage darüber, daß die Zionisten ihre Untertanen in Israel zu bloßen Packeseln des Imperialismus erniedrigt haben; daß die Juden in Israel in Gefahr sind, einen zu bescheidenen Zukunftstraum zu träumen, der sie statt in die Freiheit einer neuen Menschenverbrüderung nur in die Freiheit eines Kerkermeisters versetzt; oder die Klage über die Schwierigkeit, wenn die Unterdrückten sich nach dem Vorbild ihrer Mörder in Unterdrücker verwandelt haben, Kreuzritter noch von Sternträgern zu unterscheiden. Die Fragen, die diese Gedichte stellen, sind nicht nur einleuchtend für den denkenden Kopf, sondern gehen zu Herzen, etwa wenn erklärt wird, wie die Zionisten glauben, zweckdienliche Mittel anwenden zu dürfen, ja zu müssen, alles, weil es ihrem Volke diene, und wenn zuletzt gefragt wird:

»Und wem
dient
das Volk?«

Klassenkampf, in Israel und in arabischen Staaten; das Schicksal der orientalischen, der sogenannten »schwarzen« Juden; die Gleichheit jüdischer und palästinensischer Tränen; der gräßliche Witz der Weltgeschichte, der die Zionisten, also jüdische Menschen, verleitet hat, den Palästinensern ein »jüdisches Schicksal« bereiten zu wollen – all dies ist in diesen Versen enthalten und durch die dichterische Kraft dieser Verse nicht schweres Stückwerk geblieben, sondern aufgehoben in jenem Doppelsinn, der zugleich das Suspendieren und das Bewahren bedeutet.

Es ist gut, daß es diese Gedichte gibt; und ich bin sicher; daß die Zeit kommen wird, in der vielleicht sogar noch manche von den Juden, die den Dichtern heute für seine Verse anfeinden, ganz gewiß aber ihre Kinder und Kindeskinder froh sein werden, daß es auch in den finsteren Zeiten des zionistischen Größenwahns und erbärmlichen Unrechts an den Palästinensern Juden gegeben hat wie Arthur West, die Kraft und Inspiration gefunden haben, gegen den Strom zu schwimmen und Zeugnis für internationale Solidarität abzulegen; und für den einzigen Fortschritt, der sich lohnt.

London, im Sommer 1980

Ernst FISCHER

Überlegungen

für Ernst Fischer

»...und hätte der Liebe nicht«

»Es rettet uns kein höh'res Wesen,
kein Gott, kein Kaiser, kein Tribun!«

1 Erkenntnisse wurden
zur Litanei der Erkenntnis
Hoffnung auf Freiheit
wurde zum Freiheitsglauben

Die Gläubigen sangen im Chor
die Litanei
und fühlten sich sicher
im Schutz ihres Gottes der Freiheit

und wählten Priester
und waren dem Gott ergeben
und gingen zu seiner Predigt
und Beichte und Kommunion

Sie wurden kleinlaut
wenn sie den Regeln der Priester
nicht folgen konnten aufs Wort
und schlugen sich an die Brust

und suchten nach Ketzern
und stießen sie aus der Gemeinde
der einen Erkenntnisse die
das Wort ist der Weg und die Wahrheit

2 Als wir Gottlosen uns das Los
der Menschheit
zum Gott erwählten
und die Qual unsrer Wahl erlitten
im Tempel der neuen Gottheit

da blieb
wer um jeden Preis
auf dem rechten Weg bleiben wollte
willenlos auf dem Weg
preisgegeben dem Unrecht

3 Wir lernten
das Streben nach Freiheit
unterbrechen
um zuerst ihre Fundamente
zu bauen
und später die Freiheit

Das Gleichnis vom neuen Bau
schien einleuchtend
und erbaulich
Wer es nicht gelten ließ
war dumm
oder bösen Willens

Für uns
war der künftige Bau
schon da
in den Fundamenten
Mit geschlossenen Augen
sahen wir seinen Glanz

Wir bauten weiter
der Bau wurde breit
und hoch
Pfeiler und Stufen
Mauern Fenster
und Gitter

Die Mauern umringten uns
wir sehnten uns manchmal ins Freie
Das nannten wir
unerbaulich
eine Schwäche
der Zeit vor dem Bau

4 Als der Bau
unseren offenen Augen
anders erschien
als das Bild
vor unsern geschlossenen Augen

blinzelten wir uns Trost zu:
Ein Bau
ist immer anders
als auch der besten Baumeister
Vorsatz und Plan

Und doch
es ist unser Plan
wir legten die Fundamente
wir kennen den Plan
wir haben ihn selbst gezeichnet

5 Wir haben gelernt
und wir haben dazugelernt
Wir haben verlernen gelernt
und dazugelernt wie man dazulernt

Nun lernen wir fragen
warum wir uns trösten lernten
und warum wir oft
nur dazulernten wie man verlernt

Die uns lernen lehrten
waren unsere Lehrer
Die uns verlernen lehrten
waren unsere Lehrer

Die uns das Richtige lehrten
und die uns das Falsche lehrten
haben uns sehen gelehrt
was falsch und was richtig ist.

6 Wir sehen:
Die Unterbrechung des Aufbaus der Freiheit
durch einen einzigen scharfen Einschnitt
entspricht
der Unterbrechung lebendiger Figuren
durch einen scharfen Schnitt
zwischen Kopf und Rumpf

Solche Figuren
von Tieren und Menschen beleben
ägyptische türkische maurische Arabesken
und verstoßen doch nicht mehr
gegen die Regel der Priester
Du sollst dir kein Abbild machen
von dem was lebt

Auch die Freiheit
naturgetreu nachgezeichnet
aber einmal von einem Schnitt unterbrochen
kann ein Papier verzieren
und wirkt wie lebendig
und ist doch sichergemacht
von sich selbst und der Welt

7 Die einen sagten:
Ich will lieber
mir selbst nicht glauben
als glauben daß dieser Bau
kein Bauwerk der Freiheit ist

Lieber soll Schloß und Riegel
mich
vor mir selber schützen
als daß ich sage
Wir haben vergeblich gebaut

Lieber sich selbst belügen
um der späteren Wahrheit willen
als rechtgeben
einem
der nie nach Recht gestrebt hat

8 Die anderen sagten:
Zeigt euren guten Willen
und sprengt die Fundamente
des neuen Bauwerks

Ihr seht ja selbst
es ist ein Kerker geworden
Sprengt seine Fundamente
dann helfen wir euch

Wir haben euch zwar bis jetzt
gejagt und getötet
aber nur um uns und auch euch
zu schützen vor eurem Kerker

denn besser ihr sterbt hier im Leben
das wir kennen das frei ist für alle
als daß ihr erst uns und dann euch
erstickt zwischen neuen Mauern

Baut die eine Hälfte der Welt
nicht zum Tempel auf gegen die andre
Sprengt eure Fundamente
so wollen wir Brüder sein

Es bleiben dann Steine genug
und umgegrabenes Erdreich
da können wir alle bauen
anders und besser

9 Und wieder die einen:
Ihr hört die Reden der andern
Es darf kein Wort davon wahr sein
unsre Mühe
wäre sonst sinnlos

Ihr wißt:
ihre Absicht ist böse
drum müßt ihr nichts weiter wissen
Was immer die andern sagen
das Gegenteil davon ist wahr

Unsre Mauern beengen euch nur
solang ihr hinauswollt
Wenn sie sagen
wir sind auf dem Holzweg
so wißt ihr wir sind im Recht

denn Irrtum auf beiden Seiten
ist gar nicht möglich
sonst wäre die Welt zu verwirrend
und Verwirrung
hilft nur den andern

Unterbrecht
nicht den Bau
sondern nur das Gerede von Freiheit
Die werden wir haben
wenn wir von den andern frei sind

Wir bauen den Körper der Freiheit
die mächtigen Muskeln und Sehnen
und setzen den Kopf
ihm erst auf
wenn der Körper ihn tragen kann

Eins nach dem andern
erst die Mauern und dann den Dachstuhl
Ihr seht ja: so lehrt uns die Arbeit:
Erst den Körper
und dann den Kopf

10 Das Leben durchkreuzt und durchquert
die Lehren der einen und andern
Beide umrankt es
in verschlungenen Arabesken

und reicht sie einander
wie der Zweig den Apfel der Schlange
wie die Schlange den Apfel dem Weib
wie das Weib den Apfel dem Mann

Und beide sind Stückwerk
Abbild lebloser Teile
zerschnitten nach alten Regeln
daß nicht ein Teil den andern belebt

11 Der Schnitt ist der Schnitt
zwischen dem Baum des Lebens
und dem Baum der Erkenntnis
im ersten Garten

zwischen Baum und Apfel
zwischen Gebot und Genuß
zwischen Mann und Weib
und zwischen Angst und Begreifen

zwischen der Drohung des Gärtners
am selben Tag stirbst du des Todes
und der Wahrheit der Schlange
vom göttlichen Auftun der Augen

Die Schlange hat Irrtum gelehrt:
sie mußten immer noch sterben
Doch die Schlange hat Wahrheit gesprochen:
nicht des Todes am selben Tag

und die Verleumdung der Schlange
und die Sage von ihrer Bestrafung
soll die Macht des Gärtners beweisen
doch sie beweist nicht sein Recht

sondern seine schneidenden Worte
und der Cherubim schneidendes Schwert
zerschneiden das Bild
des Gärtners als guter Vater

und von den Worten der Schlange
kennt man nichts
als den Bericht ihrer Feinde
der Hohenpriester des Gärtners

Denn die Schlange sprach nicht vom Sündenfall
sondern vom Aufstehn
des Menschen zu seinem Stand
aus dem Stand eine Pflanze im Garten

vom ersten Versuch sich selbst
aus dem Grund zu befrein mit den Wurzeln
nicht zu blühn in der Furcht des Herrn
wie die Lilie auf dem Felde

die trinkt bis der Schnitt sie trifft
samt dem Gras das im Ofen verbrannt wird
nein: Leben und Tod zu erkennen
und als Mann und Weib Gut und Böse

12 Erkenntnis ist Liebe
Aufstehen gegen die Satzung
Verstoß
und Verstoßung
und der Anfang des Bauens

der Anfang des Kummers
und der Anfang der Freude
der Anfang des Ackerbaus
und des Baus
eines Hauses des Menschen

der Anfang des Irrtums
und der Anfang der Wahrheit
ein Schnitt
und sein Schmerz
und die Suche nach seiner Heilung

13 Denn zu bekämpfen
ist nicht nur die Unfreiheit
sondern zugleich das Unrecht
das ungleich macht in der Freiheit

Der Kampf gegen Unrecht
hat immer Halt gesucht
im Glauben an Unglaubhaftes
an Götter und ihre Priester

Wer spottet daß neue Hoffnung
und neue Erkenntnis
so schnell zum Glauben werden
mit Glaubensartikeln und Priestern

bedenkt nicht die Macht
des alten frei waltenden Unrechts
das auch seine Gegner
geformt hat nach seinem Bild

Sie glauben und fühlen noch immer
wie sie glauben und fühlen lernten
in des Unrechts zerschnittener Welt
auch wenn sie dagegen kämpfen

Das entstellt ihr Denken
aber die im Gefolge des Unrechts
die dieses Denken verspotten
tragen selber Mitschuld daran:

Die den Sinn zerschnitten
verspotten das Flickwerk des Unsinns
Die die Augen der Bauenden brannten
verspotten ihr blindes Bauen

14 Der Schnitt
ist nicht einfach
nicht heilbar auf Ja und Nein
nicht Bejahung oder Verneinung
des Bauwerks
oder der Freiheit

Denn manche
empört der Mißbrauch
des Wortes Freiheit
und manche empört
daß von Freiheit
die Rede ist

Manche
hassen den Bau
wegen der vielen Gitter
und manche
trotz der Gitter
wegen der vielen Fenster

Manche sind für die Gitter
um die Menschen im Bau
zu beschützen
und manche sind für die Gitter
zum Schutz
vor den Menschen im Bau

15 Die Heilung
des Schnittes
zwischen Kopf
und Körper
der Freiheit
unterliegt der Teilung
in kunstreiche Arbeitsgänge

Doch die Kunst
ist lang
und die Freiheit
ist kurz
Wieviel Gänge
umfaßt ein einziges Leben?
Bei wenigen viele

Gänge
der Arbeit
Gänge
des ungleichen Kampfes
Gänge
in die Irre
und in die Wüste

Gänge
ins Ungangbare
Gänge
ins schon Begangene
um mit Augen zu sehen
das Vergehen
und das Verbrechen

Du kennst sie
Ansatz und Umkehr
Fallen und Aufstehn
Du weißt
daß das Gleichnis vom Bauen
ein Bild ist
und nicht ein Gedanke

16 Das Bild
vor geschlossenen Augen
das die Erbauer antreibt
sich einzumauern
in die Qual ihrer eigenen Wahl

dient den andern
als Schreckbild
um mit aufgerissenen Augen
aufzurufen zur Sprengung:
»Zerstört! Zerstört!

Zerstört
im Namen der Freiheit
bis auf den Boden
den neuen Tempel
der den Namen der Freiheit mißbraucht!«

17 Auch du hast Bilder gesehen
und gewußt daß wir Bilder brauchen
aber du hast zuletzt die Gedanken
nicht verwechselt mit ihren Bildern

Wenn ein Vorbild uns blendet
wenn sein Abbild uns Wirklichkeit vortäuscht
ist es kein Vorbild mehr
nur ein Nachbild in blinden Augen

Einbildung blendet
die sich ausbilden wollen zum Sehen
Drum gilt vielleicht die Regel:
Du sollst dir kein Abbild machen

Weil das Bild zum Gott wird
und das Abbild zum Abgott
soll man sich frei machen
von Bildern des Bauens und Sprengens

18 Wenn Freiheit entsteht
in Zukunft
entsteht sie aus dem
was wir haben
Wir haben die freie Wahl
wie sie entstehen soll

Aus halber Unfreiheit wächst sie
gefährdet von halbem Wissen
Wer zuerst
auf alles kommen will
der kommt zuletzt
um alles

19 Du bist nicht mehr
ein Offenbarer der Zukunft
du bist nicht mehr
ein Verheimlicher ihrer Methoden

Du bist der Zeit
der Offenbarung nicht nahe
du bist der Zeit
der Offenbarung nicht fern

Die Zeit ist in dir
die Zeit von gestern und heute
Du bist der Zeit nicht abgewandt
sondern in ihr

ohne Verheimlichung
und ohne Offenbarung
ein Sohn der alten Zeit
der die neue Zeit mir ihr zeugt

20 Du trägst den Göttern nicht nach
daß sie nicht Götter waren
daß man sie nicht mehr voranträgt
beim Vortrag
und auf dem Vormarsch

und nicht mehr nachträgt
auf dem Rückzug
und in der Rückschau
sie ertragen lernt
statt von ihnen getragen zu sein

21 Weil du Gründe kennst
aus denen die Abgründe klaffen
weil du dich selbst
dem Mißtrauen
ausgesetzt hast

und dich nicht eingesetzt hast
als Antwort
auf jede Frage
weil du jede Antwort befragst
weil du nicht gesetzt bist

weil du den Vorwurf auf dich nimmst
daß du die Zeit der Entscheidung
verfragst
kannst du dein Fragen
verantworten

22 Darum hätte ich keine Angst
in deiner Gegenwart
Angst zu haben
und müßte nicht zweifeln
daß du mir die Wege freigibst

zur Erkenntnis der Teilung
die Kopf und Körper entzweit
und entfremdet
zur Bestandsaufnahme
die dieser Fremdheit keinen Bestand läßt

zum Tod der Gewißheit
aus dem die Hoffnung entsteht
zum Zweifel
den keiner mir abnimmt
der ihn nicht annimmt.

1964

Helmut QUALTINGER

Er wußte Bescheid

Helmut Qualtinger war für mich nicht nur ein ganz großer Schauspieler, sondern auch der wichtigste österreichische Satiriker seit Karl Kraus. Sein *Herr Karl* ist leider heute noch so aktuell wie am Tag seiner Entstehung. Gerade deshalb, weil er ihn so oft gelesen hatte, weil die Schallplatte weit über Österreichs Grenzen hinaus so berühmt war, und weil sich trotzdem so wenig geändert hatte, wollte er ihn nie mehr öffentlich lesen und hat nur zu meiner Geburtstagsfeier im Konzerthaussaal Ende April auf meine Bitte hin eine Ausnahme gemacht. Diese Lesung war einer der Höhepunkte der Feier.

Aus der Ferne bewundernd, hatte ich ihn schon vor Jahren gesehen. Wir hatten auch gemeinsame Freunde, Georg Eisler, Alfred Hrdlicka, Erwin Ringel, und wir beide mochten jeder die Arbeiten des anderen. Aber wirklich getroffen haben wir uns erst spät, und dann wurde richtige Freundschaft und Zusammenarbeit daraus.

Seit Jahren war es Qualtingers Lieblingswunsch gewesen, den *Falstaff* zu spielen, eine Rolle, die ihm sozusagen schon Shakespeare auf den Leib geschrieben hatte. Er wollte, daß ich Shakespeares *Heinrich IV.*, beide Teile, übersetzen und kürzen und daraus und aus einigen Worten aus *Heinrich V.* und einigen von mir zu schreibenden Verbindungstexten ein Drama *Sir John Falstaff* zusammenfügen sollte. Das tat ich. Am 21. Dezember sollte es im Volkstheater seine Uraufführung haben. Qualtinger hatte schon Anfang September seinen ganzen langen Text gründlich durchgearbeitet und auswendig gelernt. Als ich ihn wenige Tage vor seinem Tod als einer der letzten, die ihn bei Bewußtsein antrafen, im Krankenhaus sah, sprach er von fast nichts anderem als von Falstaff, in dem er mit Recht nicht nur eine komische, sondern auch eine tragische Figur sah. Er war unglücklich, daß seine Erkrankung wahrscheinlich eine Verschiebung der Uraufführung nötig machen werde. Vielleicht könne er doch noch zeitgerecht genesen.

Nun kann ich mir seine Rolle ohne ihn gar nicht mehr vorstellen. Niemand von uns wird *seinen* Falstaff mehr sehen, für den er schon einzelne Gesten und Bewegungen im Sinn hatte.

Seine Frau, die sich um ihn aufopfernd gekümmert hat, ein, zwei Freunde und ich wußten, wie lebensgefährlich die neuerliche Erkrankung war. Ob er selbst es wußte, weiß ich nicht. Es ist anzunehmen – denn er war ein Mensch, der Bescheid wußte. Aber er war privat alles andere als theatralisch. Er war zurückhaltend, fast schüchtern, obwohl er natürlich wie alle bedeutenden Künstler seinen Wert kannte.

Ich hoffe, auch sein Österreich – denn Österreicher war er durch und durch – wird diesen Wert nicht vergessen, nicht seine Kunst auf der Bühne, im Film und im Rundfunk, nicht sein Menschentum und auch nicht seine Schriften, allen voran seinen *Herrn Karl,* dessen mahnende und warnende Bedeutung lange noch nicht hinreichend beherzigt worden ist.

1986

Georg EISLER

Zu Bildern Georg Eislers

Es gibt eine Zustimmung aus programmatischen Gründen. Was genau in die Richtung gehen will, an der uns vor allem gelegen ist, das gefällt leicht. Es gibt auch eine Zustimmung, die vom Thema bedingt ist, wenn der Künstler etwas behandelt, um dessen Gestaltung es dem Betrachter besonders zu tun ist. Von beidem kann hier keine Rede sein. Voreingenommen bin ich seit einigen Jahren höchstens für viel vordergründigere Experimente, zwar nicht für Tachismus und Aktionsmalerei, aber für vieles, was fast daran grenzt, und auch thematisch scheinen Georg Eislers Bilder auf den ersten Blick vom Impressionismus und »österreichischen Expressionismus« her zu stammen. Ich war von Vorurteilen erfüllt, war bereit, mich gegen »unpräzise« Formen und Farben zu wehren (die sich später als keineswegs wirklich unpräzis erwiesen), gegen »literarische« Themen, die der Künstler gestalten will, die der Betrachter aber nicht wirklich wahrnimmt, kurz, überzeugt wurde ich nur von den Bildern selbst, nicht von allen, aber doch von sehr vielen; man könnte sagen von den meisten. Dabei ist das Überzeugende nicht immer das, worum es Georg Eisler selbst bewußt zu tun ist.

Zum Beispiel liegt mir bei *Figuren in einer Landschaft* wenig daran, daß jeder dieser Menschen in sich gekehrt, allein und doch nicht allein sein sollte, wie ich im nachhinein von Georg Eisler erfuhr. Mich hatte die ungemein ansprechende Verteilung von Hell und Dunkel, die Verwendung der Landschaft, die trotz ihrer Unterordnung stark zur Geltung kommt, beeindruckt, und mehr noch vielleicht Eislers Fähigkeit, mit stark hingeworfenen Strichen zart zu sein, ähnlich wie er anderwärts mit vorsichtiger Technik wuchtige Wirkungen erzielen kann.

Oder *Straße II* und *Straße I,* beide aus dem Jahre 1962: Die erste dieser Szenen, die ohne den Expressionismus nicht möglich wäre, ist fast eine ungeheuer vergrößerte, von der Flüchtigkeit zur Gültigkeit hinübergezwungene Skizze. Aber es ist eine Skizze, die nicht illustriert und nicht Merkbild für etwas anderes werden soll. Und wenn hier die Menschen fast durchsichtig werden, wenn die Straße sie begeht und durchläuft, während sie auf der Straße gehen und im Gehen fast zergehen, so spürt man, daß das nicht vorgefaßte Absicht Georg Eislers war, sondern daß auch für ihn diese Notwendigkeit erst entstand, als er in sein Bild hineinging.

Es ist interessant, wie sich auf dem zweiten Straßenbild die Figuren konsolidieren, wie sie von den Wänden der Häuser stärker abgesetzt sind, als hätte eine solche fast bildhauerische Greifbarkeit nicht gewonnen werden können, ohne daß der Maler zuvor die Auflösbarkeit seiner Figuren auf eine so harte Probe gestellt hätte wie im ersten Straßenbild.

Diese Art, gewissermaßen wider Willen zu experimentieren, ist für Georg Eisler kennzeichnend. Wenige zeitgenössische Maler haben einen so großen Widerwillen gegen Spielerisches, gegen Verspieltheit. Ich persönlich bedauere diesen Widerwillen oft. Aber die innere Notwendigkeit des Experimentierens bricht sich immer wieder Bahn, gelegentlich auf Umwegen, etwa indem der Maler in ein Bild ein Äußerstes an Gedanken hineinlegt, die ihn dann während des Malens so beschäftigen, daß das Entscheidende bei der Entstehung des wirklichen Gemäldes dank dieser Ablenkung des Künstlers durch seine Absicht unbewußt entstehen kann. – Ein gutes Beispiel dafür scheint mir *König Davids Tanz.*

Es handelt sich dabei aber nicht etwa um eine Art automatische Malerei, die der bewußten Absicht ein Schnippchen schlägt. Das ergäbe allenfalls ein Kuriosum, aber kaum ein Kunstwerk.

Nein, was bei Eisler unbewußt geleistet wird, erhält doch seine Prägung immer wieder durch die Konzentration, die den Maler während der Arbeit in einen ganz besonderen Zustand versetzt, durch den Ernst einer Absicht, die keineswegs auf Kosten der unbewußten Wirksamkeit durchgesetzt wird, die ben auch nicht an dieser unbewußten Wirksamkeit scheitert. Durch das merkwürdige Gegenspiel von Eislers zielstrebigem Ernst und seiner Vitalität wird jede Spannung, um die es dem Maler in seinen Bildern geht, in seinem eigenen Schaffensvorgang zur Tatsache. Die Werke, die dabei entstehen, sehen immer aus, als sei man bei ihrem Entstehen dabeigewesen, oder als entstünden sie noch weiter, weil man sie fragend ansieht. Von da aus wird auch das scheinbar Unpräzise mancher Formen und Farben als notwendig verständlich. Es sind Bilder, die den Beschauer zu einer Art von Kontakt mit ihnen zwingen, die nicht gerade häufig ist. Deshalb kann man sich vielleicht anfangs dagegen wehren, sich auf diese Arbeiten »einzulassen«, in eine Beziehung gesetzt zu werden. Hat man aber diese Beziehung erst einmal gewonnen und Einlaß gefunden, so wird man die Bilder Georg Eislers gar nicht leicht los, man will sie wieder sehen, man will mehr Bilder dieser Art sehen oder spüren. Die Wirkung ist nachhaltiger, als sich erklären läßt, und die Zeit, aus der diese Bilder ihre künstlerische Inspiration beziehen, in der sie, um ein gar nicht schlechtes Modewort zu gebrauchen, »angesiedelt« sind, erweist sich bei längerer Bekanntschaft mit ihren Einzelheiten und Querverbindungen immer weniger als akademisch gewordene Vergangenheit. Die Quellen aus Gegenwartseindrücken und Gegenwartsproblemen werden nach und nach immer deutlicher. Ja, die merkwürdige Eigenschaft dieser Bilder, den Beschauer zu ihrem »Weiterwerden« einzuladen und einzubeziehen – läßt zuletzt erkennen, wieviel vom Wesen dieser Arbeit dem Werdenden verbunden ist und geradezu die Zukunft zu besiedeln beginnt.

1964

Porträtskizze: Georg Eisler

Nach all den Jahren
derselbe alte Freund
Geschichten erzählend und lachend
(auch über sich selbst)
manchmal ein wenig wie eine kleine Dampfwalze
manchmal
ein wenig stockend
beim Sprechen von toten Freunden
Dann wieder heftig schildernd
Eindrücke Eindrücke Eindrücke
und den treffenden Ausdruck
unterstreichend
der ihm dafür einfiel

Im Augenblick wieder
den Zeichenblock in der Hand
und in wenigen Strichen
und mit ein wenig Radieren
ein Porträt hier im Garten
hinter meinem Londoner Haus
wie er in seiner Wohnung in Wien
oder überall
wo wir uns trafen
Immer derselbe
oder doch nicht derselbe
heimlich
zulernend
heimlich erfahrener werdend
vielleicht sogar weise
und immer
oder fast immer
ein Lebenskünstler
und bereichernd
in dieser kunstarmen Welt

1984

Adolf FROHNER

Beschreibung zweier Bilder

Zwei Bilder oder nur ein Bild aus zwei Bildern,
Heiligenbilder der unheiligen Zeit,
Dreifaltigkeiten, in denen der Gott der Einfalt
verlorengeht. Links, wo das Herz war, zuerst:
Auf dem linken Bild links, Helm auf dem Kopf, ein Maler,
dunkel, die Züge erinnern an Felix Nussbaum.
Der Pinsel entfällt ihm, der Arm hängt lahm herab,
ein Ritter des Leidens. Daneben, Mitte des Bildes,
ein Kreuz, verhüllt, wie ein verhüllter Leichnam,
und rechts davon ein Kadaver in vollem Zerfall.

Auf dem rechten Bild stehen nur Zwei,
links, dunkel, ein junger Mann,
der singt mitten im Tod gegen den Tod,
so wie Nussbaum gemalt hat, zuletzt, in seinen Verstecken.
Und neben ihm steht der, der den Toten trägt,
selbst weiß, mit Totengesicht, oder weiß geschminkt,
vielleicht der Maler Beuys, der den toten Bruder betrauert.
Er und der Tote, dessen Hut in die Grube fällt,
bilden ein Kreuz in der Mitte des Bildes, Träger und Leichnam,
das Gegenstück zu dem Kreuz im anderen Bild.
Aber der dritten Figur auf dem linken Bild
entspricht kein Gegenstück – nur eine leere Stelle,
wie bei alten jüdischen Festen ein Platz leer bleiben mußte
für den Messias, den unsichtbaren Gast,
der auch diesmal unsichtbar blieb und nicht kam, zu verhindern
den zahllosen Mord und auch nicht den Mord an Felix Nussbaum
und an allen Bildern, die Nussbaum nicht mehr gemalt hat.

1986

Felix Nussbaum

für Adolf Frohner

Felix, auf deutsch Der Glückliche; Nussbaum, ein nützlicher Baum.
Felix Nussbaum, ein Maler, geboren 1904
in Osnabrück, ermordet mit vierzig Jahren in Auschwitz.

Auch einer, der dem Führer viel zu verdanken hatte:
Nicht nur, daß er jung sterben durfte, wie alle,
die die Götter lieben; nein, auch
daß seine Bilder in seinen letzten Jahren
stärker waren als alles, was ihm zuvor gelang.

Die Vertriebenen, die Verdammten, die Frau auf der Straße
mit dem Judenstern, die Menschen im Lager
Saint Ciprien, die Lagersynagoge,
all das, und im Hintergrund öfters ein dürrer Baum
oder ein Baum mit abgehauenen Ästen.
(Hat Nussbaum seines Namens wegen von klein auf
in einem Baum sein Symbol gesehen? – Wer weiß das?)
Aber man weiß, er hat der Qual seiner letzten Jahre
seine wichtigsten Bilder abgetrotzt.
Einer von Millionen Ermordeter, aber einer,
der im Tod nicht ganz so tot und vergessen ist wie seine Mörder.

1986

Alfred HRDLICKA

Rezeption

für Alfred Hrdlicka

Wenn ein Produkt der Verwesung
– wie unsere Kultur –
von einem Kunstwerk sagt
es sei ein Produkt der Verwesung
so darf uns das neugierig machen
ob dieses Kunstwerk
nicht etwa ein Gegengift
gegen Verwesung ist

1985

Notwendiges Grauen

Objektverlust und Objekterhaltung

Daß *Anna, Fragmente einer Erzählung,* ein Text des Bildhauers und Malers Alfred Hrdlicka ist, wußte ich natürlich, schon bevor ich dieses Stück Prosa las. Aber ich glaube, ich hätte auch sonst beim Lesen gewußt, daß der Verfasser Bildhauer sein muß.

So wie es Graphiken gibt, denen man die Hand des Bildhauers ansieht, Prosa und Verse, die den Verfasser als Maler erkennen oder doch vermuten lassen, so glaube ich, im lapidaren Stil dieser Aufzeichnungen den Bildhauer zu erkennen. Die Worte, aber nicht nur die Worte, sondern auch die einzelnen Teile dieses Textes sind in ihrer Form und in ihren plastischen Kontrasten und Wiederholungen geradezu aus dem Sprach- und Beschreibungsmaterial herausgehauen wie aus Stein. Es gibt fast unerträgliche Härten der Darstellung, die an Bataille erinnern. Ja, die Zartheiten der Beziehung der ER-Person zu ANNA werden gerade durch das Verbergen hinter diesen Härten dargestellt.

Die Geschichte läuft nicht nur auf den Tod hinaus, sondern beginnt eigentlich schon mit ihm. Der Tod steht gleich im ersten Absatz, wenn auch noch nicht als Annas Tod, obwohl auch schon da ein Sterbenswunsch erwähnt ist. Aber schon der erste Satz, in dem ER und ANNA gemeinsam vorkommen, lautet: *Ausgerechnet den Ariernachweis hat ER gefunden, als ER nach ANNAs Tod Kasten und Kassetten aufbrach...* Um ANNAs Tod, um ihr Sterben und seine Vorzeichen geht es immer wieder, ebenso darum, was ER dabei empfindet und denkt. Das Motto, Artauds Satz *Alles Geschriebene ist Schweinerei,* soll vielleicht als Freibrief für diesen unendlich aufrichtigen Text fungieren, aber Hrdlicka bedarf für diese Erzählung genau so wenig eines Freibriefes wie für seine Werke der bildenden Kunst. Vielleicht ist dieser Text eigentlich ein geschriebenes Werk der bildenden Kunst.

Gleichzeitig, trotz des kunstvollen Aufbaus aus den Personen ER, ANNA, AUTOR und SCHREIBKRAFT, oder gerade auch wegen dieses Aufbaus, der in Wirklichkeit nichts vortäuschen und keinen Leser verwirren will, ist diese Erzählung natürlich ein aus hartem Werkstoff geformtes Denkmal für ANNA und für das, was ER für und gegen sie und ihr Sterben und das Sterben überhaupt empfindet und denkt. Diese Geschichte ist vielleicht seit Ferdinand Hodlers Werkzyklus *Valentine Godé-Darel* die genaueste Auseinandersetzung eines Künstlers mit Krankheit und Tod einer ihm nahen Frau. Es ist auch kein Zufall, daß Hartmut Kraft in seiner Arbeit *Objektverlust und Kreativität – eine Darstellung anhand Ferdinand Hodlers Werkzyklus über Valentine Godé-Darel* (Zeitschrift für psychosomatische Medizin und Psychoanalyse, 1981) Alfred Hdrlicka neben Géricault, Edvard Munch und Käthe Kollwitz nennt.

Mit Recht bezeichnet Alfred Hrdlicka seinen Text als *Fragmente einer Erzählung*. Doch gerade ihr Fragmentcharakter macht die Erzählung vollkommener, als ein glatt durchlaufender Text das erreichen könnte. Es ist die Vollkommenheit einer an allen wichtigen Stellen genau ausgeführten, daneben aber manches gleichsam im Rohbau lassenden Skizze. Sogar die sprachlichen Härten, wie der häufige Verzicht auf eigentlich nötige Hilfszeitwörter an manchen Satzenden oder der allen Regeln widersprechende Gebrauch mehrerer Vergangenheitsformen durcheinander, machen diesen Skizzencharakter noch wirksamer.

Die Erzählung ist unverkennbar eine österreichische. Das kann man schon an der Wanzengeschichte und an der Beschreibung von ANNAs Wohnung erkennen, die nicht der einzige erfolgreiche Tabubruch in diesem Text ist. Wenn man Teile dieser Geschichte als grauenhaft erlebt, so ist schon die Aufspaltung in ANNA, ER, seine SCHREIBKRAFT und den ERZÄHLER in Wirklichkeit ein Mittel, dieses Grauen zu vermindern. Dies ist, ebenso wie die Wirksamkeit der ungewöhnlichen Großschreibung der handelnden – oder leidenden – Personen, ANNAs, des AUTORS (falls dieser nicht selbst in Wirklichkeit zum Kreis der Handelnden und Leidenden gehört), der SCHREIBKRAFT und zuweilen auch eines anderen Wortes wie MITWISSERIN, keine bewußte Kunstlosigkeit, mithin auch kein Kunstgriff, sondern die Spur von etwas, was Hrdlicka ergriffen hat, so daß sein Ergriffensein während seines Greifens nach dem Festhalten dieser Erzählung und nach dem Festhalten ANNAs und ihres nicht mehr Zu-halten-Seins auch uns ergreift.

Nicht minder echt, sichtlich gemußt und nicht nur gekonnt, ist die Montagetechnik, die einmal viele Sätze des Ersten Briefes Petri aus dem Neuen Testament einblendet, ein andermal eine allgemeine Betrachtung, ein drittes Mal ANNAs hinterlassene Anweisungen für das Fälschen von Dokumenten. Meine Reaktion war von Anfang an ein *credo quia absurdum,* schlecht übersetzt: Ich glaube daran, weil es absurd ist. Ich bin von der Wahrheit – höchstwahrscheinlich auch von der Wirklichkeit – des hier Berichteten völlig überzeugt. Von seiner Wahrheit als Werk der Literaten wäre ich aber auch überzeugt, wenn ich erführe, nichts davon habe sich wirklich zugetragen. Nur glaube ich das nicht. Der Schriftsteller oder Dichter – und dies ist eine Dichtung! – ist als sein einziges Instrument immer auf die Feinstruktur seiner eigenen Erlebnisse angewiesen, auch wenn seine Texte freie Permutationen sind.

1987

Österreichische Polemiken

Spinnt Thomas Bernhard?

(Kleines österreichisches Ärgernis)

Amsterdam, verregnetes Novemberende, ehrenvolles Symposion in der Universität über Interpretationsmöglichkeiten österreichischer Gegenwartsliteratur. Gestern wurden Referate über mich gehalten, heute kann ich ausspannen, denn es wird von Kolleritsch, Handke, Canetti und Thomas Bernhard gesprochen. Da plötzlich werden – zu einem lebhaften und aggressiven Referat von Wendelin Schmidt-Dengler aus Wien – Texte verteilt: Eine Schelte Bernhards, die ich Auslandsösterreicher aber noch nicht kenne. Bernhard schimpft auf Bruno Kreisky. Ich habe schon einmal davon gehört, ja, ich entsinne mich. Man soll damals in Österreich geschmunzelt, die Achseln gezuckt, gelacht, sich geärgert haben. Kreisky selbst soll nur gesagt haben, er habe gehört, Schimpfen sei für Berhard gesund, also störe es auch ihn weiter nicht. Ich hatte mich bisher nie für den Text interessiert, Bernhards Prosa war mir wichtiger als seine Schimpfereien, obwohl ich seinen lautstarken Austritt aus der Akademie in Darmstadt verstehen konnte. Bundespräsident Scheel als neues Akademiemitglied war auch etlichen anderen Schriftstellern sicher nicht willkommen.

Aber was ich da an Geschimpfe über Kreisky lese, beginnt mich plötzlich doch zu ärgern: »Spinnt dieser Bernhard? Was fällt ihm eigentlich ein?« Es ist nicht, weil ich einige Wochen zuvor in Tirol zufällig Kreiskys große Abschiedsrede im Radio gehört und dabei nochmals gedacht habe: der erste österreichische Bundeskanzler von Weltformat seit einem Menschenalter, was immer man gegen ihn sagen mag. Nein, natürlich darf Bernhard anderer Meinung sein, er darf auch schimpfen. Aber wenn einer hergeht und so grund- und bodenlos daherschimpft wie der letzte Maulaufreißer, und wenn man dann dieses Gewäsch ausgerechnet in einem Symposion in der Universität Amsterdam vorgesetzt kriegt, und nicht nur man selbst, sondern leider auch die holländischen Germanisten und Studenten, dann schämt man sich plötzlich ein wenig für Thomas Bernhard und auch für Österreich, daß so etwas möglich ist.

Eine Stelle aus dem sonst zum Glück leicht zu vergessenden Geschimpfe hat sich mir eingeprägt. Da schreibt Bernhard: *»Kreisky: der Pensionist in der Kanzlerbrust gegen den Kanzler in der Pensionistenbrust. Eine echt österreichische Fatalkatastrophe, mit welcher wir fertig zu werden haben.«*

Sonderbar: Wenn der große Schriftsteller Thomas Bernhard sich so seichte Wortverschränkungen und ein so saumäßiges Deutsch geleistet hätte wie der kleine Thersites-Bernhard, er hätte es nie zu etwas gebracht. Eine Katastrophe hält er anscheinend für noch katastrophaler, wenn er sie Fatalkatastrophe nennt. Also tot, toter, am totesten, oder was heißt fatal eigentlich? Und wenn es schon eine Fatalkatastrophe sein muß, wie können wir dann mit ihr fertig werden? Ich hatte immer gedacht, eine Fatalkatastrophe wird mit uns fertig. Oder bedeuten die Worte »echt österreichisch« eigentlich eine Verkleinerung und Verharmlosung, so daß nachher weiter nichts geschehen ist? Aber während ich noch mit diesem Satze fertig zu werden hatte (um mich Bernhards eleganter Floskel zu bedienen), traf mich schon sein nächster dreieinachtel Kurzzeilen langer Gedanke über Kreisky mitten in beide Augen: *»Er ist kein großer Jude, er ist, wir wissen es, kein guter Jude. Er ist (schon lange) ein schlechter Bundeskanzler.«*

Diese lapidaren Feststellungen ärgerten mich noch mehr. Nicht Bernhards Meinung über die Qualität Kreiskys als Kanzler. Auf diese Meinung hat er natürlich ein Recht, ebenso wie ich das Recht habe, sie nicht zu teilen. Aber sein Gequatsche über Kreisky als Jude hätte er sich, finde ich, wirklich schenken können. Erstens gibt es in Österreich leider noch viel Antisemitismus, und schon deshalb sollte man ein solches Thema nicht so leichtfertig aufnehmen, nur um es nach zwei unbewiesenen Behauptungen wieder fallenzulassen, von der Geschmacklosigkeit und Taktlosigkeit gar nicht weiter zu reden.

Und woher weiß Thomas Bernhard eigentlich so verteufelt sicher, daß Kreisky kein großer und kein guter Jude ist? Vielleicht, weil Kreisky sich vom Alleinvertretungsanspruch der Zionisten für alle Juden nicht einkaufen und auch nicht einschüchtern ließ? Ich glaube, ein großer und guter Jude wie Martin Buber wäre da vielleicht ganz anderer Meinung gewesen als Bernhard. Buber, der 1965 gestorben ist, sagte kurz vor seinem Tod, die Zionisten haben in ihrem Verhalten leider nicht die alten Weisheitslehren des Judentums, sondern nur die Lehren Hitlers beherzigt. Ist da ein Jude, der diese Lehre den Lehren Hitlers vorzieht, nicht ein *größerer* und *besserer* Jude als einer, der über Leichen von Palästinensern und Libanesen zu gehen bereit ist? Zwar, der große Moses Maimonides, der meinte, man müsse alles genau erfüllen, was Talmud und Thora vorschreiben, um ein guter Jude zu sein, hätte meiner These von Kreisky als gutem Juden vermutlich nicht zugestimmt, aber eines ist sicher: So durchfallartig schnell wie Thomas Bernhard wäre auch er mit dieser Frage nie und nimmer fertiggeworden.

Genug davon. Die ganze Rede strotzt von Dummheiten. Ich habe die Ära Harold Macmillan in England erlebt und diesen politischen Gegner human und sympathisch gefunden (zum Unterschied von Thatcher oder gar einem Reagan!). Aber Macmillan einen der geistvollsten Männer Englands zu nennen, nur um Kreisky als Zwerg abzutun, ist töricht. Kreisky konnte es mit ihm durchaus aufnehmen. Und Macmillans Körpergröße gegen den kleineren Österreicher auszuspielen, das sollte Thomas Bernhard doch lieber irgendeinem alten »völkischen« Turnlehrer überlassen. Was zum Teufel sind das für Kriterien?

Ich möchte mir den Schriftsteller Bernhard durch solches Zeug ungern verekeln lassen, aber da doch das Ankämpfen gegen Entfremdung, gegen Gedankenlosigkeit und Verrohung zu den Aufgaben aller Künstler gehört, ganz gleich, ob Schriftsteller, Maler, Bildhauer, Musiker, müßte man dem Thomas Bernhard eigentlich dringend raten, die drei bisher erschienenen Bücher von Alice Miller zu lesen: *Das Drama des begabten Kindes, Am Anfang war Erziehung, Du sollst nicht merken.* Dann wird ihm vielleicht ein Licht aufgehen, was er da inszeniert hat. Nämlich den Versuch der Rache für etwas, was ihm irgendwann als Kind angetan wurde, womöglich vor seinen ersten eigenen Erinnerungen, und was mit Bruno Kreisky überhaupt nichts zu tun hat. Wenn man das so betrachtet, muß man sich über Thomas Bernhard auch nicht mehr so ärgern und ist nicht mehr in Gefahr, zu glauben, daß der Schriftsteller vom Schimpfredner und Amateurpolitiker Bernhard widerlegt wird. Hier allerdings lohnt es sich, darauf hinzuweisen, daß wir eigentlich Grund haben, an Thomas Bernhard ein Dankschreiben zu richten, dafür, daß er seinem Schriftstellerberuf – abgesehen von solchen kleinen Entgleisungen – die Treue gehalten hat. Man stelle sich nur vor, was vielleicht geschehen wäre, wenn Bernhard dem Beispiel eines Malers und eines Filmschauspielers gefolgt wäre und sich zum Berufspolitiker aufgeschwungen hätte. Der kleine Freizeitkläffer als politischer Berhardiner, das wäre zuviel!

Freilich wird es in Österreich, wo auch der alte Sigmund Freud lange mit Achselzucken und blöden Witzen oder dreckigen Verdächtigungen abgetan wurde, noch einige Zeit dauern, bis man Alice Miller nicht nur lesen, sondern auch richtig verstehen und auf sich selbst anwenden wird. Ich weiß natürlich nicht, ob Bernhard sie nicht schon gelesen hat. Verstanden hat er sie jedenfalls zur Zeit seiner Kreisky-Beschimpfung noch nicht. Vielleicht ist sie, obwohl sie sehr verständlich schreibt, doch nicht ganz leicht zu verstehen, wenn man in seiner Kindheit so viel leiden mußte wie gerade Thomas Bernhard. Aber da ich, obwohl ich zehn Jahre älter bin als er, erst in letzter Zeit auf den – man sollte eigentlich meinen, naheliegenden – Gedanken gekommen bin, was sie schreibt, auch auf mich anzuwenden, und da ich davon eine Menge gelernt zu haben glaube, ist diese Anregung ganz ehrlich und keineswegs mehr aggressiv gemeint. Bernhards Kreisky-Schelte aber macht mich immer noch zornig, sooft ich sie ansehe. Offenbar muß ich Frau Millers Weisheiten noch viel besser beherzigen lernen, um mich über diese Entgleisungen nicht mehr zu ärgern.

1983

Das große Rainermachen

Eine Polemik wie die Hrdlickas, Arnulf Rainers (man darf hier den Vornamen wirklich nicht auslassen!) und Traubs wäre eine Hetz im ursprünglichen, vom goldenen Wienerherzen geprägten blutigen Sinn des Wortes – wenn es nicht so traurig wäre. Oder ist es vielleicht doch zu begrüßen, daß diesmal die Beschimpfungen nicht nur, wie stadt- und landesüblich, hinterm Rücken gezischelt werden?

Daß ich unfreiwillig Anlaß für den Anfang dieser teils homerischen Schimpfduelle war, bedaure ich. Selbst veranlaßt habe ich sie natürlich nicht, und außerdem sieht man aus den einzelnen Beiträgen, daß ein gerüttelt Maß kollegialer Gefühle die Wiener Künstlerszene schon zuvor bereichert haben muß.

Über die Grobheit Alfred Hrdlickas war ich zuerst ein wenig entsetzt. Ich halte ihn für einen wirklich großen Künstler, von dem vieles dauern wird, während ich Rainer zwar einfallsreich, oft auch interessant, aber viel zu wendig und trendig und ungleich weniger wichtig finde. Arnulf Rainers Erwiderung hat mich dann wieder beruhigt: Zu einer solchen Dreckschleuder kann man vielleicht gar nicht grob genug sein. Rainers polemischer Stil kann auch kein unseliger Ausrutscher sein, denn so gekonnte Perfidie würde auch einem eingefleischten Bösewicht erst nach jahrelanger öffentlicher oder heimlicher Übung gelingen.

Hrdlicka kann saugrob sein, aber nie hinterhältig, nie hundsgemein. Deshalb tut es mir einerseits leid, daß er sich in eine Polemik mit dieser Art Gegenspieler überhaupt eingelassen hat, andererseits bin ich froh, daß sein Gegenangriff auf Rainer etliche Male ins Schwarze trifft. Ich weiß, es wäre ungerecht, »ins Schwarzbraune« zu sagen, aber mehrere politische Anspielungen Rainers, auch seine adjektivische Verwendung anderer Nationen, könnten da leicht zu Mißverständnissen führen. Er sollte vielleicht beim Übermalen bleiben und sich und uns derartige Untermalungen ersparen.

Traub ist in der Tonart weniger aggressiv, spielt etwas zu chargiert die Rolle des gerechten Richters, hat aber nicht allzuviel zu sagen. Ich wäre geneigt zu denken, daß Hrdlicka seine Kunst zu wichtig und kostbar sein sollte, um sich in solche Polemiken einzulassen. Aber es ist bekannt, daß er das Aussprechen der Überzeugungen des Künstlers als notwendige Ergänzung der bildenden Kunst sieht, und ich weiß, daß er Pasolini dafür bewundert, daß ihm nichts zu gering war, sich damit auseinanderzusetzen. Also ist es vielleicht doch richtig, daß Hrdlicka sich auch mit solchen Gegnern abgibt.

PS: Was mich betrifft, so muß ich um Entschuldigung bitten: Alle, die sich etwa angegriffen fühlen, haben damit sicher recht, aber ich bin nicht willens, auf Erwiderungen zu antworten und mich in dieser Sache nochmals zu äußern.

1986

Was mich ärgert – sechs Polemiken

Kalter Krieg

Für einen Österreicher ein unwiderstehliches und unerschöpfliches Thema: Schneller ließe sich aufzählen, was mich *nicht* ärgert. Aber diesmal: Mensch, ärgere dich! Also gut oder vielmehr schlecht: Das Niveau der österreichischen Tageszeitungen. Nein, keine Ausrede! Die Schweiz ist ein noch kleineres Absatzgebiet und hat doch unvergleichlich bessere Zeitungen. Oder, mich ärgert, was man so in den Zeitungen liest und sieht. Zum Beispiel, wie in Washington Professor Edvard Teller, gebürtiger Ungar und »Vater der Wasserstoffbombe«, in einem Festakt des Freiheitskampfes in Budapest 1956 gedenkt.

Teller hat sich seit seinem denunziatorischen Verhalten gegen seinen berühmten Kollegen Oppenheimer den Ruf eines fanatischen Scharfmachers erworben, der den kalten Krieg anheizen will. »Wenn dieser Berater Reagans und Weinbergers von unserem Freiheitskampf spricht, so ist das nur ein gefundenes Fressen für alte Stalinisten«, sagte mir ein eben erst nach London gekommener ungarischer Freund. »Dieser Mann sollte endlich den Mund halten.«

Überhaupt ärgert mich die besonders in Österreich und Deutschland verbreitete Tendenz, so zu tun, als sei Gorbatschow noch Stalin. Das war schon Chruschtschow gegenüber eine ebenso lächerliche wie politisch verhängnisvolle Fehleinschätzung. Mir kommt das immer vor, als verwechselte man Mock mit Hitler. Oder meinetwegen Waldheim mit Hitler, was bei all meinen Einwänden gegen Waldheim doch nicht nur eine Verleumdung, sondern ein ausgemachter Blödsinn wäre. Gewiß, Weinberger und Reagan tun, als wäre Gorbatschow wirklich gleich Stalin. Aber das sind eben Weinberger und Reagan, und die sind nicht das kleinste meiner Ärgernisse.

Zurück nach Österreich. Da ärgern mich augenblicklich vor allem die Grünen, weil ich von denen nach meinen Erfahrungen mit den Grünen in Deutschland wirklich etwas Besseres erwartet hätte.

Ich habe mich dabei ertappt, unsere österreichischen Grünen eine Scheißbande zu nennen.

Natürlich gilt das für einzelne nicht, Erica Fischer zum Beispiel ist im wesentlichen klug, tapfer und integer. Aber sie und ihresgleichen, die die Grünen zu einer nützlichen, ernstzunehmenden Bewegung machen könnten, sind ja ins Abseits gedrängt! Leute wie Werner Vogt und Freda Meissner-Blau hingegen verhalten sich, als hätten sie narrische Schwammerln gegessen, nein noch ärger. Ihre Gehässigkeit wird nur noch von ihrer Nutzlosigkeit, ja de facto Schädlichkeit, übertroffen.

Statt eine radikale Reformpartei aufzubauen, die wir in Österreich weißgott nötig hätten, werden sie zu Vollstreckungsgehilfen der ärgsten Reaktion. Sie verhalten sich in ihrem hemmungslosen Intimhaß auf die Sozialdemokratie, als wäre ihnen Haider lieber als die SPÖ. Dabei weiß jedes Kind, daß eine fortschrittliche Reformpolitik in Österreich trotz aller Fehler, die die SPÖ begangen hat, ohne diese SPÖ kaum möglich ist, ganz bestimmt aber unmöglich *gegen* sie. Auch in Deutschland gab es Intimhaß gegen die SPD, aber ein Otto Schily, ein Joschka Fischer sind in solchen Emotionen eben nicht steckengeblieben. Von einem Haider erwarte ich nichts anderes als seine tatsächliche Haltung, aber ebenso wie die besten Grünen in Deutschland, mit denen ich zusammenarbeite, stehe ich dem Verhalten einer Frau Meissner-Blau oder eines Werner Vogt nicht nur mit Ärger und Verblüffung, sondern nachgerade mit aufsteigendem Ekel gegenüber. Wie Menschen sich selbst so untreu werden können und warum – aus Korruptheit doch wohl nicht –, vermag ich nicht zu verstehen und vielleicht deshalb auch nicht zu verzeihen.

Zu den politischen Ärgernissen, an die ich mich trotz ihrer langen Dauer nicht gewöhnen kann, gehört auch ein Laster, das ich gerade auch bei österreichischen Grünen zu häufig finde, das eigentlich aber zum eisernen Bestand rechter Spießer gehört, nämlich die ewig blöde Aufrechnerei.

Sie ist ja eigentlich alt-ehrwürdig beziehungsweise alt-unehrwürdig. Wenn man von der Judenvernichtung oder von der unmenschlichen Behandlung russischer und polnischer Kriegsgefangener gesprochen hat, wurde immer wieder geantwortet: »Und was *wir* an der Front und überhaupt im Krieg gelitten haben, das zählt wohl gar nichts?«

Gut, das sind die Ewig-Gestrigen. Aber leider gibt es auch die Ewig-noch-Heutigen. Wenn man von der Unterstützung Reagans für die mörderischen Contras spricht oder von der Unterdrückung der Schwarzen in Südafrika, dann dauert es nicht lange, bis man hört: »Und Afghanistan?!«

Als könnten zwei Übel einander aufheben und uns in die Lage versetzen, als grinsende Zuschauer untätig mitzuerleben, wie einmal da, einmal dort, Menschen umgebracht werden. Die meisten, die bei uns »Afghanistan« rufen, scheinen auch gar nicht zu wissen, daß schon vor dem Einmarsch der Russen in Afghanistan eine kommunistische Regierung an der Macht war und daß die Russen nach ihrem Einmarsch zunächst politische Gefangene dieser Regierung freiließen. Außerdem vergessen sie, daß Gorbatschow sich schon seit Jahr und Tag bemüht, dieses lästige Breshnew-Vermächtnis loszuwerden, was ihm die derzeitige Politik der amerikanischen Regierung aber nicht gestattet. Reagan unterstützt den Widerstand in Afghanistan nicht so, daß dieser etwa siegen könnte. Dann hätte man ja einen zweiten islamischen Fundamentalismus am Hals, gegen den Khomeini noch liberal wäre. Nein, die Unterstützung ist so dosiert, daß beide Seiten sich gegenseitig weißbluten sollen. Aber auch wenn das alles nicht so wäre, wenn Gorbatschow tatsächlich ein Stalin wäre und nicht einer, den Stalin mit allen Anzeichen des Entsetzens sofort liquidiert hätte, bleibt die Tatsache bestehen, daß das Gegeneinanderaufrechnen von Übeln eine der faulsten, verächtlichsten politischen Haltungen ist, und auch jenseits der Politik, zum Beispiel im Eheleben, eine der schlimmsten menschlichen Haltungen überhaupt. Mich ärgert, daß sie gerade in Österreich so häufig anzutreffen ist und bleibt.

1986

Jetzt noch rechter

Österreich könnte, frei nach Goethes Zauberlehrling, klagend rufen:

Die ich rief die Ungeister,
werd ich nun nicht los!

Der Ungeist, der im Wahlkampf für Kurt Waldheim so übereifrig zutage trat, hat sich noch nicht wieder beruhigt und kommt uns aller Ecken und Enden teuer zu stehen. Es ist meines Wissens bisher keine Liste von Veranstaltungen, die durch Wegbleiben wichtiger Diplomaten und Politiker im In- und Ausland in ihrer Wirksamkeit beeinträchtigt wurden, veröffentlicht worden. Aber eine solche Liste wäre schon jetzt relativ lang und kein Ruhmesblatt für Österreich. Österreichs Ansehen hat seit der Waldheim-Wahl jedesmal wieder einen kleinen, aber merklichen Hieb versetzt bekommen, wenn wieder ein Dokument aufgetaucht ist, das den Schatten um den Bundespräsidenten ein wenig vertieft – fast als ob aus einem nicht gut genug verschnürten Paket ein paar Tropfen Blut sickerten.

Dabei ist es natürlich heute schon aller Welt klar, daß Österreichs Bundespräsident nicht etwa ein Nazi großen Stils, sondern nur ein kleiner, anpassungswilliger Mitwisser war, der sich dann allerdings keineswegs durch mehr Aufrichtigkeit ausgezeichnet hat, als böse Zungen dieser Tage von Politikern ohnehin erwarten.

Nun, gut oder schlecht, Österreich hat dabei in mancher Hinsicht noch Glück gehabt, indem sich zum Beispiel der große amerikanische Waffenlieferungsskandal so sehr die Schlagzeilen der Massenmedien erobert hat, daß für Österreichs kleine Beschämungen gar kein Platz bleibt. (Man kann auch sagen: Waffenlieferungsskandal an den Iran, aber das muß nicht sein.)

Wenn aber wieder irgendetwas bekannt wird, was Kurt Waldheim verlegen machen müßte, falls er das überhaupt noch werden kann, erinnern sich an Österreich interessierte Menschen in aller Welt nicht nur an Waldheims Vergangenheit, sondern noch viel mehr an die Wahllosung »Jetzt erst recht«, für die er allerdings nichts kann.

Diese Losung, beziehungsweise ihr großer Erfolg, hat Österreich geschadet – nicht nur im Ausland, das freilich auch nicht blind für die unfreiwillige Komik eines keineswegs durch einen demokratischen Wahlvorgang entstandenen Jüdischen Weltkongresses war, der noch nicht einmal die Klugheit hatte, wirklich aufschlußreiches Material irgendeiner liberalen, nicht unbedingt jüdischen oder gar zionistischen Körperschaft zur Bearbeitung zu übergeben und dadurch das Klima in Österreich sachter und freier von neu auflebendem Antisemitismus werden zu lassen.

Nein, am schwersten hat der Waldheim-Wahlkampf bisher seine inoffiziellen Paten daheim getroffen, die ÖVP! Der Trick, ihn nicht als Kandidaten der Partei, sondern als Unabhängigen auftreten zu lassen, hat zwar Kurt Waldheim genützt, nicht aber der ÖVP. Die Einpeitscherwirkung der Parole: »Jetzt erst recht« und ihre teils vielleicht kunstvoll eingeflochtenen, teils aus einem immer noch fruchtbaren Schoß gekrochenen antijüdischen Unter- oder Obertöne haben einen Teil der Wähler zwar für Waldheim mobilisiert. Der Schwung aber trieb das arme Stimmvieh dann weiter über Stock und Stein, vorbei an der guten alten ÖVP, weiter nach rechts, direkt zu den Freiheitlichen, die nun unter Jörg Haider entschieden mehr die rechte Freiheit meinen.

Denn eines steht fest: Die Freiheitlichen sind nicht mehr die Partei, mit der seinerzeit Bruno Kreisky Koalition machte. Sie sind auch nicht mehr die Partei des damals soviel geschmähten Friedrich Peter, der eine demokratische Lernfähigkeit bewiesen hat, die man aus den arroganten Tönen, mit denen Jörg Haider heute Eindruck schinden will, ebensowenig heraushören kann, wie vor Jahr und Tag aus seinen dem deutschen Heimatdienst verpflichteten und von den Slowenen als Bedrohung empfundenen Äußerungen in Kärnten.

Leider scheinen Haiders populistische Redeübungen und sein ganzes Bramarbasieren einstweilen keineswegs erfolglos zu sein. Kärnten natürlich ist das Land mit jenen deutschsprachigen Wählern, vor denen schon Waldheim während seiner Präsidentschaftskandidatur geprahlt hat, in diesem Lande wisse man ja, daß er im Krieg ja die Heimat verteidigt habe. Und zu Österreichs Schaden haben die Wähler die Fragen – wessen Heimat, für wen und gegen wen verteidigt – bei weitem nicht kritisch genug gestellt.

Es ist deshalb heute so schwer, zu behaupten, daß der Verlust an Ansehen, den Österreich durch diese Präsidentenwahl in der Welt erlitten hat, nicht gerechtfertigt sei.

Aber nicht nur Haiders Partei, sondern das ganze österreichische Parteienspektrum hat sich nach rechts verschoben. Die ÖVP, gespalten, ob sie mit Haider oder mit der SPÖ koalieren solle, gibt damit einen Rechtsrutsch zu erkennen, und auch die Sozialdemokratie hat, vielleicht um durch Abkehr von linken Losungen und das Versprechen technokratischer Tüchtigkeit Wähler der Mitte zu gewinnen, eine Rechtsverschiebung durchgemacht. Daß die österreichischen Grünen keineswegs so links sind wie etwa die deutschen Grünen, hat sich ebenfalls schon während der Waldheim-Wahl gezeigt, als namhafte Grüne Waldheim das kleinere Übel nannten.

Wie aus diesem Misch-Masch gute Demokratie und sozialer Fortschritt kommen soll, scheint derzeit für Betrachter im Land und in aller Welt ein wenig fraglich.

1986

Sogenannt?

Leider gibt es immer mehr als genug Ärgernisse. In London, wo ich wohne, waren es in den letzten Tagen die nahezu schon faschistischen Methoden der Regierung Thatcher: brutale Polizeieinsätze gegen Zehntausende Bürger, die mit Recht gegen den Pressezaren Murdoch demonstrierten, Hausdurchsuchungen bei der angesehenen Wochenzeitung »New Statesman«, die berichtete, wie die Regierung das Parlament hintergangen hat; und schließlich, daß die irische Botschaft in London vom englischen Geheimdienst bespitzelt und abgehorcht wird.

Zweites Ärgernis: China! Zaghafte Ansätze zu größerer Freiheit werden energisch wieder vernichtet; Funktionäre, die mehr Freiheit gewähren wollten, werden entlassen, beschimpft und man wirft ihnen bürgerlich-liberale Tendenzen und westlichen Kultureinfluß vor. Arme Chinesen! Das läuft den Freiheitsbestrebungen Michail Gorbatschows in der Sowjetunion genau entgegen. Eigentlich ärgert mich jede Verbohrtheit. Ich habe mich zum Beispiel über zwei oder drei Bekannte in England geärgert, die mißbilligend den Kopf schüttelten, weil ich die Rede, die Kurt Waldheim als Bundespräsident vor etwas über zwei Wochen zum Neujahrsempfang gehalten hat, im großen und ganzen als wohltuend und staatsmännisch empfunden habe; viel besser als etwa die letzten Äußerungen des deutschen Bundeskanzlers Kohl. Wie käme ich denn dazu, wollte einer wissen, von Waldheim, den ich doch unlängst so scharf kritisiert habe, auf einmal besser zu sprechen. Nun ganz einfach: Ich bin gar nicht gerne jemandes Feind, und wenn jemand, den ich aus anderen Gründen angegriffen habe, jetzt einsichtig spricht, so trage ich dem Rechnung.

Waldheim hat wörtlich gesagt: »Wir Österreicher haben in letzter Zeit auch lernen müssen, mit mehr internationaler Kritik zu leben, als wir gewohnt waren. Vieles davon haben wir als ungerecht empfunden – aber dabei vielleicht manche Frage überhört, die uns zu Recht gestellt wurde. Vieles, was wir im Laufe der vergangenen Jahrzehnte zu verdrängen suchten, hat sich nun um so deutlicher zurückgemeldet. Es ist nie zu spät, auch aus diesen Erfahrungen zu lernen. Wir haben gelernt, daß es zwar für ein Volk keine Kollektivschuld geben kann, wohl aber so etwas wie ein gemeinsames schweres Erbe, dem sich niemand entziehen kann.«

Das sind Worte, die einem österreichischen Bundespräsidenten gar nicht übel anstehen! Auch wenn ich dem letzten Satz nicht ganz und gar zustimmen kann. Gewiß, eine Kollektivschuld im juridischen Sinn als Straftat gibt es nicht, und zu tun, als gäbe es das, wäre eine Schlechtigkeit.

Aber als seelischen Komplex, als Schuldgefühl, ja als Gewissenspein, gibt es derlei oft doch. Allerdings manchmal gerade bei den Schuldigsten am wenigsten eingestanden.

Kurt Waldheims Worte von dem schweren Erbe, dem sich niemand entziehen kann, scheinen ja gerade darauf etwas anzuspielen. Allerdings könnte man sagen: »Wirklich niemand?«

Wie steht's mit denen, die in der Hitlerzeit im Widerstand aktiv waren? Aber die Erfahrung zeigt, daß gerade diese, die am ehesten das Recht dazu hätten, sich diesem schweren Erbe am wenigsten entziehen wollen.

Da allerdings müßte ich mich über etwas anderes ärgern: Nämlich wie bei uns in Österreich gerade die Linken, die unter dem Unwesen der Hitlerzeit am schwersten gelitten und es am entschiedensten bekämpft haben, noch immer in der giftigsten Weise angeflegelt werden! Die Schimpfbriefe gegen Hrdlicka, Ringel, Fried, die unseren Beiträgen in der Wochenpresse immer so getreulich folgen, sind ein gutes Beispiel: Weil »die drei Linksradikale« seien, dürfe man sie gar nicht zu Wort kommen lassen. Sie beschmutzten die letzte Seite der Wochenpresse. Die Linksradikalen seien im Grunde genau so gefährliche Faschisten wie die anderen auch. – Welch blühender Unsinn! Abgesehen davon, daß man meinen Freund Erwin Ringel wirklich nicht als Linksradikalen bezeichnen kann, auch wenn es einem Spaß macht, Hrdlicka und mich so zu nennen, hätte sich Stalin über solches Geschimpfe nur gefreut. Auch er hat ja mit besonderer Vorliebe Linksradikale liquidiert. Und wieso sind Linksradikale denn um Gottes willen Faschisten?

Die Definition, was ein Faschist ist, muß man doch wohl dem Vater des Faschismus, Benito Mussolini überlassen, und die schließt Linksradikale nicht ein, die außerdem meist antiautoritär sind wie ich und mit Rosa Luxemburg meinen: *»Freiheit auch für den Andersdenkenden!«*

Ich glaube, dieser Wunsch, die Linken mundtot oder überhaupt tot zu machen, ist eine schlechte Gewohnheit, die noch vom Faschismus her stammt, vom Hitler-Faschismus, und ein wenig auch vom früheren österreichischen Faschismus her und von jenen noch älteren, bei uns eingebürgerten menschenfeindlichen Haltungen, die den Faschismus überhaupt erst aus der Taufe gehoben haben. Demokraten wollen doch auch des Andersdenkenden Recht auf Meinungsäußerung schützen. Oder?

Im Laufe des bundesdeutschen Wahlkampfs habe ich mich auch über einige Bemerkungen des Bundeskanzlers Kohl geärgert, die von den eben erwähnten Schimpfreden gar nicht so weit entfernt sind. Die DDR als Konzentrationslager, der Vergleich Gorbatschow – Goebbels, solches Geschwafel wäre nur dumm, wenn es nicht gerissen wäre, ein Versuch, ganz rechte Wähler einzufangen und die Mitte nach rechts zu rücken. Unterstützt wurde dieses Kohlgerede auch von einigen deutschen Geschichtsprofessoren. Einer davon, namens Stürmer, gehört zu seinen besonderen Beratern. Sie alle versuchten, die Untaten der Hitlerzeit ein wenig zu relativieren, wobei einer, Herr Nolte, sogar sagte *»die sogenannte Judenvernichtung der Hitlerzeit«*.

Was heißt da *»sogenannte«?* Wie denn würde Nolte sie nennen? Gegen derlei hebt sich Kurt Waldheims Neujahrsempfangsrede wirklich recht vorteilhaft ab.

1987

Die Waffe Aids

Diesmal bin ich nicht nur verärgert, sondern vor allem empört und traurig. Es begann im Flugzeug, am 15. Februar. Ich las in der »Welt am Sonntag« einen wissenschaftlichen Artikel *»Aids-Ansteckung aus dem Nichts«*. Der Verfasser, G. W. Hamburg, berichtet über die Unwahrscheinlichkeit der Ansteckung durch Nahrung im Restaurant. Er teilt mit, daß der Virologe Professor Gerd Frösner, Leiter der Hepatitisabteilung am Max-von-Bettenkofer-Institut in München, eine Infektion im Restaurant für unwahrscheinlich erklärt. Dann heißt es wörtlich: *»Prof. Frösner verweist auf Versuche, die in den Vereinigten Staaten mit dem Hepatitis-B-Virus, einem Krankheitserreger, der sich auf gleiche Weise verbreitet wie das Aids-Virus, gemacht wurden. Dort bekamen geistesgestörte Kinder Nahrung, die mit Hepatitis-B-Viren verseucht war. Die Kinder erkrankten nicht an Hepatitis B.«*

Ich traute meinen Augen nicht und las nochmals: *»Dort bekamen geistesgestörte Kinder Nahrung, die mit Hepatitis B verseucht war.«* – Ich war zwar erleichtert, daß die Kinder nicht an Hepatitis erkrankt sind, aber ich finde nicht nur die Tatsache empörend, daß geistesgestörte Kinder, die nicht gefragt werden und sich nicht wehren können, zu solchen Menschenversuchen mißbraucht werden. Nein, ich finde es mindestens ebenso empörend, daß weder die Redaktion der »Welt am Sonntag« noch der Virologe Professor Gerd Frösner es der Mühe wert gefunden haben, zu erwähnen, daß solche Versuche eine Ungeheuerlichkeit sind. Haben sich denn wirklich die Auffassungen des Hitlerregimes über medizinische Menschenversuche und über das, was die Nazis »lebensunwertes Leben« nannten, in aller Stille durchgesetzt? – Es sieht ganz danach aus. Denn offenbar haben sowohl die Redakteure der »Welt am Sonntag« als auch ein leitender Facharzt diese Versuche wie etwas längst Gewohntes und Alltägliches hingenommen.

Ich fragte einige Fachärzte und erfuhr, daß es seit kurzem einen amerikanischen Kongreßbericht über Menschenversuche gibt und daß in den Vereinigten Staaten Menschenversuche zahlreich sind. Nazi-Ärzte, die Menschenversuche angestellt hatten, wurden von den Amerikanern noch als Kriegsverbrecher hingerichtet, darunter sogar ein Doktor Sievers, der nur im Auftrag einer Widerstandsgruppe zur SS-Ahnenforschung gestoßen war, um am Tag des Attentats auf Hitler an günstiger Stelle zu sitzen. Als die SS-Abteilung Ahnenforschung zu seinem Entsetzen mit der Leitung von Menschenversuchen beauftragt wurde, befahl ihm die Widerstandsgruppe, trotzdem auf seinem Posten zu bleiben. Er solle versuchen, möglichst viele der Versuche unter den Tisch fallen zu lassen, zu verzögern oder auf andere Art zu sabotieren. Was er aber unmöglich verhindern könne, müsse er eben notgedrungen unterschreiben. – Das tat Dr. Sievers. Sowie das Attentat auf Hitler gescheitert war, simulierte er Krankheit, um von den scheußlichen Versuchen frei zu werden. Nach dem Krieg aber wurde er von den Amerikanern verhaftet und, obwohl sich in England der Anti-Nazi-Flüchtling Professor Werner Milch, der von der Widerstandsgruppe wußte, und in Deutschland der antifaschistische Schriftsteller Alfred Kantorowicz für Sievers einsetzten, war der Fall den Amerikanern zu kompliziert, und Sievers wurde gehenkt.

Aber unter General MacArthur erhielten amerikanische Ärzte, die in Japan an Kriegsgefangenen furchtbare und tödliche Versuche gemacht hatten, nach Kriegsende Straffreiheit, wofür sie ihre Forschungsergebnisse den Amerikanern zur alleinigen Auswertung überließen. Seither habe es auch in Amerika Menschenversuche gegeben, an unheilbaren Kranken, an Insassen von Altersheimen, vor allem aber an Gefangenen mit lebenslänglichen Strafen, die sich freiwillig meldeten, als man ihnen versprach, wenn sie das betreffende Experiment überlebten, freigelassen zu werden.

Im ersten großen und besonders gut geschützten Viren- und Gen-Laboratorium des militärwissenschaftlichen Forschungsinstitutes Fort Detrick in Maryland, USA, werden oder wurden auch Listen der an solchen Versuchen gestorbenen ebenso wie der überlebenden und abmachungsgemäß freigelassenen Sträflinge aufbewahrt.

Der angesehene deutsche Schriftsteller Stefan Heym hat Professor Jakob Segal, einen erfahrenen Biologen und Immunologen, interviewt. Segal, dessen Aussagen ich im Wortlaut in der TAZ, Frankfurt, drei Tage nach der »Welt am Sonntag« fand, ist überzeugt davon, daß auch der Aids-Virus HTLV III dort von Gentechnikern für Kriegszwecke unter dem Elektronenmikroskop versuchsweise zusammengefügt wurde. Da aber die Anfangswirkung der Infektion äußerst gering ist und man nicht ahnte, daß die Inkubationszeit 2 bis 5 Jahre beträgt, nahm man an, dieser neue Virus sei im Menschen nicht lebensfähig und ließ die Versuchspersonen vereinbarungsgemäß nach einigen Wochen frei. Als langjährige Insassen eines Männergefängnisses waren wohl einige von ihnen homosexuell. Das alles dürfte wohl nach 1977 geschehen sein.

Professor Segal und Stefan Heym sind über das, was sie herausgefunden haben – oder zu haben glauben – entsetzt. Aber bisher habe ich nirgends eine ernsthafte Auseinandersetzung mit ihren veröffentlichten Ergebnissen gefunden. Das empört mich. Totschweigen ist keine vertrauenerweckende Methode, und weder Jakob Segal noch Stefan Heym verdienen es, einfach nicht beachtet zu werden.

1987

Böses Blut

Als Österreicher gegen atomare Gefährdung durch Bayerns Wackersdorf protestierten, indem sie deutschen Autos die Grenze sperrten, erklärte ein Österreicher einem deutschen Touristen, er wolle nicht an Wackersdorf zugrunde gehen. Die Antwort war: »Ob Sie zugrunde gehen, ist mir völlig gleichgültig; ich will in den Urlaub.«

Das gutentwickelte Urlaubs- und Gütertransitverkehrsstreben der Besucher aus dem Norden bedeutet aber für Österreichs Straßen Verschleiß und oft Umweltschädigung. Die Einführung einer Maut nach dem Vorbild der Schweiz ist daher meines Erachtens durchaus verständlich. Die Reaktion des Ministers für Verkehrswesen in Bonn, die Bundesrepublik würde einer solchen Entscheidung nicht untätig zusehen, finde ich daher inhaltlich kaum berechtigt, formal aber eine Unverschämtheit und ein Ärgernis. Die Bundesrepublik sollte sich davor hüten, ihre Nachbarn auf solche Weise fühlen zu lassen, daß die Deutschen »wieder wer sind«, sonst könnte man diese Worte umdrehen und fragen: »Wer seid ihr schon wieder?«

Nun, politische Ärgernisse sind aber eigentlich immer zu erwarten, man muß eigentlich schon froh sein, wenn es nur Ärgernisse und nicht Katastrophen sind.

Ein Ärgernis ganz anderer Art, auf das ich nicht gefaßt war, wurde mir beschert, als ich meine alte Schule, das Wasa-Gymnasium, aufsuchte. In jedem Klassenzimmer fand ich unter Glas und Rahmen das Bild Kurt Waldheims. Die Leser meines vorletzten Beitrags hier werden sich erinnern, daß ich eine Waldheim-Rede lobte und einiges gegen prinzipielle Feindschaft sagte. Trotzdem finde ich es ausgesprochen falsch, das Bild eines Bundespräsidenten, sobald er Wahlsieger ist, den Schülern, die doch zum großen Teil den ganzen Wahlkampf bewußt miterlebt haben, vor die Nase zu hängen. Im Wahlkampf hatte ich Steyrer unterstützt, fände aber das Bild eines Wahlsiegers Steyrer in allen Klassenzimmern genauso unangebracht.

Soll da Ehrfurcht verbreitet werden, oder was? Im Fall Waldheim macht so etwas eher böses Blut und weckt alten Streit wieder auf, denn ich weiß mittlerweile aus Gesprächen mit Schülern dreier Schulen, daß sie solche Bilder gelegentlich durch Aufkleben kleiner Hitler-Schnurrbärtchen auf die entsprechende Stelle der Glasscheibe verunstaltet haben, was dann Untersuchungen und Scherereien zur Folge hatte, oder daß sie das Glas angespuckt haben.

Wahlsieger Steyrer wäre Entstellungen sicher ebenfalls nicht entgangen. Ein Bundespräsidentenbild aber könnte besser durch Bilder großer österreichischer Künstler, Wissenschafter oder Dichter ersetzt werden, womöglich in jedem Klassenzimmer ein anderes.

Natürlich habe ich mich auch (zum wievielten Mal eigentlich?) darüber geärgert, daß die Aufstellung von Alfred Hrdlickas antifaschistischem Mahnmal auf dem Albertina-Platz wieder einmal angezweifelt und verzögert werden soll, trotz längst bestehenden Vertrages. Ebenso habe ich mich geärgert, daß in einer Woche, in der wieder einmal von der unbedingten Notwendigkeit des Ankaufs der Draken geredet wurde, auch wieder Sozialleistungen gestrichen worden sind. Was ist wichtiger, Abfangjäger oder Volksgesundheit?

Im Zusammenhang mit den Vereinigten Staaten, für mich leider immer ein verläßlicher Quell von Ärgernis, habe ich mich diesmal zuerst über mich selbst geärgert. Ich hatte nämlich in meinem letzten Beitrag hier über ein Interview Stefan Heyms mit dem Immunologen Jakob Segal über den Ursprung von Aids in einem amerikanischen Gentechnik-Kriegsforschungslaboratorium berichtet, als sei es unanfechtbare Tatsache. Mittlerweile aber erweist sich dieser Bericht zwar nicht als falsch, aber doch als umstritten. Dies muß ich hier nun ehrlicherweise mitteilen.

Dann aber hat mich geärgert, daß die Vereinigten Staaten über die angeblichen russischen Bespitzelungsversuche in ihrer neuen Botschaft in Moskau so ein Geschrei machen, während sie gleichzeitig doch auch die Russen in Amerika bespitzeln. Daß dies alle größeren Länder, und manche kleine, aneinander tun, sollte doch eigentlich bereits allgemein bekannt sein. Der einzelne entdeckte Spion oder Beschatter hat dann eben Pech gehabt. Aber die große Entrüstung ist beiderseits Heuchelei.

Viel mehr bekümmert bin ich, zu erfahren, daß jetzt eine Umfrage ergeben hat, daß 50 Prozent aller Jugendlichen in den USA einen Atomkrieg für unvermeidlich halten, aber nur 14 Prozent in der Sowjetunion.

Hingegen schätzen die amerikanischen Jugendlichen ihre Überlebenschance in einem Atomkrieg weit höher ein als die jungen Menschen in der Sowjetunion. Daraus ist zu schließen, daß relativ sorglose Kriegsbereitschaft im Reich Reagans, das nie Krieg im eigenen Land hatte, derzeit wesentlich größer ist als im Staate Gorbatschows, was man auch aus Gorbatschows Entschluß, keine chemischen Waffen mehr herzustellen und die bestehenden zu vernichten, ebenso wie aus seinem Angebot zur Vernichtung der Kurzstreckenraketen sieht. Daß aber ausgerechnet eine westliche Demokratie *weniger* gegen einen Atomkrieg haben soll, ärgert mich sehr.

1987

Spiegelgefechte

Zwei meiner Ärgernisse in der letzten Zeit waren persönlicher Art: Zuerst ein großer, mehrere Seiten langer Angriff im »Spiegel« von Henryk M. Broder auf mich, meine Gedichte, auf meine politischen Meinungen, ebenso umfassend wie vernichtend geplant, voll von falschen oder aus dem Zusammenhang gerissenen Zitaten und unhaltbaren Behauptungen. Eigentlich war ich mehr traurig als ärgerlich, denn Broder ist ein in vieler Hinisicht verdienstvoller Journalist, der gegen ungerechte Richter, gegen Nazi-Machenschaften und für die Anerkennung der Edelweißpiraten als Widerstandsgruppe mutig und nützlich geschrieben hat. Seine grimmige Feindschaft gegen mich beruht darauf, daß er ein fanatischer Zionist ist, während ich – ähnlich wie Bruno Kreisky – trotz meiner jüdischen Herkunft auf Seite der Palästinenser stehe, diese Feindschaft kann ich verstehen. Sein Angriff, der weder von Neid noch von Gewinnsucht motiviert war, stieß außerdem in den verschiedenen Medien ohnehin auf allgemeine Ablehnung.

Aber vier Wochen später folgte – wiederum im »Spiegel« – der großen Verleumdung die kleine, von Michael Stone aus Berlin – ein anglisierter Name. Die Österreicher wüßten schon, warum sie mir Preise verliehen haben, erklärte Stone. Ich hätte nämlich im Krieg in England die strikte Trennung der deutschen von den österreichischen Antifaschisten verlangt und der Freien Deutschen Jugend (FDJ) den Zutritt zum Austrian Centre versperrt.

Wahr ist, daß ein Teil der österreichischen Emigration, auch das Junge Österreich, dessen Mitglied ich war, für das von Hitlers Wehrmacht besetzte Österreich einen Sonderstatus verlangt hat. Dabei wurde es aber meines Wissens nie ausfällig gegen die deutschen Antifaschisten. Junges Österreich, die FDJ und die antifaschistischen Jugendorganisationen der Tschechoslowakei führten öfters gemeinsame Veranstaltungen durch, es gab auch gemeinsame Publikationen. Außerdem war ich häufig aktiver Gast in der FDJ und im Freien Deutschen Kulturbund. Der FDJ den Zutritt zu sperren lag außerdem gar nicht in meiner Macht, selbst wenn ich das gewollt hätte.

In Wirklichkeit fand ich die österreichische Absonderungspolitik, obgleich sie lange noch nicht so weit ging wie Stone behauptet, schon wegen der zahlreichen österreichischen Nazis einigermaßen überspitzt und habe in meinen ersten in der Emigration erschienenen Gedichtbänden *»Deutschland und Österreich«* dagegen geschrieben. Mehrere österreichische und deutsche Freunde aus dieser Zeit, auch solche, die ich für die FDJ warb, können meine Haltung noch heute bezeugen. Das Motiv Michael Stones ist mir schleierhaft.

Ein anderes Ärgernis der letzten Tage – in England, wo ich zur Zeit wohne – hängt mit einem rechtsradikalen englischen Konservativen zusammen, dem Parlamentsabgeordneten Harvey Proctor, dessen autoritäre Ansichten (für Todesstrafe, gegen Farbige und Ausländer) selbst von Jungkonservativen als faschistoid angegriffen wurden. Dieser Harvey Proctor mußte jetzt seinen Parlamentssitz aufgeben und wurde zu einer hohen Geldstrafe verurteilt, weil ein Skandalblatt von jungen männlichen Prostituierten und ihrem Kuppler erfahren hatte, daß Proctor Unsummen Geldes dafür ausgegeben hatte, sie schlagen zu dürfen. Die Zeitungskampagne gegen den Mann wurde so durchgeführt, daß er mir zum ersten Mal im Leben leid zu tun begann.

Leute, die ihm politisch nahe standen, beschränkten sich darauf, zu behaupten, zwischen seinen Verirrungen und seiner Politik gebe es keinerlei Verbindungen. Andere waren schadenfroh, daß nun ein Faschist durch seine eigene Verworfenheit unschädlich gemacht wurde. Beides ist, genau betrachtet, Unsinn, über den ich mich geärgert habe, weil dadurch ein Mensch im Augenblick seiner größten Gefährdung geschädigt wird. Ich habe deshalb in einem Brief an den »Guardian« erklärt, daß Proctors Verworfenheit darin bestand, daß er den Schulmeister spielte, während die von ihm hochbezahlten Prügelknaben unartige Schüler spielen mußten, die Strafe verdient hatten.

Es ist klar, daß der Mann in den unzähligen Erfahrungen und Phantasien seiner Public-School-Jahre, die zahllose Junge auf diese Bahn bringen halfen, steckengeblieben ist. Die vermeintliche Verworfenheit ist also eher hilflos und bemitleidenswert.

Unsinn ist allerdings auch die Behauptung, ein solches Triebschicksal habe mit den politischen Ansichten und Aktivitäten eines Mannes nichts zu tun. Auch wenn er es selbst nicht weiß, der Zusammenhang zwischen seinem autoritären Rollenspiel und seinen autoritären Ansichten, seiner leidenschaftlichen Sehnsucht nach starker, strenger Führung, nach Härte gegen Übeltäter und »Minderwertige«, kurz alles, was zu seiner ganzen unseligen politischen Haltung gehört, ist doch für jeden auch nur einigermaßen psychologisch Gebildeten ganz klar.

Man erweist Harvey Proctor keinen Dienst damit, seine Ansichten, die natürlich schädlich und zu bekämpfen bleiben, aber von denen er sich in seiner gegenwärtigen Krise vielleicht endlich zu befreien anfangen könnte, von seiner sogenannten Verworfenheit zu trennen.

Weniger moralisieren und mehr menschliches Verständnis könnte diesen Menschen vielleicht noch retten. Aber gerade jenes Milieu, das ihn geformt hat, verweigert ärgerlicherweise solches Verständnis.

1987

Zu Kurt Waldheim

Vor der Wahl:

Zwei Limericks für Fred Sinowatz

Seit Caligula kennt man auf Erden
Politik-Engagement auch bei Pferden.
Sein Pferd war Senator
er selbst Imperator.
Aber Waldheim will sowas erst werden.

Aber falls sich jetzt jemand beschwert,
sei hier gleich im voraus erklärt:
Mir ist absolut klar,
was auch immer er war,
heut ist Waldheim ganz sicher kein Pferd.

Nach der Wahl:

Sechs Limericks an Kurt Waldheim

Die weltbekannte Persönlichkeit

Dieser Mann, den die ganze Welt kennt,
ist jetzt glücklich bei uns Präsident.
Nur als *was* sie ihn kennen
und *wie* sie ihn nennen,
ist für uns nicht so günstig am End.

Der moralische Erneuerer

Kurt Waldheim, der will uns erfreuen:
Er will uns moralisch erneuen.
Er ist hoffentlich heut
auch schon selbst ganz erneut,
sonst müßt manches von früher ihn reuen.

Die »Jetzt erst Rechten«

Im März 38 gabs Feste,
denn vielen schien Adolf der Beste.
Die dem Waldheim heut huldigen
und die Juden beschuldigen, –
gibt's von damals bei denen noch Reste?

Nach den Anschuldigungen gegen Kurt Waldheim hieß es auf Wahlplakaten für ihn: »Jetzt erst recht!«

Der Pflichterfüller

Auf den Fremdherrscher war er vereidigt
und so hat er »die Heimat verteidigt«?
Nein: Erfüllung der Pflicht
war der Hitlerkrieg nicht!
Wer *das* sagt, hat die Heimat beleidigt.

Kurt Waldheim während des Wahlkampfes in Kärnten: »Hier in diesem Land weiß man ja, daß ich im Krieg die Heimat verteidigt habe«

»Moralische Erneuerung, Leistungsprinzip, Anständigkeit«

(Waldheims Programm als Bundespräsident)

Ob die sich nicht allzuviel leisten,
die sich solcher Programme erdreisten?
Denn so ein Refrain
klingt nach Marschall Pétain
und den Schlagworten, die damals kreisten.

Ausweich-Formulierungen eines prominenten Österreichers

Vom Verdacht spricht sich mancher jetzt frei:
»Ich war *a-dabei,* doch nicht *dabei!*«
Durch solche Berichte
wird aus unsrer Geschichte
ein ungenießbarer Brei.

1986/87

Ihr könnt's mich alle...

Eine fingierte Rede

Hochverehrte Landsleute! Schon seit einiger Zeit ist der Entschluß in mir gereift, jetzt, zum Nationalfeiertag, unserem österreichischen Volk zu zeigen, daß es mir mit meinem Programm – moralische Erneuerung, Leistungsprinzip, Anständigkeit – in tiefster Seele ernst ist.

Ich bin zwar, und nicht nur in meinem glorreichen Wahlkampf, viel geschmäht worden, auch von unerwarteter Seite, sogar von Lord Carrington, dem Chef der NATO, der behauptet hat, ich hätte ein so dickes Fell, daß ich gar kein Rückgrat zu haben brauche, aber dies will ich heute ein für allemal widerlegen. Wenn Sie mir nun freundlich gestatten wollen, den mir seinerzeit so vertrauten Spruch *»Deutschland muß leben, und wenn wir sterben müssen«*, der, wie Sie wissen, in der seligen Hitlerzeit – ich hab' natürlich sagen wollen zu der unseligen Zeit des seligen Hitler – mir so vertraut war, nun abzuwandeln und heute zu sagen:

»Österreich muß leben, und wenn wir sterben müssen«, dann will ich dieses Bekenntnis zu unserer geliebten Heimat hiermit ablegen, und zwar in unablegbarer Form, zum Unterschied zu früheren Bekenntnissen, die ich zu gegebener Zeit auch ganz anders abgelegt habe.

Ich bin nämlich zum Ergebnis gekommen, daß nach meinem historischen, trotz beziehungsweise dank allen Anschuldigungen errungenen Wahlsieges, ja wie man hierzulande sagt, jetzt erst recht, die überzeugendste Art und Weise, wie ich meine Anständigkeit, meine moralische Erneuerung und nicht zuletzt meine Leistungsfähigkeit wirklich sichtbar demonstrieren kann, so daß dadurch auch in aller Welt für unser geliebtes Österreich ein bleibender guter Eindruck entsteht, nur eine einzige sein kann, zu welcher ich dementsprechend jetzt greife, und zwar, wie irgendein Landsmann von mir einmal oder mehrmals gesagt haben soll, nicht nur theoretisch, sondern auch praktisch.

Zu diesem Schritt bedarf es zwar all jenes verzweifelten Mutes, der unser Österreich groß- und zu anderen Zeiten dann auch wieder kleingemacht hat und an welchem es auch mir bei der Verteidigung der Heimat auch jetzt nicht fehlen soll, so daß ihr, geliebte

Landsleute, auch ein anderes Zitat aus unserer großen Vergangenheit auf mich anwenden könnt: *»Ein Toter führt uns an«.*

Denn ich will euch nicht länger anführen – und ihr sollt nicht länger die von mir Angeführten sein. Kurz: Im Einklang mit den Herzenswünschen von vielen Tausenden Landsleuten – bringe ich mich jetzt um!

Und damit verabschiede ich mich vom österreichischen Volk mit einem deutschen Wort und einem Herzenswunsch: Ihr könnt's mich alle...

Erich Fried wünscht natürlich, daß Waldheims Leben im letzten Augenblick gerettet werden soll.

1986

Gespräche über Österreich

Die ersten beiden Beiträge sind unredigierte Auszüge aus den Tonbandabschriften,

»Im Brennpunkt«

Erich Fried im Gespräch mit Helfried Brandl

BRANDL: *»Er schreibt über die Aufrüstung und den Kapitalismus, über Hausbesetzungen und die freie Marktwirtschaft. Er macht sich Sorgen um Südafrika und die Palästinenser und auch um San Salvador. Er kann jede Zeitungsmeldung zu einem Gedicht verarbeiten; vorausgesetzt freilich, daß ihm diese Meldung politisch willkommen ist.« So hat 1982 Marcel Reich-Ranicki, einer der einflußreichsten bundesdeutschen Literaturkritiker, den 1921 in Wien geborenen Lyriker Erich Fried beschrieben. Erich Fried ist als Lyriker eine Ausnahme im internationalen Kulturbetrieb. Zu seinen Lesungen und Diskussionen versammelte er Tausende junger Menschen. Seine politischen Gedichte sind Anklagen gegen die Unterdrückungen dieser Welt, sind Aufrufe zu einem friedlicheren Zusammenleben. Der Sozialist Erich Fried ist in seiner Einseitigkeit nicht unumstritten. Immer wieder stand er, vor allem in der Bundesrepublik Deutschland, im Mittelpunkt heftiger politischer Kontroversen. In seiner Analyse »Die Leiden des Dichters Erich Fried« schrieb Marcel Reich-Ranicki: »Die Ärgernisse, die dieser heimatlose deutsche Poet oft angerichtet hat, sind beinahe schon vergessen, wie ungezählte seiner Verse. Aber einige seiner Gedichte, voll Wut und Witz, voll Gram und Geist, werden ihn, Erich Fried, werden uns alle überleben.«*
Anläßlich seines Wien-Aufenthaltes führte ich mit Erich Fried das folgende Gespräch, das mit einem Gedicht beginnt:
FRIED: Das Gedicht hat ein Motto: in Hiroshima und Nagasaki schmolz der Straßenstaub stellenweise zu glasiger Masse.

Zukunft?

Die Sonne ist die Sonne.
Der Baum ist ein Baum.
Der Staub ist Staub.
Ich bin ich, du bist du.

Die Sonne wird Sonne sein.
Der Baum wird Asche sein.
Der Staub wird Glas sein.
Ich und du werden Staub sein.

Die Sonne bleibt die Sonne.
Der Baum darf nicht Asche sein.
Der Staub soll nicht Glas sein.
Ich will nicht Staub sein.

Du willst nicht Staub sein.
Wir wollen nicht Staub sein.
Sie wollen nicht Staub sein.
Aber was tun wir alle?

BRANDL: *Ja, Erich Fried, was tun wir alle? Diese Frage stellen sich ja jetzt sehr viele junge Leute, ältere Leute. Die letzten fünf Jahre die Friedensbewegung in Westeuropa, auch in Osteuropa hat einiges in Bewegung gebracht, aber jetzt nach der Stationierung von Pershing II und Cruise Missiles scheint diese Friedensbewegung ein bißchen so den Abwind zu bekommen. Tun wir genug, um diesen Holocaust, diese totale Vernichtung der Menschheit aufzuhalten?*
FRIED: Nein, natürlich tun wir nicht genug. Ich möchte bezweifeln, ob die Friedensbewegung wirklich im Abstieg ist. Sie ist natürlich dadurch, daß sie sich auf die Nicht-Stationierung der Raketen auch noch ganz fest eingestellt hat zu einer Zeit, als es schon ziemlich klar war, daß stationiert werden würde, ein bißchen in Schwierigkeiten geraten, wie immer, wenn man sich eine temporäre Niederlage einkauft, aber der Krieg ist nicht ausgebrochen, und die Angst vor dem Krieg, die berechtigte Angst, geht weiter, und so auch die Friedensbewegung. Nur die Friedensbewegung allein könnte unmöglich gut genug sein und viel genug sein, denn das sind nicht alle, sondern das ist nur ein kleiner Teil der Menschen, die wirklich vor dem Ausbruch eines dritten Weltkrieges Angst haben und wissen, daß ein Atomkrieg in Europa – und es würde ein Atomkrieg werden – der Tod wäre. Und ich glaube, das, was wir tun können, ist deshalb eine Frage, wieviel Zwischenraum zwischen dem Erkennen und zwischen dem tatsächlichen Tun ist, und auch zwischen dem halben Erkennen und dem ganzen Erkennen einer Situation. Das halbe Erkennen bedeutet, der Atomkrieg wäre der Tod, die häufigste Reaktion ist, den Gedanken an den

Atomkrieg zu verdrängen, in den Hintergrund des Gehirns zu schieben, so wie es die meisten Menschen mit dem eigenen Tod tun, aus dem Gedanken heraus, dagegen können wir ohnehin nichts tun. Wenn man das aber auf den Atomkrieg überträgt, so macht man einen großen Fehler, der Tod ist tatsächlich am Ende des Lebens und in den meisten Fällen am Ende des natürlichen Lebens, also durch Alter, wenn nicht ein Unfall oder eine unbekämpfte Krankheit dazwischen kommt, oder Fremdtötung, durch andere Menschen, tatsächlich eine unvermeidliche biologische Katastrophe des einzelnen. Der Atomkrieg ist nicht unvermeidbar prinzipiell, und es ist eine gesellschaftliche Katastrophe.
BRANDL: *Herr Fried, eine große Schwierigkeit, die es bei diesen ganzen Überlegungen gibt, das ist die Vorstellbarkeit eines Atomkrieges, die Vorstellbarkeit, daß da Megatote und Overkill und Übertötungskapazitäten, alles was es da an Wörtern gibt für diesen Atomkrieg, es ist für mich einfach nicht mehr vorstellbar. Es ist nicht mehr faßbar in Worten. Wir haben zum Beispiel also schon die Schwierigkeit zu begreifen, was im Zweiten Weltkrieg passiert ist. Das ist für uns zum Teil nicht mehr faßbar.*
FRIED: Die Leute natürlich, die, sagen wir, das Bombardement von Dresden oder den Feuersturm in Hamburg überlebt haben, die können sich das schon einigermaßen vorstellen. Mehr als Weltuntergang gibt's nicht. Und wenn die eigene Gemeinde vollständig zugrunde geht, so ist das eigentlich für den Menschen, der das miterlebt, schon fast dasselbe wie Weltuntergang. Nur daß es diesmal für die nördliche Hemispäre wirklich der Weltuntergang wäre. Das darauffolgende Klima zweier Schreckenswinter mit einer mittleren Wintertemperatur von – 43 bis 45 Grad würde natürlich alles pflanzliche, tierische und weitgehend menschliche Leben in der nördlichen Hemisphäre vernichten und diese dadurch auch unbewohnbar machen. Und ich glaube, es ist so: Erstens, unserer mangelnden Vorstellungskraft kommen die Wörter, die von den verschiedenen Establishments verwendet werden, noch entgegen. Wenn der Kriegsfall »Verteidigungsfall« heißt, so wird damit natürlich nicht nur gesagt, wir sind auf keinen Fall die Angreifer, was zwar für ein Land wie Österreich stimmt, aber was für die NATO oder für den Ostblock keineswegs automatisch stimmen würde, aber durch ein Wort wie »Verteidigungsfall« wird auch die Tatsache verschleiert, daß es da nichts mehr zu verteidigen gäbe. Und eines der Dinge, die man dagegen tun kann, ist eben Bewußtsein schaffen. Wenn überall Zivilschutz gefordert wird nach einem Atomschlag, so haben deutsche Ärzte, eine mächtige Organisation

deutscher Ärzte, und auch die stockkonservative englische Ärztekammer, die British Medical Association, öffentlich erklärt, nach einem Atomschlag gibt es keine medizinische Betreuung, weil alle die Kommunikationen und die meisten Ärzte vernichtet sind und die ganzen Hilfsmittel ebenfalls. Und so was bringt dann schon zum Beispiel im englischen Fall durch die konservative Medical Association, die dann mit der Regierung in Streit geraten ist, etwas dem Bewußtsein der Menschen näher, daß das wirklich das Ende wäre. Im allgemeinen ist es ja so, daß ein Rechter sich sagt, ach was, die Linken, die denken nur so »unsere Stärke ist die einzige Sprache, die der andere versteht«, ein Linker denkt sich heimlich »also was, ich bin ja links« – oder ein Radikaler – »da denk ich eben kritisch, vielleicht auch, wenn wir uns nicht durchsetzen mit der Abrüstung, wird's doch wirklich nicht ganz so arg sein«. Denn ganz gleichgültig, welche Ansichten man hat, jeder Mensch ist ein Mensch mit seinen Hoffnungsstrohhalmen und seinem Verteidigungsdenken. Aber es wärc wirklich so arg. Es wäre ärger, als wir uns vorstellen können. Aber jedenfalls wäre es für 95 % der Menschen die absolute Vernichtung. Und nicht einmal blitzartig und schnell, sondern die größere Zahl würde an Verstrahlung und Verbrennungen möglichst noch langsam und unter Qualen und ohne ärztliche Betreuung zugrunde gehen. Es ist – die Tatsache, daß man es sich nicht genau vorstellen kann, bedeutet, daß man nicht Furcht entwickelt sondern Angst. Das ist ein Unterschied. Wenn ich Furcht hab, daß ich, wenn ich falsch über die Straße geh, überfahren werden kann, dann kann ich was dagegen tun. Wenn ich aber nur ungewisse Angst hab, dann lähmt diese Angst mich manchmal. Und der lähmende Effekt zeigt sich ganz deutlich. Der Effekt »Atomkrieg wäre der Tod« hat nicht bewirkt, daß die Leute mit maximaler Intensität gesagt haben, nie wieder Krieg, sondern daß sie sich davon abgelenkt haben. Unsere ganze Zivilisation, die Konsumgesellschaft, beruht nicht nur auf besonders raffinierter Werbetaktik für einige Waren, sondern auf dem heimlichen Gedanken, vielleicht fliegt das ganze Werkel in ein paar Jahren ohnehin in die Luft – bis dahin will ich wenigstens was vom Leben haben.

BRANDL: *Herr Fried, wenn man, also wie Sie's jetzt gemacht haben, von diesem ganz großen Superknall, wie es uns immer vorher erzählt wird, ausgeht, kommt man ja sehr bald hinab in unsere gesellschaftliche Situation, in die wir eingebettet sind –*

FRIED: Natürlich.

BRANDL: – *kommt man sehr bald dahinter, daß also Friedens-*

bewegung oder überhaupt Kampf gegen Krieg eigentlich im kleinen Rahmen, in der kleinen Gesellschaft, in der Gruppe, in der ich lebe, beginnen muß. Das haben ja glaube ich viele Leute –

FRIED: Unbedingt.

BRANDL: – *noch nicht begriffen, die glauben, also es geht immer noch um dieses große Ziel, sofort alle Raketen zu verschrotten, aber was ich zu Haus mit meiner Frau mache oder mit meinem Partner, ist eigentlich gleichgültig.*

FRIED: Absolut. Oder mit meinen Kindern. Wenn ich die erzieh›o damit sie nicht unter die Räder kommen, und Zwang auf sie ausübe. Dann werden die Kinder natürlich Menschen, die gewohnt sind, durch Zwang ihre positiven Reaktionen zu entwickeln. Ein Kind nicht antiautoritär, sondern unautoritär zu erziehen, ist ungefähr dreimal so anstrengend wie ein Kind autoritär zu erziehen. Und man kann es den Eltern, die es zum Teil nicht besser wissen, und die auch manchmal arbeitsmäßig überbelastet sind, nicht persönlich verdenken, wenn sie ihre Kinder autoritär erziehen. Nur ist das von furchtbarem Schaden für das Kind, was immer die Verteidigungsgründe für die Eltern – die Eltern sind da selber Opfer und nur Bindeglieder in diesem Vorgang. Aber wenn ich nicht selber dafür bin, andere Menschen zu respektieren und frei zu lassen, auch Andersdenkende, dann kann ich nicht wirklich für die Befreiung der Menschen von ihren Übeln etwas tun; weil dann nur ein Farbwechsel oder eine Regierungsablösung, eine Machtablösung stattfindet, wenn die einen oder anderen da dran kommen. Auch innerhalb der Friedensbewegung verstehen das natürlich nicht alle Menschen. Es gibt keine politische oder menschliche Bewegung, rechts oder links oder Mitte, wo alle Mitglieder das, was sie tun, auch wirklich richtig durchdenken können, weil wir nicht zum Denken erzogen sind im allgemeinen, aber auf der rechten natürlich besonders nicht, weil es da autoritäre – einen Glauben an autoritäre Erziehungswerte in viel höherem Maß gibt – und das ist meines Erachtens ein, wenn auch noch so ehrliches, Vorurteil. Das heißt ein Urteil, das schon, bevor man sich selbst als absolut kritisches Erfahrungsinstrument betrachtet, in einem eingewurzelt ist, und das man gar nicht anders übernehmen will.

BRANDL: *Sie verwenden den Begriff unautoritär – wie würden sie den Unterschied charakterisieren zwischen antiautoritärer Erziehung und unautoritärer Erziehung?*

FRIED: Weil die Autoritäten einen einschränken, und jedem Kind eigentlich eine Menge von Vorschriften machen, so nicht, und meistens, wenn man fragt, »weil ich so sag« als Begründung haben, so muß man schon sich davon zunächst einmal befreien, bevor man verstehen kann, daß Vater und Mutter und Lehrer selbst auch nur Opfer dieser selben Erziehung sind und es nach bestem Wissen und Gewissen oder Instinkten weitergegeben haben, so wie es ihnen angetan wurde. Was für mich gut genug war, das muß auch gut genug für meine Kinder sein. Ich bin ja auch ein anständiger Mensch geworden. Das ist ein typisches Beispiel dieser Fehleinstellung.

Aber unautoritär ist, wenn man nicht sein Leben lang dann mit diesem Kampf gegen die Autorität verwachsen bleibt, sondern wenn man ihn einmal wirklich in sich durchgekämpft hat und sich frei gemacht hat, daß man dann auch das relativiert und die andern wieder als Menschen sieht und nicht nur als die Gegner, gegen die man sich durchsetzen muß. Aber wenn man das tut, bevor man seinen Kampf gekämpft hat und sich frei gekämpft hat, dann bleibt man irgendwie ein seelisch verkrüppeltes Mutter- oder Vatersöhnchen oder -töchterchen. Dann kommt noch die doppelte Unterdrückung als Frau manchmal dazu. Die antiautoritäre Erziehung wird den Leuten sagen, alles was rechts ist, das ist hassenswert. Unautoritäre Erziehung wird sagen, was hassenswert ist oder nicht, das kannst du dir dann selber überlegen, erstmal mußt du kritisch denken, und wenn du etwas besonders haßt, dann schau, ob das nicht etwas ist, womit du in dir selber nicht klargekommen bist. Denn das Hassen ist an sich kein sehr hilfreicher Zug in der menschlichen Gesellschaft.

BRANDL: *Das bedeutet aber, daß man also Erzieher, sprich Eltern, hat, die selber – tja – unautoritär genug sind zu akzeptieren, daß das Kind, mein Kind, die Kinder, zu ganz anderen Ergebnissen als die Eltern kommen können.*

FRIED: Das ist sehr wichtig. Es ist sehr schwer, auch im Geistesleben –, eine der besten Schriftstellerinnen auf diesem Gebiet, die Psychoanalytikerin Alice Miller, sagt in ihrem für diesen Zwecke ausgezeichneten Buch »Du sollst nicht merken«, daß das nicht nur bei leiblichen Kindern so ist, sondern auch bei Geisteskindern, daß, wenn man ein Kind hat und ihm alles mitgeben will, dann versteht man nicht, daß man ihm höchstens Methoden beibringen soll und nicht vorschreiben soll, wie es diese Methode anzuwenden hat. Zum Beispiel Sigmund Freud, der eine ungeheuer wichtige Methode, die psychoanalytische Methode, entdeckt hatte oder ausgebaut hatte, hat natürlich den Menschen dann vorzuschreiben versucht genau, wie sie's anwenden müssen. Und dadurch mußten seine begabtesten Schüler entweder von ihm abfallen – Jung und

Adler –, oder sie konnten sich nicht weiterentwickeln und wurden recht orthodox.

BRANDL: *Bei Alice Miller, zum Beispiel in dem Buch »Am Anfang war Erziehung«, da hat sie ja besonders an drei exemplarischen Fällen herausgearbeitet, wie diese Schwarze Pädagogik Erziehung, am Beispiel dieser drogenabhängigen Berlinerin Christiane F., an Adolf Hitler und Jürgen Bartsch, funktioniert.*

FRIED: Ich würde sowohl den – mich hüten, den Adolf Hitler – als den Jürgen Bartsch als böse oder nicht mehr verstehbar zu bezeichnen, natürlich mußte man ihre verhängnisvolle Tätigkeit bekämpfen. Aber man sieht, daß diese Menschen böse oder nicht mehr verstehbar geworden sind durch eine gräßliche Erziehung, im Fall Hitlers ein Vater, der den Sohn immer mit der Hundepeitsche geschlagen hat und nicht einmal beim Namen gerufen hat, sondern wie einen Hund herangepfiffen hat, wodurch natürlich in diesem sensitiven Kind sich Haß aufspeichern mußte, es war aber zu schwach, antiautoritär zu werden gegen dieses Monstrum von Vater, sondern hat den Haß, so wie es ein Kind, wenn's von einem Prügel kriegt, dann gibt's meistens die Prügel weiter an ein anderes schwächeres Kind oder an einen Außenseiter in der Schulklasse, so hat er den Haß abgespalten gegen das, was für ihn Außenstehende waren, Juden oder Zigeuner oder Neger, und das ist das ungeheuer Gefährliche, aber der Hitler hätte ja mit diesem Wahnsinn keinen Erfolg gehabt, wenn es nicht so viele andere anders erzogene, aber auch sehr autoritär erzogene Leute gegeben hätte, gerade in Deutschland und Österreich, die irgendwie auf derselben Wellenlänge waren und auch ihren eigenen aufgespeicherten Haß und ihre Frustrationen als Aggression nach außen hin ausleben wollten. Und das haben wir heute in dem »Ausländer raus« in Deutschland oder in Österreich oder auch in der Schweiz sehr deutlich ausgeprägt, immer noch. Wir sollen nicht glauben, daß in uns kein Hitler oder kein Bartsch steckt. Das sind allgemeine menschliche Eigenschaften, und wenn wir glauben, daß wir deswegen, weil wir nicht zu solchen historischen Ungeheuern geworden sind, von Haus aus bessere Menschen sind als die, dann sind wir schon in Gefahr etwas selbstgerecht zu werden.

BRANDL: *Das ist ja überhaupt also auch bei unserer heutigen Erziehung, da kann man ja feststellen, daß wir sehr gerne unsere Kinder mit Vorurteilen konfrontieren.*

FRIED: Wir können gar nicht anders. Wir alle machen diesen Fehler. Es ist ungeheuer schwer, die ganze Zeit ohne Vorurteile zu existieren. Vor allem tun wir das ja nicht bewußt, sondern unbewußt. Die Schule bereitet natürlich vor auf den Konkurrenzkampf des Lebens, einen Konkurrenzkampf, der in dieser scharfen Form in einer besseren Gesellschaft nicht geführt werden müßte, die Tatsache, daß der Kommunismus ein Zerrbild seiner ursprünglichen Ideale geliefert hat, wie sie etwa sich bei Marx finden, der sagt, daß die freie Entwicklung jedes einzelnen die Vorbedingung für die freie Entwicklung aller ist, oder bei Rosa Luxemburg. Daß diese Ideale nicht verwirklicht wurden, das zeigt nicht, daß die Kritik an der gegenwärtigen Gesellschaft weniger berechtigt ist; man muß nur die Veränderungsversuche an dieser Gesellschaft anders anfangen. Zum Beispiel nicht so zentralistisch, wie es der Kommunismus immer versucht hat. Man muß die eigene Demokratie sehr kritisch anschauen. Daß irgendwo wirklich die Macht beim Volk liegt, das ist durch Wahlen alle paar Jahre und durch eine durch Massenmedien beeinflußte Wählerschaft, die nicht so denken gelernt hat, daß sie über die eigentlichen Hintergründe der Dinge entscheidet, keineswegs garantiert. Also da muß man sehr vorsichtig sein.

BRANDL: *Sie haben ja in einem Ihrer Gedichte, in Ihren politischen Gedichten, einen – eine Phrase, die wir so hier haben – hier herrscht Freiheit – sehr schön umformuliert –*

FRIED: Ja, ich habe gesagt –

BRANDL: *Freiheit herrscht nicht.*

FRIED: Ich hab gesagt, »hier herrscht Freiheit« ist immer eine Lüge oder ein Irrtum, Freiheit herrscht nicht. Wir sind aber nicht – nirgends – in einer herrschaftsfreien Gesellschaft. Und es ist unsere Aufgabe, die Notwendigkeit der Herrschaft möglichst herunterzusetzen. Das ist keine neue Idee, die wurde nicht erst von den Anarchisten erfunden, wobei wir heute Anarchisten zu unserem Unglück meistens mit Terrorismus verwechseln, das ist nicht dasselbe, sondern auch die Idee des Subsidiärstaates, eine unter anderem in katholischen Kreisen sehr alte Idee, ist eigentlich schon in diese Richtung zielend, daß der Staat nur überall dort funktionieren soll, wo es ohne ihn nicht geht. Allerdings, wenn die Definition »Wo es ohne ihn nicht geht« den staatlichen Organen überlassen bleibt, dann erweitert sich meistens der Wirkungsbereich dieser staatlichen Organe sehr geschwind; weil es um den Ausbau der eigenen Macht geht. Und für den Ausbau der eigenen Macht sind in Wirklichkeit alle Menschen, die irgendwie autoritär erzogen sind, noch anfällig; weil sie versuchen wollen, die ihnen angetane Macht durch Wechsel der Rollen – so jetzt bin ich an der Reihe – zu vergelten oder zu rächen. Was aber wieder nur auf Macht-

wechsel, nicht auf Verringerung der über andere ausgeübten Macht hinausläuft. Ich glaube, diese Sachen sind wichtig, und ich glaube, wenn wir uns darüber klar machen werden, daß wir menschliche Entfremdungen nicht nur beim politischen Gegner aufspüren müssen, wo's leicht ist, da fällt es uns so deutlich auf, wie es unseren politischen Gegnern bei uns auffällt, sondern auch bei sich selbst und in den eigenen Reihen, dann kommen wir zu einer Mentalität, die dem Abbau der Vorurteile, den Abbau der politischen und menschlichen Feindbilder, dem Abbau des Hasses, dem Abbau der verfolgungswahnsinnigen Massenreaktion auf den jeweils anderen Block große Vorsprünge verschaffen kann. Und ich glaube also, die seelische und erzieherische und Erkenntnisarbeit an uns selbst, und die Trauerarbeit über das, was erlitten wurde auch – von uns, und anderen durch uns – ist ungeheuer wichtig als ein Teil der Verhinderung der gesamtmenschheitlichen Katastrophe. Und drum halte ich solche Bücher wie die an sich ganz unpolitischen Bücher der Alice Miller für politisch so ungeheuer wichtig.
BRANDL: *Glauben Sie, daß ein Teil des Erfolges von Alice Miller, sie ist ja durchaus als Autorin erfolgreich, eben in dieser Kombination besteht, daß sie an sich ein urmenschliches Problem beschreibt, das aber permanent politisch im Kern ist.*
FRIED: Es wird im Kern politisch. Alice Miller gilt ja als – und ist auch – eine der konservativen Analytiker in der Schweiz. Hält sich von Politisierung analytischer Dinge fern. Aber das, was sie lehrt, das ist an sich so, daß es Menschen für die Selbstbefreiung vorbereitet. Außerdem schreibt sie einen sehr klaren, einfachen Stil und gibt ihre Beispiele mit großer Tapferkeit. Es hat sie selbst – die, soweit ich weiß, glaube ich, sogar eine Jüdin ist – sehr viel Mühe gekostet, über Hitler so zu schreiben, daß man versteht, wie dieser Mensch sich nicht helfen konnte, so werden mußte.
BRANDL: *Man hat ja fast den Eindruck, er könnte einem leid tun.*
FRIED: Er kann einem auch leid tun! Ich meine, wenn – in dem Moment, wie wir selber denken, das ist kein Mensch mehr, sind wir selber schon Menschen mit beschränkter Haftung. Das Leidtun und das Bekämpfen sind zwei verschiedene Dinge. Natürlich kann einem der Hitler leid tun. Auch als vollständig unbefreites Geschöpf sehen wir das in einem anderen Zusammenhang. Es ist eine verhaltenspsychologische Studie gemacht worden über die Häufigkeit von Aggressionen Erwachsener gegen Kinder. Und man hat herausgefunden, daß in Deutschland die Aggressionen

gegen Kinder fünfmal so hoch sind wie in Italien, doppelt so hoch wie in Dänemark, fünfmal so hoch wie in Italien. Das ist kein Zufall. Das Aggressionspotential der Menschen, das direkt auf ihrer autoritären Erziehung beruht und auf den Angriffen, die gegen sie selber als kleine Kinder geführt wurden, ist eben sehr viel höher. Die Menschlichkeit der Italiener ist größer. Italienische Bauern sind im Laufe des Zweiten Weltkriegs in Schwierigkeiten gekommen und wurden zum Teil verfolgt von den jeweiligen Besatzungstruppen, weil sie Kriegsgefangene versteckt haben, die geflohen sind, oder flüchtige Soldaten, Deserteure, und zwar haben dieselben Bauernhöfe sowohl faschistische als alliierte Kriegsgefangene oder Deserteure versteckt, weil's beides Menschen waren, die auf der Flucht waren und die Hilfe brauchten. Das ist sehr interessant und sehr zu bedenken.

BRANDL: *Herr Fried, Sie haben ja diesen Nationalsozialismus auch zu spüren bekommen, Sie sind Jude –*

FRIED: Ja, mein Vater wurde umgebracht und meine halbe Familie –

BRANDL: *Wie kann man diese Situation verarbeiten?*

FRIED: Erstens habe ich ein gutes Training gehabt. Ich hab schon 1934 erlebt, wie die Arbeiterhäuser zusammengeschossen wurden im Februar, und wie im Radio gesagt wurde, es herrscht vollkommene Ruhe, die Regierung ist Herr der Lage, dann hat man durch's Fenster Maschinengewehrfeuer und schwere Artillerie gehört, nach zehn Minuten wieder: »es herrscht vollkommene Ruhe«, und die paar Führer der Arbeiter, die wirklich da versucht haben, sich zu verteidigen, wurden dann gehängt – das war schon ein Vorgeschmack von Faschismus, noch bevor der Hitler gekommen ist. Und in Österreich war die offizielle Regierungspolitik ab 1936: Wir sind der zweite deutsche Staat, getrennt marschieren, vereint schlagen. Und ein Teil meiner Mitschüler hat dann gesagt, ja warum dann nicht gleich »ein Volk, ein Reich, ein Führer«, also mit anderen Worten, meine Mitschüler, mit denen ich aufgewachsen bin und ständig zusammen war, die uns gegenseitig in der Schule geholfen haben, aber auf dem Schulweg politisch diskutiert und miteinander gestritten haben, waren zur Hälfte Nazis, und ich verstehe daher vollständig, wieso die auf ihre falschen Gedanken kommen konnten, ohne deswegen Idioten oder Bösewichter zu sein. Also das – wenn man etwas selber miterlebt hat, dann hat man nicht nur das Arge erlebt, sondern man hat auch die kleinen menschlichen Mikrostrukturen erlebt, die einem diese Entwicklung verständlich machen, und die also den Gegner nicht nur als

Feind sehen, sondern eben auch als Mitmenschen. Als ich den Naziführer von unserer Klasse nach dem Krieg wiedergetroffen habe, da habe ich mich zunächst einmal gefreut, daß er gelebt hat und nicht, wie ich gehört hatte, einen Arm verloren hatte, sondern ganz war. Dann haben wir zu streiten begonnen. Nicht über die Nazis, das war er nimmer, sondern weil er gesagt hat, wieso kannst du jetzt so tolerant sein, daß du nicht alle Deutschen haßt, die uns doch in dieses Unglück hineingebracht haben. Und da habe ich gesagt, mein Gott, Dein Sündenbock ist jetzt ein anderer geworden, aber verallgemeinern tust immer noch!

BRANDL: *Sie wurden in der Bundesrepublik Deutschland zu einer Fernsehshow eingeladen, Talk-Show, wie das so schön heißt, zusammen mit einem Neonazi, mit Michael Kühnen aufzutreten. Michael Kühnen wurde auf Proteste ausgeladen aus dieser Show –*

FRIED: Ganz dumme Proteste –

BRANDL: *Sie haben sich eben stark gemacht, mit Michael Kühnen zusammen zu diskutieren.*

FRIED: Ja. Dieser Versuch, diesem Bösen, diesem Schlechten, dem Negativen direkt ins Auge zu sehen, vor allem den damals – er war nicht ganz 27 Jahre alt, als das war, und war vier Jahre lang, von 22 bis 26 Jahre, eingesperrt, diesen jungen Menschen nicht absolut dem Teufel zu schenken, und wenn sich eine Gelegenheit ergibt, mit so was zu diskutieren, statt nur in Kampfsituationen einander gegenüberzustehen, natürlich das zu tun. Und ich – besonders der Mensch, der gesagt hat, daß man unter keinen Umständen einen Neonazi auf den Bildschirm lassen muß, das war derselbe CDU-Führer von Bremen, Neumann, der fünf Jahre zuvor gesagt hat, man müsse meine Gedichte verbrennen, oder, er wolle sie lieber verbrannt sehen; nicht? Also, er hat nur gesagt, das sozialdemokratische Radio Bremen spinnt, wie kann man einen Neonazi auf den Bildschirm lassen. Wenn's um Neonazis geht, dann kann man natürlich auch einen Neonazi seine Meinung vertreten lassen; wenn wir anderen dann nicht genug sind, um ihn zu widerlegen, dann können wir uns ohnehin einpacken lassen.

BRANDL: *Das ist der streitbare Erich Fried, der –*

FRIED: Aber menschlich streitbar! Nicht den andern zur Sau machen.

BRANDL: *Ja. Jaja, der streitbare Erich Fried, der immer wieder für Aufregung außer der Schriftstellerei, der Dichtung, sorgt, der politisch umstritten ist. Sie haben ja immer wieder in der Bundesrepublik Deutschland selbst erlebt, wie das ist, wenn man kritisch ist. Wenn man einfach, tja, den Satz von Ernst Bloch ernst nimmt »Denken ist Grenzüberschreiten.«, das tun Sie ja.*

FRIED: Ja, also man – also vor allem Grenzüberschreiten auch in dem Sinn, daß man gegen gängige Tabus verstößt. Das ist sehr wichtig. Man muß die Tabus, die Denkverbote, nicht respektieren; dahinter steckt meistens etwas Faules. Manchmal wird man auch angegriffen, weil man verleumdet wird von Leuten, die gar nicht mehr richtig hinhören können. Also wie ich über – bei der Ermordung des deutschen Generalbundesanwalt Buback geschrieben habe, »was soll ich sagen von einem toten Menschen, der auf der Straße liegt, zerfetzt von Schüssen«, und das Gedicht dann weitergeht, »dieses Stück Fleisch war einmal ein Kind und spielte, dieses Stück Fleisch war einmal ein Vater voll Liebe, dieses Stück Fleisch glaubte, Recht zu tun, und tat unrecht, dieses Stück Fleisch war ein Mensch« – da hat die Presse dann nur zitiert, ich habe den toten Buback »dieses Stück Fleisch« genannt, und wollte ihn damit im Tod noch beschimpfen. Wenn sie's im Zusammenhang gebracht hätten, dann hätten sie gesehen, daß ein von Schüssen zerrissener – nämlich von Maschinenpistolen – Mensch wirklich ein blutendes Stück Fleisch ist, und daß die Aussagen über dieses Stück Fleisch eindeutig zeigen, daß das Trauer darum ist, daß hier ein Mensch umgebracht wurde; entnommen dem Shakespeare, wie der Marc Anton vom toten Caesar sagt »thou bleeding peace of earth« »du blutendes Stück Erde«, und das war der, der den Caesar am meisten geliebt hat.

BRANDL: *Herr Fried, ist das vielleicht auch ein Problem in unseren beiden Ländern, also in der Bundesrepublik Deutschland und in Österreich, daß wir Dichtern, Schriftstellern, nicht zugestehen wollen, daß sie politisch vernünftig denken können, daß sie politisch auch handeln können –*

FRIED: Ich weiß nicht, ich glaub, man soll da zu Österreich und Deutschland nicht zu streng sein. Der Mensch, der Tabus überschreitet, wird in allen Ländern kritisiert und verleumdet, das ist klar. Und der Schriftsteller wird in Deutschland unter Umständen, wenn er politisch sich äußert, deswegen mehr ins Licht der Kritik kommen, weil man den Schriftsteller in Deutschland viel ernster nimmt als zum Beispiel in England. Der Schriftsteller in England betätigt sich als Schriftsteller kaum politisch, und die Engländer wundern sich, warum sind die deutschen Schriftsteller so engagiert? Die Antwort ist, weil in England im Land nicht das geschehen ist, was in Deutschland geschehen ist und bei uns in Österreich, so daß die Schriftsteller zum Teil von dem Gedanken erfüllt

sind, das darf nie wieder geschehen. Wenn man das im eigenen Kulturbereich gefühlt hat, dann ist das Engagement stärker. Also ich glaube nicht, daß der Schriftsteller in Deutschland und in Österreich schlechter behandelt wird in der Beziehung als etwa in England. Die Aggressionen sind größer, aber auch die Wirkung ist größer. Eine solche Rolle, wie Böll zum Beispiel in der Bundesrepublik hat, oder Christa Wolf in der DDR, hat kein Schriftsteller in England.
BRANDL: *Wie schätzen Sie Ihre eigene Position da ein? Sie sind ja Lyriker –*
FRIED: Ich hab auch etliche Wirkung in Deutschland.
BRANDL: *Ja. Sie sind Lyriker. Für einen Lyriker etwas ungewöhnlich, wenn er Säle füllt. Das machen Sie.*
FRIED: Ja – also besonders mit jungen Leuten in Deutschland. Auch hier in Österreich habe ich bemerkt, daß ich nicht grad unpopulär bin. Aber in Deutschland ist das viel ausgeprägter noch, und da hab ich auch – es liegt auch England näher, so daß ich öfter dort eingeladen bin. Aber ich glaube, das beruht nicht nur auf der Lyrik, sondern eben auf den Inhalten dieser Lyrik, die zum Teil eben, ob es nun politische Gedichte oder Liebesgedichte sind, versuchen, anhand meiner eigenen Erfahrungen dieses Befreiungsbedürfnis und auch das Bedürfnis zur Überwindung von Vorurteilen und vorgeformtem Haß zu vereinen mit wirklichem Kampf gegen das, was ich für falsch und schlecht und unterdrückend halte.
BRANDL: *Sie haben praktisch drei Generationen von jungen Menschen mit Ihrer Lyrik angesprochen. Wenn man ansetzt, die Jahre 64 bis 68, Beginn der Studentenrevolte, da sind Sie ja praktisch unter den jungen Leuten populär geworden.*
FRIED: Ja – ich bin mit Rudi Dutschke befreundet gewesen, einem ihrer Führer.
BRANDL: *Welche Unterschiede stellen Sie eigentlich zwischen diesen Generationen fest. Die erste Generation ist noch geboren während des Zweiten Weltkrieges, die letzte Generation ist eigentlich schon geboren in unseren gutsituierten, konsumorientierten Gesellschaften der sechziger Jahre.*
FRIED: Und ist jetzt schon durch die Krise gezeichnet. »No future.« Der Gedanke »ich werd' doch arbeitslos« oder so was, ist sehr weit verbreitet. Ja, vor allem, daß die Hoffnung auf die schnelle Besserung der Welt abgenommen hat, daß die Desillusionierung zugenommen hat. In der ersten Generation allerdings auch noch bei allem antiautoritären Glauben die Bereitschaft, sich, wenn's da nicht weitergeht, an etwas Autoritäres anzuschließen. Die spä-

teren sind viel illusionsloser – allerdings haben sie daher manchmal auch weniger politischen Schwung. Denn der politische Schwung kommt ja auch vom positiven Glauben und nicht nur von dem, gegen was man ist. Und jetzt wird der Schwung wieder größer in den letzten Jahren, weil die Erkenntnis, daß man gern leben will, es muß ein Leben vor dem Tode geben, weil das natürlich ein Protest ist im Sinne des eigenen Glücks auch, so wie viele der Aussteiger aus der Politik und zum Teil Aussteiger aus der Gesellschaft sich ja um ihre eigene Lebensqualität bemühen.

BRANDL: *Mir ist bei Ihrer Lesung und bei der anschließenden Diskussion aufgefallen, daß sehr viele junge Leute mit den Fragen ja eigentlich Lebensrezepte haben wollen.*

FRIED: Verständlich. Es ist nur traurig, daß man so einen Rat zum unmittelbaren Gebrauch schwer geben kann. Der Rat muß eigentlich sein: Schau deine eigenen Probleme an; ohne daß man sich selbst als Instrument des eigenen Erkennens und Handelns versteht und gern mag – »Liebe deinen Nächsten wie dich selbst« heißt auch, daß man sich selbst lieben muß, sonst kann man andere Leute nicht lieben –, ohne daß man zu sich gut wird und also das, was einem angetan wird oder worden ist, bekämpft, kann man auch zu anderen nicht gut sein. Das ist der Rat, mit dem's anfängt. Natürlich können wir uns nicht leisten, politische Abstinenz zu üben und erst einmal 15 Jahre Psychologie zu studieren und unsere eigenen Hintergründe zu erforschen. Man muß immer alles zugleich tun. Aber wegschauen von sich selbst und zu sagen, das ist jetzt nicht so wichtig, jetzt kommt's auf die entscheidenden politischen Fragen an, die nicht warten können, das ist auch nicht die Lösung. Sonst bringt man nämlich in seinen politischen Glauben und in seine politische Betätigung alle unausgegorenen eigenen Probleme ein, die Feindesliebe wird dadurch erschwert, und die Feindesliebe ist nicht etwa eine Spinnerei eines Jesus von Nazareth, sondern ich hab einmal geschrieben, wer denkt, daß die Feindesliebe unpraktisch wird, der bedenkt nicht die praktischen Folgen des Feindeshasses. Feindesliebe, also auch Verständnis für die Lebensnotwendigkeiten des anderen, ist eine unbedingte Vorbedingung, wenn wir nicht Osten und Westen und uns gegenseitig durch Atombomben vernichten wollen.

1984

»Ich war immer in Opposition«

Erich Fried im Gespräch mit Ingrit Seibert

SEIBERT: Sie als Österreicher leben in England und engagieren sich hauptsächlich in der deutschen Politik.
FRIED: Wenn ich in Österreich bin, engagiere ich mich auch in der österreichischen Politik. Zum Beispiel seinerzeit gegen eine barbarische und dumme Äußerung des Justizministers, der gesagt hat: »Eine gesunde Tachtel hat noch nie einem Kind geschadet.« Was so eine dumme Äußerung dann in der Wirklichkeit der verschiedenen Elternhäuser an Ermutigung zu Mißhandlung der Kinder bedeutet, das kann sich dieser Mann vielleicht mangels Phantasie gar nicht ausrechnen, aber so ist es.
SEIBERT: Manche Leute meinen, in Österreich seit der Koalition der SPÖ mit der FPÖ einen Rechtsschwenk konstatieren zu müssen. Sehen Sie das auch so?
FRIED: Nein. Das ist schwer zu sagen. Die Koalition, die unter der Vorherrschaft der Sozialdemokratie steht, die die größere Partei ist, hat sicher ihren Teil entweder an ideologischer Korrumpierung geleistet oder wenigstens den Leuten, die ohnehin korrumpiert werden wollten, mit der Koalition eine gute Ausrede geliefert. Aber eine Koalitionspolitik mit der ÖVP, die fast ebenso groß ist, wäre keineswegs links von der betreffenden Koalition gewesen. Politik ist sehr oft die Kunst des Möglichen und die Wahl des kleineren Übels, aber ich kann keinen Rechtsschwenk entdecken: in der Ära Kreisky bestimmt nicht, und ich bin sicher, daß Sinowatz in dem Maße, in dem er sich etabliert, was ihm durch die österreichischen Medien ja nicht ganz leicht gemacht wurde, auch nicht einen Rechtskurs einschlagen wird.
SEIBERT: Ein deutlicher Neokonservativismus macht sich überall im Westen breit...
FRIED: Überall nicht. Nicht in Nicaragua. Aber überall im Machtblock, der der Sowjetunion gegenübersteht. Zu diesem Machtblock gehört Österreich ja nicht. Aber da es nicht zum westlichen Machtblock gehört, aber glaubt, gut demokratisch gesinnt

zu sein, so versucht es diesen zum Teil von ihm bedauerten Fehler, daß es nicht zum westlichen Machtblock gehört, durch vermehrtes Schweifwedeln gegenüber dem Westen wettzumachen. Das ist natürlich so subaltern und verächtlich wie so vieles, was man schon bei Karl Kraus über Österreich nachlesen kann.

Es ist auch saudumm, denn die Westmächte – Frankreich, Spanien, Italien, Deutschland usw. –, die haben doch ungefähr eine Ahnung, wovon sie bedroht sind durch die amerikanische Politik; in was für kostspielige und gefährliche Sachen sie da hineingezogen werden. Dadurch gibt es eine Art eingebauter Bremse, während die Österreicher frei von solchen Problemen des Mithineingezogenwerdens ihrer Gesinnung – soweit die österreichischen Medien überhaupt eine Gesinnung haben – freien Lauf lassen.

SEIBERT: Worin sehen Sie den Grund dafür, daß erschreckend viele junge Leute an den rechten Rand in Richtung Neofaschismus wandern?

FRIED: Das ist sehr gut zu verstehen. Wenn unsere Massenmedien – ich denke da an solche Blätter wie »Presse«, »Kurier« und die unsägliche »Kronenzeitung« –, die eine reaktionäre Politik betreiben, diese Politik aber noch so halb verschämt betreiben, dann haben die Jungen keine Geduld damit und sagen: »Diese Arschlöcher, wir sind nicht so. Wir sagens ehrlich.«

Ich habe in Deutschland mit Neonazis diskutiert, und die haben gesagt: »Die CDU und NDP und die Junge Union usw., die sind doch alle ganz geil auf das, was wir tun. Sie trauen es sich nur nicht zu sagen, die haben nicht den Mut. Aber wir sagen's offen.«

Das stimmt zwar nicht. Es gibt in der CDU und in der Jungen Union – wahrscheinlich nicht so sehr in der CSU und gar nicht in der NDP – Leute, von denen das nicht stimmt. Das ist so ähnlich wie zur Dollfuß- und Schuschnigg-Zeit, als Schuschnigg, 1936 unter deutschem Druck, die verhängnisvolle Losung herausgeben ließ: »Wir, Österreich, sind der zweite deutsche Staat. Getrennt marschieren, vereint schlagen.« Was natürlich eine idiotische Losung war, und eine verhängnisvolle. Da haben dann meine jungen Mitschüler, die illegale Hitlerjungen wurden, gesagt: »Ja warum dann nicht gleich: ein Volk, ein Reich, ein Führer?«

Das ist ein gar nicht so unlogischer Gedanke, wenn man die idiotische Prämisse akzeptiert. Und so ähnlich ist es da. Nota bene in einer Zeit der Arbeitslosigkeit, der Unsicherheit gegenüber der Zukunft, da neigen die Menschen ohnehin zur Radikalisierung.

Eben nach rechts, wenn's nicht nach links ist. Und das verbaut einem in Österreich die antikommunistische Tradition. Diese antikommunistische Tradition in Deutschland und Österreich beruht nicht nur und nicht zum größten Teil auf den wirklichen Fehlern und Verbrechen in der Geschichte des Kommunismus, zum Beispiel unter Stalin, sondern außerdem auch auf dem schlechten Gewissen und der Kontinuität aus der Hitler-Zeit. Deswegen ist der deutsche und österreichische Antikommunismus eine ganz merkwürdige Pflanze, die man genau ansehen muß.

SEIBERT: Blickt man heute auf das Jahr 1945 zurück, so muß man feststellen, daß es eine Stunde Null eigentlich nicht gegeben hat.

FRIED: Eine Stunde Null hat es sowieso nie gegeben, besonders nicht in unseren Medien. Unlängst habe ich wieder einen Artikel gelesen, der zeigt, wieviele alte Nazis an entscheidenden Stellen sitzen. Wobei man sagen muß: Ein Mensch, der in jungen Jahren in die Hitlerjugend gegangen ist, oder in die NSDAP eingetreten, dem kann das auch seither bitter leid getan haben, und er kann versuchen, aktiv dem entgegenzuarbeiten. Aber viele von diesen Leuten haben sich als sehr schlechte Demokraten bewährt.

Vor kurzem, als in Italien der Craxi in Sachen »Achille Lauro« eine unabhängige Politik verfolgt hat – ganz mit Recht – und dadurch auch den Amerikanern einen Riegel vorgeschoben hat, da hat »Die Presse« hier einen großen Artikel auf der ersten Seite gebracht und über die Italiener gesagt: »Die haben noch niemals, wenn sie mit jemandem verbündet waren, das Bündnis auf derselben Seite beendet, auf der sie es angefangen haben.«

Da konnte man noch durchspüren, wie der Schreiber von Ressentiments geladen war, daß Italien im Zweiten Weltkrieg dem Hitler nicht die Treue gehalten hat. Das Wort »Katzlmacher« wurde zwar nicht gebraucht, aber stark angedeutet. Und das ist kein Zeichen von demokratischer Gesinnung oder freundnachbarlicher Gesinnung gegenüber Italien. Ganz im Gegenteil, man muß annehmen, daß man seine Lektion nicht gelernt hat.

SEIBERT: Wie sieht die von Ihnen vertretene Entwicklung zum Sozialismus aus?

FRIED: Eine Weiterentwicklung des antiautoritären bzw. unautoritären linken Studentenverbandes, seiner Politik, die versucht hat, eine Synthese zwischen Marxismus und luxemburgischem Gedankengut und syndikalistischen, anarchistischen Gedanken, die nicht Terrorismus sind, sondern Landauer und Bubacher, herzustellen.

Ohne diese Synthese sehe ich die Zukunft des Sozialismus überhaupt nicht. Die Studentenbewegung hat ja daran gelitten, daß nach dem Ausscheiden Rudis durch seine Verwundung und nach dem Tod Hans-Jürgen Krahls durch einen Unfall die sogenannten Traditionalisten in der Studentenbewegung an Boden gewonnen haben. Diese Leute, da sie allein nicht stark genug waren und da sie gute Deutsche waren, haben beschlossen: »Kannst du selber ein Ganzes nicht werden, als dienendes Glied schließ an ein Ganzes dich an« – wie es Schiller so gräßlich formuliert hat, von dem überhaupt einige der miesesten Formulierungen in der deutschen Moralsprache der Dichtung stammen. Da haben sie sich eben kräftig angeschlossen, und zwar entweder an die Sowjetunion oder an China. Und so ist die Studentenbewegung zum Teil kaputtgegangen. Überall in Deutschland gibt es heute Nachwirkungen der 68er-Generation. Da sind Lehrer und andere, die im Geiste einer größeren Freiheit operieren, und die Studenten sind bis heute nicht, was sie so lange in Deutschland waren: Eine Reserve der Rechten. Die Leute, die sagen, die Studentenbewegung sei mausetot, die geben ihrem Wunschdenken Ausdruck. Aber natürlich hat sie schwer darunter gelitten, wie die DKP-Anhänger und die Maoisten im besten Glauben, das Richtige zu tun, diese Bewegung kaputtgemacht haben.

SEIBERT: Engagieren Sie sich in Großbritannien politisch?

FRIED: Ich bin Mitglied der Labour-Party, die allerdings einen Menschen nicht so leicht ausschließen würde wie hier die SPÖ oder gar wie die SPD in Deutschland die Leute ausschließt, die auch zum großen Teil gegen die Raketen und gegen das atomare Aufrüsten ist. Ich bin natürlich privat bekannt mit den verschiedensten politischen Typen der Linken in England, die mich manchmal besuchen kommen und über dies und jenes sprechen. Aber ich betätige mich nicht aktiv politisch in England, weil das als Mensch mit ausländischem Akzent bei der Xenophobie der Engländer nicht gut ankäme. Außerdem fühle ich mich nicht als Engländer, sondern ich fühle mich als Österreicher bzw. als Dichter, der dem deutschsprachigen Kulturkreis zugehört.

SEIBERT: Sehen Sie eine Parallele in der deutschen Wendepolitik und Margaret Thatchers austerity-Politik?

FRIED: Ja. Nur daß die Margaret Thatcher noch viel reaktionärer und sturer ist als Kohl – der zwar auch keine geistige Leuchte ist – und seine Regierung.

SEIBERT: Empfinden Sie das allgemeine Klima in England als liberaler?

FRIED: Die Menschen haben nicht so faschistoide Verhaltensmuster drauf wie sehr viele in Deutschland. Margaret Thatcher ist in

der Beziehung unrepräsentativ für England. Obwohl es in Großbritannien natürlich das gefährlichere Gefühl gibt: Wir haben den Zweiten Weltkrieg gewonnen, den Frieden dann eben verloren, also fühlen wir uns beschwindelt. Und wenn der Spießer sich beschwindelt fühlt – das kann man bei Tucholsky sehr schön nachlesen –, dann reagiert er in seinem Unsicherheitsgefühl immer nach rechts.
Aber wenn zum Beispiel nach den Unruhen der notleidenden – und was ihre Jugend betrifft – zum großen Teil arbeitslosen Schwarzen, die außerdem von der Polizei in Großbritannien miserabel und rassistisch behandelt werden –, dann die Margaret Thatcher sagt: »Zu sagen, daß die Unruhen etwas mit der Arbeitslosigkeit zu tun haben, ist eine Beleidigung der Arbeitslosen«, so ist das entweder vollständige Heuchelei oder vollständiger Blödsinn. Das wurde auch von der englischen Presse nicht gut aufgenommen.
SEIBERT: Wie werden die von Ihnen bei Lesungen oft gerittenen Attacken etwa gegen den Papst oder Reagan aufgenommen?
FRIED: Im allgemeinen mit heftiger Zustimmung. Aber zum Beispiel Professor Leser hat in der »Presse« einen empörten Brief darüber veröffentlicht. Das ist halt seine Meinung. Prof. Leser war auch der Meinung, daß das Verschulden am Februar 1934, als Dollfuß und Starhemberg die Arbeiterhäuser beschossen und die Sozialdemokraten verboten haben, beiderseitig war. Ich hab' schon damals gesagt: Ich erwarte sicher auch in einigen Jahren zu hören, daß das Verschulden an Auschwitz beiderseitig war. Ich finde eine solche Feststellung eine grobe Mißinterpretation von Tatsachen. Das Verschulden der Sozialdemokraten war höchstens, daß sie die reaktionäre Bande nicht zusammengehauen haben, als noch Zeit dazu gewesen wäre. Obwohl Dollfuß sich ja nicht auf den Hitler gestützt hat; und obwohl es auch Leute in seiner Regierung gab, die kräftig gegen Hitlers Politik waren, hat der Austrofaschismus doch den Einmarsch der Nazis überhaupt erst ermöglicht. Es wurde zum Beispiel ein Verteidigungsbündnis mit der Tschechoslowakei und anderen Ländern durch den Charakter der österreichischen Regierung unmöglich gemacht.

1986

»Ich respektiere diesen Herrn nicht«

Erich Fried im Gespräch mit Sigrid Löffler

LÖFFLER: Herr Fried, Sie werden am 6. Mai 65 Jahre alt. Schon in dieser Woche, am Dienstag im Großen Konzerthaussaal, werden Sie vom kulturellen und politischen Österreich gefeiert. Unter den Festrednern sind Bruno Kreisky, Georg Eisler, Alfred Hrdlicka, Helmut Qualtinger, dazu Ihre deutschen Freunde Hans Mayer und Wolf Biermann. Außerdem hat Ihnen der Unterrichtsminister den neu geschaffenen Staatspreis für Verdienste um die österreichische Kultur im Ausland zuerkannt. Soll das eine Art Trostpreis dafür sein, daß Ihnen durch die von Arnulf Rainer in die Öffentlichkeit getragenen Querelen im Kunstsenat der Große Österreichische Staatspreis entgangen ist?

FRIED: Ich bin sicher, daß Zeitungen wie »Die Presse« schreiben werden, der neue Staatspreis sei der Dank für die Wahlhilfe gegen Waldheim. Aber das ist natürlich Unsinn. Ich habe den Eindruck, daß die Regierung möglicherweise gefunden hat, der Kunstsenat sei etwas zu vorurteilsgebunden und rechtslastig. Gerüchteweise kam mir zu Ohren, daß ein, zwei Leute im Kunstsenat geäußert hätten, solange sie lebten, würden sie einen Staatspreisträger Fried verhindern. Ich vermute, die Regierung hat sich deshalb einen Staatspreis ausgedacht, den sie selbst vergibt und nicht der Kunstsenat, das hat den Vorteil, daß sie bei der Kür der Preisträger nicht von der Laune dieser Leute abhängig ist.

LÖFFLER: Haben Sie sich eigentlich über den Staatspreis-Wirbel, in dessen Zentrum Sie unfreiwillig gestanden sind, aufgeregt?

FRIED: Ich fand Arnulf Rainers Verhalten in der Öffentlichkeit eigentlich bodenlos, wenn man an seine Polemiken denkt. Aber ich habe mich über den ganzen Knatsch viel weniger aufgeregt als über Waldheim – das ist eine viel ernstere Sache.

LÖFFLER: Sie sind ja im Pro-Steyrer-Komitee...

FRIED: Ich war von Anfang an im Komitee für Steyrer, obwohl ich seine Wahlaussichten privat gar nicht so ungeheuer hoch einschätze. Von Waldheim weiß ich, daß er bei der UNO ein unangenehmer, herrischer Boß war und politisch eine ziemliche Niete. Ich

habe aber verstanden, daß man ihn als internationale Berühmtheit aufstellt. Was aber seither geschehen ist, ist ärger, als man sich vorstellen möchte. Natürlich ist Waldheim kein großer Nazi-Verbrecher gewesen, aber andererseits ist er ein Mann, der wirklich alles mitgemacht und sich dann in Gedächtnislücken geflüchtet hat. Er entspricht damit durchaus dem österreichischen Nationalcharakter, der ihn ja auch damit propagiert, echte Österreicher müßten ihn jetzt erst recht wählen. Ich bin glücklich, daß ich damit bei den echten Österreichern jetzt erst recht nicht mitgemeint bin. Die ganze Sache ist erbärmlich. Es ist außerdem eine Frechheit von Waldheim, daß er die vorsichtige Kirchschläger-Formulierung, er wolle keinen Freispruch und keinen Schuldspruch fällen, jetzt so auslegt, daß damit alle Vorwürfe gegen ihn zusammengebrochen seien. Kirchschlägers Worte so zu summieren ist genauso wenig korrekt von Waldheim, wie er sich bisher verhalten hat. Kurz: Ich respektiere diesen Herrn nicht. Er gehört nicht zu jenen, denen ich bedenkenlos die Hand geben würde.
LÖFFLER: So wie jetzt in Sachen Waldheim haben Sie sich eigentlich immer schon als Lyriker und als Bürger öffentlich eingemischt, waren auch immer wieder die Zielscheibe der gehässigsten Reaktionen. Zu Wort gemeldet haben Sie sich zu tagespolitischen Themen aber nur in der Bundesrepublik und in Österreich, nicht aber in London, wo Sie leben.
FRIED: Ich bin britischer Staatsbürger, aber nicht Engländer, wenngleich ich seit 1938 in England lebe. England ist im Grunde ein so fremdenfeindliches Land, daß jede politische Betätigung von mir nach hinten losgehen müßte – ich habe einen dicken Akzent und bin damit für jeden englischen Diskussionsgegner eine willkommene Zielscheibe für die Frage: »Where do you come from?«
LÖFFLER: Diesseits des Ärmelkanals haben Sie sich vor allem mit zwei Gedichtbänden politisch in die Nesseln gesetzt. Einmal 1966 mit dem Lyrikband »und Vietnam und«, Warngedichte lange vor den ersten großen Vietnam-Demonstrationen, wofür Sie sich als »platter Agitproplyriker« beschimpfen lassen mußten. Und das zweitemal 1967 mit Ihrem Gedicht »Höre, Israel«, das Ihnen von zionistischen Kreisen sehr verübelt wurde. Wie wird man mit solchen Anfeindungen fertig?
FRIED: Gut, eigentlich. Günter Grass hat nach den Vietnam-Gedichten eine Haßkampagne gegen mich geführt. Wenn solche Anfeindungen einer ehrlichen politischen Überzeugung entspringen, macht es mir viel weniger aus. Auf Grass war ich niemals wütend,

weil ich verstand, daß er nicht aus persönlicher Gehässigkeit, sondern aus politischem Pflichtgefühl handelte.
LÖFFLER: Und wie war das bei »Höre, Israel«?
FRIED: Wenn ich zu irgend etwas Stellung nehme, wovon ich weiß, daß es furchtbar angefeindet wird, dann wundere ich mich nicht, daß ich angegriffen werde. Nur der Böll hat sich immer fürchterlich gekränkt und ist zum Teil wohl an Deutschland kaputtgegangen, genau wie der Peter Brückner. Ich aber fress' das nicht in mich hinein, kenne auch keine persönlichen Haßgefühle. Nach »Höre, Israel« meinten die meisten Leute, ich spinne wohl. Erst nach den Massakern von Sabra und Shatila erkannten sie, daß sie mir unrecht getan hatten. Der Zionismus ist wahrscheinlich einer der historisch am meisten entschuldbaren Fehler. Aber politische Fehler werden immer in Menschenleben ausgearbeitet und sind deshalb auf die Dauer immer Verbrechen. Ich finde, die Idee des Zionismus war historisch völlig verständlich, hatte aber doch einen grandiosen historischen Fehler. Ich halte es mit Martin Buber, der vor seinem Tod sagte: »Das Entsetzliche am Zionismus ist, daß die Zionisten nur die Lehren Hitlers beherzigt haben und nicht die Weisheiten des Judentums.« Es ist aber immer so, daß die Leute sich nach ihren Teufeln orientieren.
LÖFFLER: Ich erinnere mich auch noch an eine Kampagne gegen Sie aus dem Jahr 1972/73.
FRIED: Damals habe ich den österreichischen Würdigungspreis für Literatur zur Hälfte einem linken deutschen Anwalt und einem israelischen Universitätsprofessor dediziert, der sich für die Verständigung mit den Palästinensern eingesetzt hat. Aber die Jüdische Gemeinde hat verbreitet, ich hätte meinen Preis dem »Schwarzen September« geschenkt. Darauf haben mich Rabbi Meir Kahane und die Leute von der Jewish Defense League zum Tod verurteilt und wollten mich umbringen. Sie versuchten, Londoner Taxifahrer, die zum Großteil Juden sind, für Geld und gute Worte zu überreden, mich an einer zu vereinbarenden Stelle, wo man mich vor ein Taxi werfen wollte, zu überfahren, daß es wie ein Unfall aussieht. Aber zwei von den Taxifahrern konnten mich warnen. Erst nach drei Wochen haben mich die Leute von der Defense League angerufen und gesagt, sie hätten das Todesurteil zurückgezogen, weil es auf falschen Informationen baute. Ich hätte diesen Faschisten am Telefon am liebsten umarmt, so erleichtert war ich.
LÖFFLER: Diese Falschinformation scheint sich bis Wien nicht durchgesprochen zu haben. Wie ich weiß, wurde im Kunstsenat

mit eben diesem falschen Argument, Sie hätten Ihr Preisgeld palästinensischen Terroristen geschenkt, gegen Sie Stimmung gemacht. Könnte man sagen, daß Ihre Hauptfeinde die Dogmatiker aller Couleurs sind?
FRIED: Ja, natürlich, selbstverständlich. Wobei aber ein Dogmatiker subjektiv ein ganz ehrlicher Mensch sein kann, nur stinkt er vor Unbewußtheit. Das sind Leute, die Dogmen als Außenskelett brauchen, um sich an irgend etwas halten zu können.
LÖFFLER: Haben Ihre politischen Engagements eigentlich eine klare Linie?
FRIED: Klar würde ich nicht sagen, weil ja die Anlässe öfters gewechselt haben und weil ich mich schon auch mal geirrt habe.
LÖFFLER: Aber ist Ihre Linie in sich konsistent gewesen?
FRIED: Ja, ich bin immer gegen Ungerechtigkeiten gewesen und gegen Barbarei, wo immer sie auftreten.
LÖFFLER: Sie sind ein Lyriker von geradezu furchterregender Produktivität. Mehr als 23 Gedichtbände liegen vor, der Großteil davon politisch angewandte Poesie. Aber es sind Ihre Liebesgedichte, mit denen Sie die größte Resonanz fanden.
FRIED: Von den Lyrikern im zünftigen Sinne bin ich wahrscheinlich jetzt der populärste. Die »Liebesgedichte« halten bei einer Auflage von 150.000.
LÖFFLER: Und wie erklären Sie sich diesen Erfolg? Werden Sie am Ende womöglich von den apolitischen jungen Leuten geschätzt, die mit Ihrer politischen Lyrik nicht mehr zu erreichen sind?
FRIED: Es stimmt ja nicht, daß die jungen Leute unpolitisch sind. Sie haben nur mit dem Gerede vom Engagement nichts zu tun. Daß seinerzeit die Marxisten-Leninisten meinten, man müßte nur »Das Kapital« durcharbeiten und wüßte die Antwort auf alle politischen Probleme, das hat die Leute natürlich abgeschreckt und angeödet. Diese ML-Gruppen haben de facto Stalins Buch über die Bolschewiki, den »Kurzen Lehrgang der Geschichte der KPdSU«, den die kommunistischen Funktionäre endlich aufatmend weggeschmissen haben, neu herausgegeben, in aller Unschuld natürlich.

Diese linken Splittergruppen gibt es ja heute nicht mehr, Gott sei Dank. Die heutigen Fragen sind natürlich die Grünen und die Friedensbewegung. Wobei die Friedensbewegung durch ihre eigene Torheit schwer geschädigt wurde, denn sie wußte zu einer Zeit, da die Stationierung der Raketen nicht mehr zu vermeiden war, keine andere Losung auszugeben als eben die Verhinderung der

Raketen, und hat dadurch ihre unvermeidliche Niederlage verfünffacht.

LÖFFLER: Ich wiederhole meine Frage – warum werden gerade Ihre Liebesgedichte so süchtig gelesen? Jedenfalls süchtiger als Ihre politischen Gedichte?

FRIED: Ich wundere mich nicht so sehr darüber. Ich wußte, daß diese dumme Mystifizierung des Sex, die vor einigen Jahren propagiert wurde, in Wirklichkeit Schwierigkeiten bei den Leuten ausgelöst hat, denn sie brauchten eine Rechtfertigung dafür, daß sie doch ein Gefühlsleben hatten. Viele Leser gebrauchten meine Gedichte, um sich mit ihren Partnern in Liebesproblemen zusammen- oder auch auseinanderzudiskutieren. Manche benutzen sie natürlich auch so, wie ein durchschnittlicher, in Analyse befindlicher Patient die Psychoanalyse benutzt – nämlich, indem er sie dem andern um den Schädel haut, anstatt sich selbst zu erforschen. Dagegen ist man natürlich machtlos. Aber geschrieben habe ich die »Liebesgedichte« natürlich aus keinem dieser Gründe, sondern wegen einer Liebesbeziehung. Ein Kritiker hat mich gefragt, wieso ich auf die Idee gekommen sei, Liebesgedichte zu schreiben, da hab' ich gesagt: »Na, dreimal dürfen Sie raten.«

LÖFFLER: Es heißt von Ihnen, daß Sie an manchen Tagen bis zu einem Dutzend Gedichte zustande bringen. Wie machen Sie das?

FRIED: Ich verbringe wenig Freizeit in Kaffeehäusern. Ich arbeite ziemlich viele Arbeitsstunden pro Tag, wenn ich in London bin, und ich schreibe auch auf Reisen, zumindest Notizen. Ich arbeite irrsinnig konzentriert und ziemlich schnell. Ein Gedicht schreibe ich natürlich nur, wenn's mir einfällt. Das Schreiben eines Gedichtes kostet überhaupt keine Zeit, nur das Korrigieren. Und es gibt manchmal zehn Fassungen zu einem Gedicht. Es hängt davon ab, wie man zu den Schichten in einem selbst, wo die Einfälle herkommen, steht. Wenn man zu seinen Einfällen ein ausbeuterisches Verhältnis hat, dann vertrocknen die Einfälle mit der Zeit oder rieseln nur sehr dünn.

LÖFFLER: Was meinen Sie mit einem »ausbeuterischen Verhältnis?«

FRIED: Wenn mir etwas einfällt, was vielleicht ein Stimmungsbild oder ein Liebesgedicht werden sollte, und wenn ich dann, weil ich gerade an einem politischen Roman arbeite, sage, das kommt mir sehr gelegen, damit kann ich diesen Roman anreichern – das nenne ich ein ausbeuterisches Verhältnis. Es kommt sehr darauf an, alles, was einem durch den Kopf geht, als das zu respektieren, als was es einem durch den Kopf geht, und es nicht großartig woan-

ders einzubauen. Es ist eigentlich ein Prozeß der Selbsterkenntnis.
LÖFFLER: Vor kurzem haben Sie sogar eine Art Autobiographie geschrieben.
FRIED: Im Herbst soll ein Band mit Lebenserinnerungen erscheinen, mit lauter Episoden aus meinem Leben, die alle völlig wahr sind. Ich hatte ja nie die Absicht, eine richtige Autobiographie zu schreiben. Und auch dieses Ding wäre nicht entstanden, wenn... Also, ich hab' geglaubt, ich sterbe jetzt sehr bald, weil ich eine Krebsoperation hatte und weil die Berichte zunächst gar nicht so positiv aussahen. So hab' ich diese autobiographischen Episoden schnell geschrieben, um das noch hinzukriegen. Aber inzwischen sind die Untersuchungsberichte sehr viel positiver ausgefallen, so daß ich möglicherweise auch noch zehn Jahre leben kann.

1986

Anhang

Bibliographische Hinweise:

Reden und Essays zu Kultur und Politik in Österreich

Nach Kräften gegen das Unrecht.
Rede am 22. 3. 1973 anläßlich der Verleihung des »Österreichischen Würdigungspreises für Literatur«.
In: Volksstimme vom 25. 3. 1973.

Die Freiheit, zu sehen, wo man bleibt.
Rede am 6. 3. 1981 anläßlich des 1. Österreichischen Schriftstellerkongresses.
In: Gerhard Ruiss/Johannes A. Vyoral (Hg.), 1. Österreichischer Schriftstellerkongreß, 6.–8. 3. 1981 – Wiener Rathaus. Wien 1982, S. 71–79.

Zur österreichischen Literatur seit 1945.
Rede beim 3. Österreich-Gespräch.
In: 3. Österreich-Gespräch. Literatur – Vom Schreiben und vom Lesen. Wien: Jugend & Volk, 1982. Wiener Schriften. Herausgegeben vom Kulturamt der Stadt Wien, Heft 47, S. 191–197.

Was soll und kann Literatur verändern.
Rede auf dem Symposion »Literatur und Macht«, Wien, 4.–8. 5. 1983.
In: Wespennest Nr. 52/1983, S. 76–83.

Einige Worte zu Österreichs kultureller Eigenart.
Rede zum österreichischen Nationalfeiertag am 26. Oktober 1984, gehalten im Volkstheater in Wien.
Die Rede wurde in einer Broschüre des BMUK: Nationalfeiertag 1984. Jahr der österreichischen Zeitgeschichte 1985 als Vorabdruck erstveröffentlicht. Die vorliegende Fassung entspricht dem tatsächlichen Redetext und wurde in »Aufrisse« Nr. 1/1985 erstmals abgedruckt. Die erweiterten Passagen beziehen sich u. a. auf einen Angriff gegen den Vorabdruck (Kurt Kahl. »Erich Fried gegen Doderer«. Im Kurier vom 25. 10. 1984) und auf eine Polemik

gegen Herbert Achternbuschs Film »Das Gespenst« (Franz Endler. »Ferkel unter sich«. In: »Die Presse« vom 18. 1. 1984).

Zur Tagung: Emigration und Exil heute.
Der Text wurde vom österreichischen Schauspieler Ottwald John in Vertretung Erich Frieds am Symposium der Grazer Autorenversammlung an der Wiener Universität, November 1984, vorgelesen. In: Aufrisse Nr. 1/1985, S. 11 – 12.

Veröffentlichkeiten und Verheimlichungen.
Rede am 18. Nov. 1985 anläßlich des Symposiums Literatur und Öffentlichkeit, veranstaltet von der Grazer Autorenversammlung in Zusammenarbeit mit dem Kulturreferat der Hochschülerschaft an der Uni Wien. Erstveröffentlichung.
Gedicht zum Gewerkschaftsausschluß Günther Nennings.
Erstveröffentlichung.

Die Vertreibung des Geistigen aus Österreich.
Text für die 2. Auflage des Kataloges zur gleichnamigen Ausstellung im Salzburger Museum Carolino Augusteum, die im Mai 1986 von Erich Fried eröffnet wurde.
Katalog S. 5 ff.

Die Arbeiterbewegung als kulturelle Kraft.
Rede am 30. 4. 1987 anläßlich der Maiveranstaltung der Salzburger SPÖ. Erstveröffentlichung.

Die Dankesschuld.
Text für die Salzburger Veranstaltung zum Gedenken an die einzige Bücherverbrennung der Nazis in Österreich, die in Salzburg stattgefunden hat.
Vorgetragen am 30. 4. 1987.
Erstveröffentlichung.

Klarheit oder Gewöhnung – Gedanken zu Kultur, Politik, Psychologie.
Festrede zur Eröffnung des Internationalen Brucknerfestes Linz 1987.
Erstveröffentlichung.
Gleichzeitig auch als limitierter Sonderdruck Brucknerhaus Linz, Linzer Veranstaltungsgesellschaft mbH.

Essays, Reden und Gedichte zu österreichischen Künstlern:

Rilke – Zauber, Täuschung, Enttäuschung.
In: STZ, Heft 17 – 18 (Jän. – Juni) 1966, S. 11 – 19.

Ein Menschenopfer.
In: AZ Nr. 5/87, 30. 1. 1987.

Trakl-Haus, Salzburg.
In: Das Nahe suchen. Verlag Klaus Wagenbach Berlin 1982.

Die fragwürdige Tradition.
In: Die Zeit, Nr. 12 vom 20. 3. 1964.

Für Paul Celan.
12. 7. – 27. 9. 1983.
Erstveröffentlichung.

Exkurs: Paul Celan.
Für Hans Mayer.
Mai 1986. Erstveröffentlichung. Das Gedicht wurde beim »Fest für Erich Fried« anläßlich seines 65. Geburtstags von ihm vorgelesen. Zu Ehren Hans Mayers, der die Festrede hielt.

Ich grenz noch an ein Wort und an ein andres Land.
Über Ingeborg Bachmann zu ihrem Gedicht »Böhmen liegt am Meer« und ein Nachruf. *(Mit dem scharfen Gehör für den Fall.* Zum Tode von Ingeborg Bachmann. In: Die Zeit, Nr. 44 vom 26. 10. 1973, S. 1).
In: Friedenauer Presse Berlin, 1983.

Die größere Hoffnung.
In: Das Goldene Tor, 4/1949, S. 252.

Über Gedichte Ilse Aichingers.
In: Neue Rundschau, 92/1981, Heft 4, S. 23 – 28.

Inmitten. Für Ernst Jandl.
In: Für Ernst Jandl. Texte zum 60. Geburtstag. Werkgeschichte. Hg. Kristina Pfoser-Schewig, in Zirkular Sondernummer 6. 7. 1985, verlegt von der Dokumentationsstelle für neue österreichische Literatur, Wien 1985.

Verwehrte Kelt. In: Um Klarheit, Vrlag Klaus Wagenbach, Berlin 1982.

Zu den Israel-Sprüchen.
Vorwort in: Arthur West, Israel-Sprüche. Gedichte. Wien 1980.

Überlegungen. Für Ernst Fischer.
In: Zeitfragen und Überlegungen. 80 Gedichte sowie ein Zyklus. Erstveröffentlicht als Privatdruck im Carl Hanser Verlag München 1964/65.
Nunmehr: Wagenbach Taschenbücher, Berlin 1984.

Er wußte Bescheid – Nachruf auf Helmut Qualtinger.
In: Wochenpresse Nr. 41/86, 3. 10. 1986.

Zu Bildern Georg Eislers.
In: Georg Eisler. Wesen und Entwicklung des Malers. Hg. v. der Arbeitsgemeinschaft Junger Sammler. Wien Verlag G. Grasl 1964.

Portraitskizze: Georg Eisler.
In: Georg Eisler Eine Monographie. Hg. Otto Breicha, Büchergilde Gutenberg 1984.

Zwei Gedichte für Adolf Frohner,.
Beschreibung zweier Bilder.
Felix Nussbaum.
1986. Erstveröffentlichung.

Rezeption.
Herbst 1985. Erstveröffentlichung.

Notwendiges Grauen.
1987. Erstveröffentlichung.

An Österreich (zitiert im Vorwort).
In: Erich Fried, Frühe Gedichte. claassen Verlag Düsseldorf, 1986.
Wien: Februar 1934 (im Vorwort).
In: Erich Fried/Alfred Hrdlicka/Erwin Ringel: Die da reden gegen Vernichtung.
Europa Verlag Wien 1985.

Österreichische Polemiken

Spinnt Thomas Bernhard.
(Originaltitel: Kleines österreichisches Ärgernis).
In: Wochenpresse Nr. 50/13. 12. 1983.

Das große Rainermachen.
In: Wochenpresse Nr. 9/22. 4. 1986.

Was mich ärgert – 6 Polemiken.
Kalter Krieg.
In: Wochenpresse Nr. 45/31. 10.1986.
Jetzt noch rechter.
In: Wochenpresse Nr. 51/12. 12. 1986.
Sogenannt?.
In: Wochenpresse Nr. 5/30. 1.1987.

Die Waffe Aids.
In: Wochenpresse Nr. 11/13. 3. 1987.
Böses Blut.
In: Wochenpresse Nr. 17/24. 4. 1987.
Spiegelgefechte.
In: Wochenpresse Nr. 23/5. 6. 1987.

Vor der Wahl: zwei Limericks für Fred Sinowatz vom 18. 3. 1986.
Erstveröffentlichung.

Nach der Wahl: sechs Limericks an Kurt Waldheim.
Erstveröffentlichung.

Ihr könnt's mich alle.
In: Wiener Nr. 10/Oktober 1986.

Gespräche über Österreich

Im Brennpunkt – Interview von Helfried Brandl mit Erich Fried.
Auszug.
Gesendet am 9. 3. 1984.

Ich war immer in Opposition. Gespräch von Ingrit Seibert mit Erich Fried. Auszug aus Typoskript S. 37–42; siehe auch in: Die Zeit, Nr. 20 vom 9. 5. 1986, S. 49 ff: »Wach auf, mein Herz, und suche Fried.« Ein Gespräch mit dem Dichter, dem Emigranten, dem Zeitgenossen Erich Fried.

Ich respektiere diesen Herrn nicht. Interview mit Sigrid Löffler anläßlich des 65. Geburtstages am 6. Mai 1986.
In: profil 18/28. 4. 1986, S. 75 ff.

Der Autor

Erich Fried, geboren 1921 in Wien, floh 1938 nach der Besetzung Österreichs durch die Nazi-Truppen nach England. Lebt in London. Seit 1946 freier Schriftsteller. Übersetzungen aus dem Englischen, Griechischen, Hebräischen (Shakespeare, John Ford, Dylan Thomas, T. S. Eliot, Sylvia Plath, Aristophanes u. v. a.). Zahlreiche Literaturpreise; einer der am meisten gelesenen lebenden deutschsprachigen Lyriker. Fried ist eine Integrationsfigur der deutschen Linken. Büchner-Preisträger 1987.

1 *They fight in the dark*. The story of Austrian's youth. London: Young Austria in Great Britain 1944. (16seitige Broschüre in Englisch.).

2 *Deutschland*. Gedichte. London: Austrian P.E.N. 1944. [NA: zusammen mit Österreich (➡ 3) unter dem Titel *Frühe Gedichte*. Mit einem Vorwort des Autors. Düsseldorf: claassen 1986].

3 *Österreich*. Gedichte. Zürich: Atrium Verlag 1946. [Vordatiert: erschienen im Spätherbst 1945. Vertrieb: Atrium Press London; ➡ 2].

4 *Gedichte*. Hamburg: claassen 1958.

5 *Ein Soldat und ein Mädchen*. Roman. Hamburg: claassen 1960 [NA: Mit einem zusätzlichen Nachwort (*London, Oktober 1981)*. Düsseldorf: claassen 1982. Davon NA TB: Frankfurt/M.: Fischer Taschenbuch Verlag 1984 (=FTB 5432)].

6 *Reich der Steine*. Zyklische Gedichte. Hamburg: claassen 1963. [NA: Düsseldorf: claassen 1984. Davon NA TB: Frankfurt/M.: Fischer Taschenbuch Verlag 1986 (=FTB 5959)].

7 *Warngedichte*. München: Hanser 1964. [NA TB: Frankfurt/M.: Fischer Taschenbuch Verlag 1980 (=FTB 2225)].

8 *Überlegungen*. (Gedichtzyklus mit Widmung für Ernst Fischer). München: Hanser 1964 (➡ 13).

9 *Kinder und Narren*. (Kurzprosa). München: Hanser 1965. [NA TB: Berlin: Wagenbach 1981 (=WAT 83)].

10 *und Vietnam und*. Einundvierzig Gedichte. Mit einer Chronik. Berlin: Wagenbach 1966 (=Quartheft 14).

11 *Anfechtungen*. Fünfzig Gedichte. Berlin: Wagenbach 1967 (=Quartheft 22).

12 *Arden muß sterben*. Eine Oper zum Tod des reichen Arden von Faversham in zwei Akten – sieben Szenen. Text von Erich Fried. London: Schott & Co. 1967.

13 *Zeitfragen*. Gedichte. München: Hanser 1968 (=Reihe Hanser 5). [NA TB: zusammen mit dem Zyklus *Überlegungen (*➡ 8). Berlin: Wagenbach 1984 (WAT 114)].

14 *Befreiung von der Flucht*. Gedichte und Gegengedichte. Hamburg/Düsseldorf: claassen 1968 (=claassen poetica). [NA: Mit einem zusätzlichen Nachwort *(London 1982)*. Düsseldorf: claassen 1983. Davon NA TB: Frankfurt/M.: Fischer Taschenbuch Verlag 1984 (=FTB 5864)].

15 (Mitautor) Paul A. Baran/Erich Fried/Gaston Salvatore: *Intellektuelle und Sozialismus*. Berlin: Wagenbach 1968 (=Rotbü-

cher 2). (Darin S. 25 – 87 der im Juli/August 1968 entstandene Beitrag: *Anmerkungen zu Verhaltensmustern.).*

16 *Die Beine der größeren Lügen.* Einundfünfzig Gedichte. Berlin: Wagenbach 1969 (= Quartheft 35). [➡ 25].

17 [Gedichte. Ausgewählt von Bernd Jentzsch]. Berlin/DDR: Verlag Neues Leben 1969 (= Poesiealbum 22).

18 *Unter Nebenfeinden.* Fünfzig Gedichte. Berlin: Wagenbach 1970 (= Quartheft 44). [➡ 25].

19 *Aufforderung zur Unruhe.* Ausgewählte Gedichte. München: Deutscher Taschenbuch Verlag 1972 (= Sonderreihe dtv 103).

20 *Die Freiheit den Mund aufzumachen.* Achtundvierzig Gedichte. Berlin: Wagenbach 1972 (= Quartheft 58).

21 *Höre, Israel!* Gedichte und Fußnoten. Mit Dokumenten und Fotos. Hamburg: Verlag Association 1974. [Erweiterte NA TB: Frankfurt/M.: Syndikat Autoren- und Verlagsgesellschaft 1983 (= Taschenbücher Syndikat/EVA Bd. 19)].

22 *Gegengift.* Neunundvierzig Gedichte und ein Zyklus. Berlin: Wagenbach 1974 (= Quartheft 65). [➡ 25].

23 *Fast alles Mögliche.* Wahre Geschichten und gültige Lügen. Berlin: Wagenbach 1975 (= Quartheft 75/76).

24 *Kampf ohne Engel.* [Hg. und mit einem Nachwort versehen von Frank Beer]. Berlin/DDR: Verlag Volk und Welt 1976.

25 *Die Beine der größeren Lügen/Unter Nebenfeinden/Gegengift.* [NA in einem Band]. Berlin: Wagenbach 1976 (= Quartheft 83).

26 *So kam ich unter die Deutschen.* Gedichte. Hamburg: Verlag Association 1977.

27 *Die bunten Getüme.* Siebzig Gedichte. Berlin: Wagenbach 1977 (= Quartheft 90).

28 *100 Gedichte ohne Vaterland.* Berlin: Wagenbach 1978 (= WAT 44).

29 *Liebesgedichte.* Berlin: Wagenbach 1979 (= Quartheft 103).

30 *Lebensschatten.* Gedichte. Berlin: Wagenbach 1979 (= Quartheft 111).

31 *Zur Zeit und zur Unzeit.* Gedichte. Köln: Bund-Verlag 1981 (= Internationale Literaturfabrik im Bund-Verlag).

32 *Das Unmaß aller Dinge.* Erzählungen. Berlin: Wagenbach 1982 (= Quartheft 116).

33 *Das Nahe suchen.* Gedichte. Berlin: Wagenbach 1982 (= Quartheft 119).

34 *Das Mißverständnis.* [Erzählung; mit Zeichnungen von Rainer Hoffmann. Leicht veränderte Fassung des Textes aus ➡ 32].

Frankfurt/M.: Ali Baba Verlag 1982.
35 *Ich grenz noch an ein Wort und an ein andres Land.* Über Ingeborg Bachmann – Erinnerung, einige Anmerkungen zu ihrem Gedicht »Böhmen liegt am Meer« und ein Nachruf. Berlin: Friedenauer Presse 1983.
36 *Angst und Trost.* Erzählungen und Gedichte über Juden und Nazis. Grafiken von David Fried. Frankfurt/M.: Ali Baba Verlag 1983.
37 *Es ist was es ist.* Gedichte. Berlin: Wagenbach 1983 (= Quartheft 124).
38 *Kalender für den Frieden 1985.* [Mit Illustrationen von David Fried und einem Kalendarium von Pavel Uttitz]. Köln: Bund-Verlag 1984 (= bund-bibliophil).
39 *Und nicht taub und stumpf zu werden.* Unrecht, Widerstand und Protest. Reden, Polemiken, Gedichte. Dorsten: Multi Media Verlag 1984 (= Internationale Literaturfabrik im Multi Media Verlag).
40 *Beunruhigungen.* Gedichte. Berlin: Wagenbach 1984 (= Quartheft 129).
41 *...und alle seine Mörder...* Ein Schauspiel. Wien: promedia 1984.
42 *In die Sinne einradiert.* Texte zu Radierungen von Catherine Fried. Köln: Bund-Verlag 1985 (= bund-bibliophil). [Vordatiert: erschienen Ende 1984].
43 *Um Klarheit.* Gedichte gegen das Vergessen. Berlin: Wagenbach 1985 (= Quartheft 139).
44 *Von Bis nach Seit.* Gedichte aus den Jahren 1945 – 1958. Wien: promedia 1985.
45 *Fall ins Wort.* Ausgewählte Gedichte 1944 bis 1983. Herausgegeben und mit einer Einführung von Bernd Jentzsch. Frankfurt/M.: Büchergilde Gutenberg 1985.
46 [Mitautor] Erich Fried/Alfred Hrdlicka/Erwin Ringel: *Die da reden gegen Vernichtung.* Psychologie, bildende Kunst und Dichtung gegen den Krieg. Hg. v. Alexander Klauser, Judith Klauser, Michael Lewin. Wien: Europaverlag 1986. [Mit folgenden Fried-Beiträgen: Vierundfünfzig Gedichte (teils als Erstdruck), zwei Prosastücke *(Der Präventivschlag* aus ➡ 32; *Abwehr der Kriegsangst – ein Trost?* aus ➡ 38), der gemeinsam mit Erwin Ringel gehaltene Vortrag *Tiefenpsychologie und Friede* (Wien, 23. 4. 1985), *Zwei Gespräche mit Erich Fried* und der Text *Querverbindungen. Anstelle eines Nachworts].*
47 *Wächst das Rettende auch?* Gedichte für den Frieden. [Mit 28

Grafiken von David Fried und einem Vorwort von Claudia Hahm]. Köln: Bund-Verlag 1986 (= bund-bibliophil).

48 *Mitunter sogar Lachen.* Zwischenfälle und Erinnerungen. [Erzählungen]. Berlin: Wagenbach 1986 (= Quartheft 151).

49 *Die Umrisse meiner Liebe.* Lyrik. Erzählung. Essay. [Auswahlband]. Berlin/DDR: Verlag Volk und Welt 1986.

50 *Vorübungen für ein Wunder.* Gedichte vom Zorn und von der Liebe. [Auswahlband]. Berlin: Wagenbach 1987 (= WAT 143).

51 *Am Rand unserer Lebenszeit.* Gedichte. Berlin: Wagenbach 1987.

52 *Gegen das Vergessen.* Köln. Bund-Verlag 1987.

Der Herausgeber

Michael Lewin, geboren 1958 in Chicago, aufgewachsen in Wien, Musik- und Schauspielstudium, musikalischer Assistent bzw. Regieassistent, seit 1981 Künstlermanagement (Erich Fried, Alfred Hrdlicka, Helmut Qualtinger, Erwin Ringel u. a.). Herausgeber des Gesamtwerkes von Alfred Hrdlicka und Erwin Ringel.

Danksagung

Als Herausgeber möchte ich an dieser Stelle allen an der Entstehung des vorliegenden Bandes Beteiligten meinen Dank aussprechen.

Zunächst dem Europaverlag, im besonderen der Verlagsleiterin Frau Karin Unger für Ihre Geduld, der Lektorin Frau Karin Jahn für Ihre Aufrichtigkeit und Herrn Dir. Fritz Fadler dafür, daß er mich überhaupt auf die Idee brachte, dieses Buch in der vorliegenden Form zu gestalten.

Meiner Mitarbeiterin Fr. Anita Weiß-Gänger danke ich für wesentliche Hilfe bei der Vorauswahl der Texte und Fr. Brigitta E. Wutscher für geduldige Mitarbeit bei der Fertigstellung.

Besonders möchte ich noch die selbstlose Unterstützung von Herrn Volker Kaukoreit hervorheben. Ohne sein Wissen und sein Archiv ist heute schon schwerlich eine seriöse Arbeit über Erich Fried möglich.

FOTONACHWEIS

Sepp Dreissinger Seite 192
Heinz Grosskopf Seite 196
Heidi Heide Seite 4 und 171
Robert Hutterer Seite 199
Fred Langenhagen Seite 190
Ullstein Bilderdienst Seite 123
Alle anderen Fotos: Dokumentationsarchiv
für neue österreichische Literatur

Umschlag von Gerd Tiefner

Lektorat Karin Jahn

Medieninhaber Europaverlag GesmbH Wien

Hersteller Elbemühl Graphische Industrie GesmbH Wien
Verlags- und Herstellungsort Wien
Printed in Austria
ISBN 3-203-51022-7